思想觀念的帶動者

文化現象的觀察者

本土經驗的整理者

生命故事的關懷者

心靈工坊 PsyGarden

Holistic

探索身體，追求智性，呼喊靈性

攀向更高遠的意義與價值

是幸福，是恩典，更是內在心靈的基本需求

企求穿越回歸眞我的旅程

透視女性生命的自性歷程，活出最獨特的你

女英雄的旅程

The Heroine's Journey

Woman's Quest for Wholeness

Maureen Murdock

茉琳・莫德克——著　吳菲菲——譯

目次

推薦序1

探索自身心靈的陰性面向

陳宏儒（諮商心理師）

榮格有一句受眾人喜愛的格言：「我不嚮往成為一個好人，我嚮往成為一個完整的人。」它一方面破除了好壞評價對心靈的傷害，二方面特別突顯了榮格取向所追求的人生願景——活出心靈的完整性。

二〇二〇年心靈工坊二十週年，隆重舉辦以「安放時代的靈魂」為題的榮格論壇，呂旭亞榮格分析師講授托尼．沃爾夫（Toni Wolff）所提出的女性原型四個對立向度——母親與交際花的對立、女祭司與女戰士的對立；鄧惠文榮格分析師則談論了女性案主在諮商當中面對著貌似自由的選擇時，卻似乎總難以心滿意足，哀嘆：

「我想要堅持自己主張，但又好怕沒人緣……」

「我要辭掉工作做全職家庭主婦，照顧老幼嗎？以前的同學、同事會怎麼看？」

「我好像要……但這樣好像不是一個好女人……」

當前性別平等意識抬頭，女性已不若百年前被要求要為家庭犧牲奉獻，我們有越來越多的雙薪家庭。二〇〇四年起，臺灣也有了性別平等教育法，開始強調男女能力相同、職業不分性別，臺灣也有了第一任女性總統。為什麼當時代對女性的限制移除了，女性仍然無法活得完整？仍然困在矛盾兩難（dilemma）？

二〇一七年奧斯卡最佳影片是《關鍵少數》，講述一九六〇年代美國非裔女性突破膚色與性別歧視，在由白人男性主導的航空工程領域之中自我實現的故事。當時代反過來頌揚女性進取與成就的同時，女性該如何平衡照顧、關愛、情感、關係等傳統陰性價值呢？

榮格心理學是一門關注二元對立、辯證、整合的心理學，對於上述的困惑也是從二元的角度切入思考，典型的對立包括意識與無意識、人格面具與陰影、心理類型；陰性心靈與陽性心靈。榮格心理學也試圖在二元之中找出第三條道路，並探究各種導致偏頗發展的因素。榮格在世之時就致力於修復基督教信仰崇陽賤陰的教義，並倡導男性修復與內在陰性的連結，像是情感、情緒與直覺的面向；此外，榮格也鼓勵女性發展其陽性面，他認為剛柔並濟、對立整合所促成的生命完整性，是人一生發展的路途，他稱之為個體化歷程。

這本茉琳．莫德克三十年前所著《女英雄的旅程》便是試圖回應上述的問題，書中述說著我們時代女性的集體敘事——女性在生命早期過度認同陽性價值，後來卻體認到成就的虛幻與意義的枯竭；在尋回自己陰性本質後，重新整合陰性與陽性特質，覓得生命完整性的旅程。除了前面所述，陰性還包括相對於頭腦的身體、相對於有為的無為之為、相對於改變的接納，另外還包括人與自然的關聯。

作者的寫作企圖之一，是發展一個對應喬瑟夫·坎伯《千面英雄》裡英雄之旅的「女英雄的旅程」，我並不認為英雄之旅的模式是純然男性的，女性也有生命當中的挑戰與深淵，特別是被提供冒險機會的當代女性。作者無意，我們也不該認為「女英雄的旅程」是一個代表所有女性的個體化歷程，至少我們在呂旭亞榮格分析師的《公主走進黑森林》看見無活力女性的睡美人故事，以及發展陽性心靈的白雪與紅玫瑰；在榮格的論述當中，也有母親太過美好而養育出來的永恆少女，他們都有不同於這本《女英雄的旅程》的個體化歷程。

心靈陰性面的拾回不僅是女性的旅程，也是我這位男性的性別發展。我來自一個母強父弱的家庭，並從母親身上學習陽性價值，但不同於本書，母親的陽性是因為身為長女在喪父後親職化的結果。作為一個男性，我的喜好卻是非性別典型的，葉永鋕過世於二〇〇〇年，當年我仍在高中，在那個嘲笑娘娘腔不算性霸凌的年代，我喜歡的卻是少女漫畫《美少女戰士》。三年前，我以茉琳·莫德克《女英雄的旅程》重新解析了日本動漫《美少女戰士》，一方面這驗證了《女英雄的旅程》中的旅程結構，二方面我也十分欣慰能在這個伴我成長的女性故事中，找到它的深度心理學意涵，並探究它與我的關係。

在我的心靈裡也有著羞於展現的陰性面貌，但社會的不歡迎、以及母親傳遞對積極、效率等陽性價值，讓我的陽性面貌雖有所發展，但陰性面貌卻收斂了起來，是《美少女戰士》這部漫畫的女主從學生、戰士、公主、女王的個體化故事，讓我被守護、愛、友伴連結、療癒、接納、慈悲等陰性價值所感動，存全滋養我的陰性心靈，保護我不致被過度發達的陽性所傷，也因為這樣的陰性心靈讓我能在心理師的學習與工作裡，能勇敢地親近、能哭泣與示弱、能與苦痛同在，追求基於愛的正義。

女性主義並非一味追求提升女性的權力，同時也希望解放受到傳統男子氣概論述所苦的男性，以及解放因為環境而更難展現的那些被割裂的陰性。祈願這本《女英雄的旅程》不僅能夠感動女性讀者，也能帶領男性讀者探索自身心靈的陰性面向。

後記：在我完成這篇推薦序後，我去做了阿卡西解讀，被解讀者告知內在有尚未表現完整且充沛的陰性能量，並以一朵帶刺的玫瑰示現給我的解讀者。

推薦序2

陰性之旅

鄧九雲（演員、作家）

在讀這本書稿的期間，我去了一趟臺南。充滿共時性地看到臺南美術館以臺灣當代女性藝術家為主軸策劃的展覽，名為《SHERO》。我上網搜尋「shero」這個單詞，最先出現的結果是S.H.E在二〇一〇年的同名專輯，以及購物網站的一個店家名——專賣女性束胸與中性四角內褲。

儘管在Word上打出shero這個字會出現拼字錯誤一條彎曲的紅線，但在各大字典裡已能找得到這詞彙的解釋。有些字典甚至模糊了男女性別，直指這詞彙代表的是一種概念且不專屬於單一性別的代稱。我想讚許女子天團能在十多年前就有這股意識，同時又感嘆社會走得毫無意外地緩慢，讓我們能不斷談論過去的理念卻依然不嫌過時。至於專門販賣能隱藏女性特徵的小道具店家，用了「Shero」的名稱，再次提醒我一件事：社會對「英雄」（Hero）後面代表的性別傾向。

我的身分同時是演員和作者。Actor有一個Actress的雙胞，而Writer似乎沒有Writress這個稱謂。一般來說，我並不會特別在稱謂前冠上「女」這個字。當我在英國學表演的期間，幾乎很少聽見有人使用Actress這個詞。很長一段時間我都認為，刻意去強化單一性別面向，更容易陷入歧視的陷阱。我甚至很少自稱為女性主義者，當我使用「女演員」或「女作家」這樣的稱謂叫喚自己時，語言脈絡裡是蘊含更深層的嘲諷，或是有要提出討論的議題，通常都是受到權力壓迫的時候。

關於女性主義，我認為自己懂的不夠深入；但之所以不常使用是因為這詞彙裡面，偶爾會有一種「非常用力」的部分能量是我無法確定的。不是指為女性爭取平等權利，或是生育自主權這些顯而易見的部分，而是一股對較為不主動、幽微陰柔能量的「否定傾向」。一方面我不知道那是什麼，另一方面我也懷疑是因自己長期在父權文化結構下長成，而缺乏某種敏銳度做判斷。

我生長在一個女性已開始覺醒的時代。六年女中住校的生活，讓我練就獨立的本事。在一個多為女性組成的教育團隊裡，師長不斷灌輸我們未來能獨當一面的信心與能力。我是帶著這樣的裝備進入有男有女的大學小社會。在大一迎新活動的時候，一位男同學提議幫我分擔手上的重物，我斷然拒絕他，並看不慣那些讓渡力量給男生表現的女同學們。直到現在，我依然對於善於利用女性陰柔為手段工具的女人感到反感。矯作是我內心的常會出現的詞。

我用這樣的心態，從青春期奮戰到即將邁入四十歲的現在。我鄙視父權，卻追求成就；瞧不起無所作為的男人，在找不到定位的時候徒手搭建自己的舞台。我不相信結婚生子能完整一個女人，認為多數人將婚姻選擇視為擢升階級的手段。我認為愛自己的方式就是不與任何價值觀妥協；照顧自己的方式是不斷優化親手打造的舞台。我總是氣沖沖的，將不定時的憂鬱與低落單純視為情緒週期。我以為自己掌握解藥，知道一旦投入新的案子，負面的情緒就會一掃而空。我大聲宣揚要追尋讓自己興奮的所在，以為那就是所謂「自性」（Self）的歸屬。

我並沒意識到這是一個上癮的現象。我得了創作癮、成就癮，並在男性主導的文化裡自相矛盾卻渾然不覺、沾沾自喜。我的潛意識深信著一種二元對立的結果：如果不能擁有成就與事業，唯一的生存出路就是成為弱勢依賴者，所謂相夫教子的「舊女性」。結果是，我無法純粹以一種活在當下的姿態活著，時時刻刻都在圖謀作為。

這個領悟是閱讀這本書的第一記當頭棒喝。我對榮格、神話、童話分析與英雄之旅都不陌生，也懂得阿尼瑪和阿尼姆斯的概念。但在自學摸索的這些年，我都把專注力單純放在「覺醒」上，將成就與事業視為「美德」，從不覺得積極追尋、打怪有什麼問題。三年多前，我出了一本書叫《女兒房》，訪談了十二位女子，當時心裡出現的畫面就是女兒們穿著爸爸的衣服。現在回想起來，那成了我踏上了女英雄之旅的第一步。

我用了「女英雄」這個詞。因為我必須與喬瑟夫·坎伯的英雄之旅做出區別，才能明白茱琳・莫德克的「女英雄旅程」的可貴之處。作者開宗明義就強調，沒有一套旅程可以套用在任何女人身上，每個人的經歷都是獨一無二的珍貴。這旅程最打動我的部分，是「癒合與陰性的斷裂」，以及「認同下沉深淵」的必經過程。

《女兒房》的書寫動機讓我強烈意識到自己是「父親的女兒」而非「母親的女兒」。書中第八章提到一段話：**母親情結不是我的母親，而是我的情結，是我的心靈用來跟母親打交道的方式**。我很早就截斷了與母親的連結。母親在我心中明顯代表著受害者、不自由的女人甚至是犧牲者。為了不想要和她一樣，我透過認同父親／父權的手段與她劃清界線。然而母親的「原型」代表了更重要的無意識陰性面向，象徵能整合一切面向的集體無意識。我切斷連結，不斷尋求父權文化的認可（無止盡追求事業成就與完美主義），而這原本是一個無害的過程，有助於女人求取更大的自主性，但是離開母親走向父親的女兒們，如果沒有再走回原始的陰性之地，那股不知名的空虛失落與憂鬱便如幽靈般不斷來訪。

就算不需要英雄為我們屠龍，我們很清楚自己並未全然擺脫對於配偶半人半神的那股期望。期望底下透露出：只要把決定權交出去的話，就可以不用承擔責任。於是像我一樣的女（強）人陷入一種覺醒後的矛盾，一方面持續用英雄行動和成就強化自我感覺，另一方面又在心底期盼著能遇到一個可以照顧自己的人。這種矛盾帶來的是無止盡的拉扯，在白日奮鬥與夜深人靜之間我們極度渴望找回某種失去的東西，卻又不知道那是什麼。隔天起床，只好用更努力來填補那股空虛。

我非常喜歡伊娜娜的神話。那個自願到冥府參加姐夫葬禮而被姊姊肢解的女人。女英雄的旅程很長，我還在半路等待「黑暗母親」的出現，同時不忘努力培養自己的同理心以及痛苦和平共存的能力。我得臣服於冥界圍繞的恐懼，因為這是理解陰性法則必經的下沉與覺悟之路。

我們得重新定義英雄與女英雄，因為陽性與陰性絕對不是像兩性一般，不是正就是反。榮格將陽性能量定義為：自訂目標以及採取一切必要步驟以實現目標的能力。「陽性是線性直行能量，陰性則是如螺旋從底層往上移動。陽性法則的目標在於完美；陰性法則在於完整。完美就不可能完整，因為必然得摒棄天性中的不完美；完整就不可能完美，因為得兼容善惡、是非、希望與絕望。」女英雄之旅下沉後的階段，便是懂得安然處於不完美與不完整，以及處於二元對立消融狀態裡的每一個當下。

或許更該把《千面英雄》裡的旅程稱之為「陽性之旅」，而茉琳．莫德克的稱為「陰性之旅」。我們就像不斷出發旅行一般，先後踏上不同的陰陽之路。等到有一天，性別分類會越來越多樣，而女性主義也將成為一個充滿年代感的詞彙。

推薦序3

女性，神奇的存在

黃梅芳（榮格分析師）

開始翻閱這份《女英雄的旅程》書稿時，我震驚不已，因為幾乎我遇過的女性個案都能在書中找到對應的經歷與議題。

其實我是早已拿到書稿的，但因正準備「愛默與賽姬」（Amor and Psyche）及「白蛇傳」的講座，延遲幾天才開始閱讀。講述「愛默與賽姬」這個故事一直受到很多人的歡迎，詮釋這個故事最有名的榮格分析師應該非埃利希・諾伊曼（Erich Neumann）莫屬。諾伊曼以賽姬的「尋夫之旅」闡述陰性心靈的發展；在這趟旅程途中，賽姬得面對大母神阿芙洛黛蒂（Aphrodite）並經歷與心靈深處的母親分離，最後與愛默「聖婚」。格林童話中「牧鵝姑娘」則是必須面對陰影（故事中的侍女）、學會搗蛋鬼的伎倆，最後在不失善良的原則下取回自己的身分與王子結婚。還有許許多多我們所能想到的女性在尋求個體化歷程中得要面對的經歷與挑戰，都可以在許多神話與傳說中遇見。

記得很早以前上童話講座時，便聽過女性的「英雌之旅」與男性的「英雄之旅」不同。女人不屠龍，不會獲得寶藏，解決問題的方式也不是直接提刀而上，而是需要迂迴行事。然而，或許可以說，因為解決之道散落各個童話心靈中（每一則童話旨在解決特定的問題），之前苦於從不同碎片才能找得到答案，如今有了莫德克的《女英雄的旅程》，所有的碎片終於被完整地收拾歸納。

莫德克熟悉許多神話與傳說，無論是美洲原住民的故事、歐洲凱爾特傳說、兩河流域的美索不達米亞、蘇美人、非洲或是基督教文化，她都信手捻來，功力深厚（唯一可惜的較缺乏東亞地區的神話傳說）。對於喜歡從不同文化的神話與傳說來擴大意識領域的讀者而言，作者的引述更是一扇引導通往理解該文化神話傳說的大門。然而，也因為書寫的目的是要跟陰性心靈工作，作者放入許多詩詞、繪畫與創作，藉由這些可以承載情感的表達，活化了與陰性心靈的連結。

拿到這份書稿前後其實有幾件有趣的共時性事件。其中一個片段是我跟個案之間的。在分析的過程中，偶爾會運用一些童話或神話故事，前一陣子剛好跟一位正在處理與過度控制的伴侶分開之個案提到「女巫、國王與侍衛長」的故事，我記得的是簡化版：面貌驚人的女巫救了國王，於是要求國王許以全國最帥的侍衛長為婚配，國王只好答應。新婚夜裡，女巫搖身一變為辣妹，她告訴侍衛長，因某些不明原因，她會有十二小時是巫女的樣子、而只有十二小時會化身為辣妹，同時也問侍衛長希望如何分配。侍衛長難以決定，於是告訴辣妹兼巫婆的妻子說：**由妳做主**。巫婆聽了之後很是高興，並想想自己原來也希望看來賞心悅目的，於是決定一天二十四小時都要當辣妹。我的個案笑到翻桌，頻頻問我怎會有這樣的故事，還問是不是我編的。原本我遍尋不到出處，卻在這本書的第九章〈智慧的女人和有心的男人〉看到這個故事的完整版與出處。

在作者的序言中，作者提到與喬瑟夫．坎伯的訪談，並對他回答「女人無需走上追尋之路時」感到不滿。喬瑟夫．坎伯解釋「對在整個神話傳統中，女人都**在那裡**。她只需要知道一件事情：她就是每個人都企圖抵達的終點。一旦女人瞭解自己扮演了何等神奇的角色，就不會糾結在效法男人的念頭裡。」我一直在想著這句話。看完了這本書，我想莫德克想傳達的，是身為女性，本身就是一種神奇的存在，但是這個神奇不會自然地被看到。對許多人來說，見證自己身為女性的神奇，需要一段漫長痛苦的過程。

或許妳有不同的感想與結論，那麼妳也踏上了自己的英雄之旅。

無論你是父親的女兒、母親的女兒、身為母親的自己、身為女兒的自己，還有，某個被困住的女性，你很有可能會在書裡遇見妳自己。

推薦序4

尋求母親的女兒：女英雄之路的開端

鐘穎（心理學作家）

女性的個體化問題在這些年備受重視，而關於它的解答環繞在女性神話的發掘與詮釋。從那誕生於父權社會建立之前的神話，以及仍各地初民社會的口傳故事中，我們都能找到女神或女性上帝的位置。這一切都為分析師以及所有關切女性議題的人們留下了寶貴的素材，讓我們能一探父權社會以外的其他可能。

父權社會的成功（或者說，現代社會）自有其理由，憑藉理性與自然科學的勝利，我們的社會組建了一個極有效率的獎懲系統。但這個獎懲系統偏愛男性，更精確地講，偏愛具有特定特質的男性，例如高效、理性、高數理能力、具野心等等。絕大多數人都會被這個系統排除在外，勝利者少之又少，而所謂的「勝利者」更是在取得高位與成就的過程中後飽受焦慮的侵襲。可以這麼說，父權社會的成功是犧牲了我們的身心健康乃至自然環境換來的。

女性在這樣的系統中犧牲最巨，這點也表現在現代女性對投入婚姻或生育子女的畏懼。這一方面固然源於高房價帶來的壓力，另一方面，也肇因於社會對「母親」角色的忽視與輕賤。越來越多廣告以疼愛母親之名出現，這反映的其實是一種補償的心理。因此很弔詭地，女性的個體化之路其實早早源於對陰性本質的唾棄，或者說，對母親意象的貶低。

這使許多女人們都有意無意地想成為父親，成為「父親的女兒」。換言之，想成為一個認同男性價值觀的女人。

母親是卑微的，她只負責三餐，只負責照料他人，她沒有自己。母親是沒有聲音的，她無法自我實現，學歷低，必須為了家庭放棄個人的成長。弔詭的是，正是這樣的母親擔負起了子女的教養工作。但我們人生的第一位老師很少獲得真正的尊重。當女兒們越感謝母親的辛勞，潛意識裡就對母親意象越發恐懼。許多女性都曾有過類似的心聲：「我不想成為媽媽那個樣子！」可以這麼說，母親身份一直以來就是家庭系統中的陰影。

直到女人們出了社會，在不同領域取得成就，這才發現自己似乎成了男人的複製品，而且是盜版的複製品。成功的代價是女人背離了陰性的本質，那關乎滋養、友誼、對自然的重視、以及對花草樹木和動物的親愛之情。

意識到自己受騙的女性因此進入了黑暗，開始了另一段尋訪陰性本質的路。這便是本書首要著墨之處。但這樣的歷程對男性來說並不陌生，因為正如前述，無論男女，絕大多數人都會在這樣的系統裡失敗，除非我們能因厭倦產生意識，決心從「母親」身上尋找具有生命力的神聖能量。尋求母親，因此可說是全體「女兒們」成為女英雄的開端。

在心理治療領域裡，正念所強調的就是這樣的母親或陰性能量：接納、不批判、非用力追求。在神話領域裡，它表現在進入黑暗的男英雄得到了陰性力量的補充（不論是喚醒女先知、拯救被擄走的公主、或是善良女巫的幫助）。我們可以這麼說，即便男性神話，也同樣注重兩極的結合。這表示人類心靈早早意識到，發展過頭的陽性本質將遭遇各種困難，而解方則如喬瑟夫．坎伯所說的那樣：她就是每個人都企圖抵達的終點。

然而這並不意味著女人什麼都不必做。

女人要做的首先是質疑世俗的成功標準，因為這些標準主要是男人設立的，而後是回頭重新認同自己。而這份認同指的主要是身體。

縱然女人已日漸取回了身體自主權，但看待自身的眼光卻沒有多大的改變。厭食症在年輕女性群體中的普遍流行就證明了這件事。理應是教育水準最高，最年輕自信的女性，卻用最狹隘的身體觀點束縛了自己。「女神」無一例外地都是擁有傲人身材的女性，似乎神聖與妖豔必須劃上等號。我對此總是深感震驚。

真正的女英雄會質疑這類虛假的女神。我們屢屢見到，許多女性是在四十歲之後才開始展現她自信的成熟美。這份自信不再只源於胴體，更是那與內在核心緊緊相連的深沉經驗。

我是我，我不會成為任何人。因為可以信任自己的感覺，女人終於成為了自己的主人。於此同時，長大的女兒也開始追憶起自己的母親，那個曾被自己拋棄的女性。母女的和解終於出現。原先的陰影承擔者轉身一變，成為了女兒個體化之路的認同對象。

在拙著《傳說裡的心理學》中，我曾討論過一篇饒有意義的臺灣傳說〈陳守娘〉。主角陳守娘是一個受父權社會欺騙與背棄的女性，在那樣的社會氛圍裡，就連她身邊的女性都是幫兇（婆婆與小姑）。但她的怨最終卻在觀音菩薩的諒解下被化解。觀音菩薩就象徵著她的母親，是臺人心靈神聖陰性的具象化。這段劇情再現了母女的神祕聯繫。

在這裡，女兒不再質疑母親，而是認同了她，也認同了自己的女性身份。

在這條路上，女性分外需要同伴。因為女人的生活更偏向集體生活，偏向連結。她們分享一切，彼此合作，共同承擔。女性群體的關係比起男性群體更加深刻，友誼持續的時間更長，更同聲一氣。不需要什麼深刻的心理學或演化知識，都能觀察到這個普世的現象。

在這條路上尋求你的女性同伴吧！這也是女性故事最特別之處。她們總是能無償得到其他女性的援助。就連恐怖女巫芭芭雅格（Баба-яга）也在許多女性故事中擔任問題解決者的角色，她曾幫助童話女主角瑪雅公主打敗火神的女兒，幫助瓦西麗莎走出黑森林。這樣的事例反映的正是女性友情的深層聯繫，和總是必須透過打架或餽贈才能得到友情的男性故事不同（舉例來說，桃太郎的三個動物伙伴就是如此）。女性的友情往往是自發、不求回報的。

這本書是三十年前的作品，我們的社會比起當時是更進步、更寬容了。但書中觀點並未過時。事實上，我在翻開本書時就相當感慨，社會中仍有許多女性停留在書中所談的第一階段，未有機會往前走。

女讀者會從本書學到女性個體化階段可能遇見的危機與心境，男讀者則能從本書尋回與生命重新產生連結的能力。不去尋訪內在的女性，我們就會遠離神靈。在掌管生命力的陰性本質之前，我們的自我（ego）只是意義的接收者。若能明白此點，謙卑接受那遠古自然女性傳遞而來的訊息，活力就會取代疲憊、信心就會取代自卑，你因此得以真實且坦然地站在大地上。而這一切都是父權社會所推崇的「榮耀」無法給你的。

還請打開這本書，女英雄的旅程，就此開始！

引言

克莉絲汀・唐寧博士（Christine Downing, Ph.D.）
帕西菲卡研究學院（Pacifica Graduate Institute）神話學教授，
著有《漫長的返鄉之路》（*The Long Journey Home*）

茉琳・莫德克的《女英雄的旅程》三十週年版即將由香巴拉（Shambhala）出版公司出版，這是眾人引頸企盼的一份大禮。一九九年首次出版時，這書就受到無數讀者的重視，現在依然如此。

茉琳・莫德克是我的同事、良師、好友，甚至一度是我的學生，因此我將用茉琳稱呼她。如果改用莫德克稱呼她，我覺得那對我們的情誼以及本書的某些主題都有所不敬。

正如本書書名間接透露的，茉琳寫這本書的動機是她發現喬瑟夫・坎伯（Joseph Campbell）在《千面英雄》（*The Hero with a Thousand Faces*）一書中所總結的英雄之旅，實際上僅是男人的英雄之旅，在其旅程中出現的女人不是男人的支持者、就是男人的阻礙者。另外，《千面英雄》總結的追尋歷程也不符合女人的經驗。對茉琳來講，女人實有必要自寫一本專門探討她們個體化經歷的書。

重讀本書的時候，我驚訝地發現，不像某些女性主義作家，茉琳並沒有一步一步修改坎伯的模型，也沒有像坎伯一樣聚焦在神話上，舉例來講，她並沒有為了想對坎伯說「喬，你為何沒有把**這些**故事寫進你的書裡？」而刻意把重點放在那些以女神或女英雄為主角的神話上。沒錯，她的確納入了波瑟芬妮（Persephone）和伊娜娜（Inanna）的神話，但她的用意卻是要我們從中發現這兩位女神像我們，而非我們像她們。

此外，雖然她用了「女英雄」一詞，她真正的目的卻是在挑戰那些把重心全放在非凡人物身上的作品，因為每一個平凡的女人事實上都可以成為女英雄。我們每一個人的故事無不具有某種神聖性、某種茉琳稱之為「平凡而神聖」（divinely ordinary）的性質。

當然，這本書的最大特色就是充滿了茉琳的個人聲音：她使用單數第一人稱代名詞，在書的一開始提到她的心理治療工作，然後在描述她的專業經驗時援用了不同案主和某些同事的故事。從一開始，茉琳就希望我們知道：沒有任何可以**代表所有女人**的女英雄自性歷程，也沒有任何單一模式可以套在所有女人的經歷之上。

我認為書中那個說話的「我」非常重要，但我更想強調的是：這個「我」的聲音，事實上是**我們**的聲音、一個讓我自豪曾是其中一員的「我們」、一個代表了本書首次出版年代之獨特時代精神的「我們」。

茉琳和我都曾在西蒙・波娃（Simone de Beauvoir）《第二性》（*The Second Sex*）這本書的感召下，全心參與過一九七〇年代初展開的第二波女性主義思潮。那時候，原本互不相識、來自全國各地的女人突然意識到：她們對所有能夠尊重女性的獨特經驗，以及所有能夠啟發、挑戰和深化她們對**女性生命**之瞭解的文字、意象和故事充滿了渴望。她們開始用第一人稱寫作，把她們的自身經驗、她們的夢想、她們的身體、她們的性慾、她們的憤怒、她們的困惑書寫出來，一舉顛覆了之前學術語言的各種禁忌。我們發現了彼此，也發現我們需要彼此。

要充分理解本書的訊息，讀者也許需要知道，茉琳在書中不時提到某些曾是（或現在仍是）「我們」之一的女人的名字。我一邊閱讀，一邊未按任何順序記下了這些人名：派翠霞・瑞斯（Patricia Reis）、卡洛・皮爾森（Carol Pearson）、琳達・連納德（Linda Leonard）、諾兒・霍爾（Nor Hall）、伊蓮・派格斯（Elaine Pagels）、蘇珊・格里芬（Susan Griffin）、希薇亞・裴瑞拉（Sylvia Perera）、星鷹（Starhawk）、艾絲帖拉・勞特（Estella Lauter）、凱絲・卡爾森（Kathie Carlson）、琴・波倫（Jean Bolen）、莉安・艾斯勒（Riane Eisler）、瑪麗安・伍德曼（Marion Woodman）。在這一長串被唱名的姊妹當中，每個人都擁有她自己獨特的故事和靈性之旅。

茉琳一方面體認到每個女人的靈性之旅具有獨特性，但另一方面她在講述自己的經歷時，又認為她的經歷跟她許多案主的經歷（以及她重述的某些神話）有非常相似的地方。如同埃絲特・哈汀（Esther Harding）在《進入陰性本質之奧祕的啟蒙經歷：古代與現代》（*Woman's Mysteries, Ancient and Modern*）以及希薇亞・裴瑞拉（Sylvia Perera）在《下沉至女性上帝之所在》（*Descent to the Goddess*）兩本書中分別讓我們看到的，茱琳在她的書中也讓我們看到：她特別能夠瞭解那些曾經自許為「父親的女兒」的女人，也就是那些在男性價值觀當道的世界裡擁有不凡成就、最終卻發現成就毫無意義、自覺靈性空虛的女人。她用動人的文筆告訴我們，重新連結到我們的陰性本質、重新成為母親的女兒是何等重要的事情。但她也明白：扔掉我們的成功者面具會是何等困難的挑戰；在誠實面對我們和母親之間愛恨交織的關係時，我們會經歷何等的錐心之痛；容許自己去感受壓抑在內心深處的憤怒、慾望和絕望，又會令我們何等痛苦難堪。

茱琳在書中的自述帶有罕見的誠實和謙虛。她知道，尋見自性的歷程並不是直線進行的，反而往往會一遍又一遍地繞著同一問題打轉、始終無法脫身前進。她在書中坦然承認自己仍在半途中、還未抵達目的地。在我的想像中，她現在仍然會這麼說。

當然，對茱琳以及我們那一代的女性主義信奉者來講，尋求個人的心靈完整和自我實現從來都不是唯一目標，因為我們更希望能夠改變集體文化。因此我想像，當年在寫這本書的時候，茱琳應該曾經期待、或至少希望她的書在三十年後的今天將過時，不再是女人需要閱讀的一本書。

令人感傷的是，這事並沒有發生。我在研究所教深度心理學和希臘神話兩門課，學生的年齡介於二十多歲和七十歲之間。我幾乎總會花一部分時間重講德宓特（Demeter）和波瑟芬妮的故事。當然，我也講授其他許多故事，但歷年來毫無例外的，絕大多數學生所寫的期末報告最後都會拿這個最原始的母女故事當作題材。這些期末報告全是學生懷著創傷情懷寫出來的東西，而我在閱讀它們的時候何嘗不也同感傷痛。另外，年復一年，各個年齡層的女人都會拿「發現女人的聲音」當作她們博士論文的主題，而且每一個人都能透過個人的經驗賦予這個主題新的意義。這個情況之所以會發生，不就是因為女人長期以來仍然無法聽見自己的聲音而深感痛苦嗎？

我們仍然需要這本書，謝謝你，香巴拉！

三十週年版前言

要提升人類，就先要強大女人。

——茉琳達・蓋茲（Melinda Gates）

我在三十年前之所以會寫《女英雄的旅程》，是因為我希望在主流文化所欽佩、用刻板套路呈現出來的男性英雄自我實現之旅之外，提供另一種故事。在那之前，我們看不到任何值得重視、能夠涵蓋女性原型經歷的故事。

在家庭治療師的工作上以及在創意寫作的教職上，我都曾經運用過喬瑟夫・坎伯在他書中所描述的英雄旅程模式，但我發現那個模式有所不足，因為它不曾觸及陰性本質在個人生命或集體文化中所受到的深刻傷害。

描繪女性生命和男性生命的神話故事是不一樣的。如果用男性英雄的成就來衡量我們的成就、快樂或自我實現，我們無可避免會否定自己的價值。當時我很盼望女人能夠理解一件事情：不利於我們和女性價值的種種偏見都是來自集體文化，而非起源於我們的缺失。《女英雄的旅程》觸動了無數文化背景不同的女人，初版後已被翻譯成了十多種語言，包括了波斯文和韓文在內。

自一九九〇年以來，隨著女人開始重視自我身分、兩性關係、團結互助，以及強化女權這些議題後，關於女人的論述已經大大不同於以往。如今，女人已對社會發揮了巨大影響力的事實就足以證明一點：只要攜手前進，女人可以一起改變世界。

在寫這篇前言的此刻，除了有意參選總統的女性候選人人數打破記錄外，美國現在有三位女性大法官、四分之一的國會議員是女人，更不用說美國眾議院議長南西．裴洛西（Nancy Pelosi）是位居副總統之後、排名第二的備位總統。「我也是」運動（#Me Too movement）如今已成為全球現象，使得女人和年輕女孩勇氣大增，願意挺身而出，把一向藏匿在各行各業、體育界以及宗教界的性侵及性騷擾事件揭發出來。在《財富雜誌》發布的美國五百大公司當中，女性執行長的人數也比往年增加，儘管比例僅佔百分之六點六。另外，《美國心理學家》（*American Psychologist*）學報最近刊登的一篇研究報告也指出，七十多年以來第一次，多數美國人認為女人在能力上雖未必勝過男人，但至少與之相當。

二〇一九年，冒著被外界批判的風險，美國國家女子足球隊不僅要求在薪資、醫療、賽場安全等方面享有跟男子足球隊相等的待遇，還極力為不同的社會平權議題發聲。這個球隊所展現的自信，就是她們能為自己、也為未來的女孩和女人贏得二〇一九年世界足球盃冠軍頭銜的關鍵因素。談起這支球隊的時候，曾在一九八八年至二〇〇四年擔任隊長並贏得兩屆世界盃的朱莉．佛迪（Julie Foudy）這樣說：「她們用我前所未見的自信說出了自己的想法。」這支球隊展現了「天下無難事」的決心和信心，使得參加世界盃的其他球隊無不因為她們提升了全世界女子足球運動的水平而向她們致敬。

這是一個戲劇性的轉變，然而……

三十年前我在寫這本書的時候，我想讓女人認清一件事情：追隨男性英雄的行腳，不但沒有必要，而且無益於身心，因為那只會導致靈性乾枯並與女人自己的神話無法契合相應。女人很難魚與熊掌兼得，因為社會一直無意為在職的母親設置可讓她們安心工作的平價幼兒托顧中心。我曾經希望，女人為尋見自性和心靈平衡而走上的「試煉之路」，縱然無法避免一些挑戰，但終有一天這些挑戰會完全消失。當時我將這些挑戰統稱為「女人天生不如男人或天生智力不足」的集體迷思。

但我當時不曾預想到，三十年後的今天，我們仍然必須挑戰這個從集體無意識產生的性別刻板印象。由於我們生活在一個用男性角度看世界的社會，許多女人依舊把那個被灌輸在她們心內、使她們自認不如男人的父權聲音內化為己有。結果，打從一出生被認定為女性之後，許多女人就一直自認不如男人、不值得受到重視，以至於她們無法從心所願開發她們的全部潛力。另外，在當今的政治氛圍下，女人的生育選擇權（reproductive rights）依然遭到社會大眾的抨擊。最近有一個年輕女人發問：「他們為什麼那麼恨我們？」

我的回答會是：「原因在於五百多年以來一直根深蒂固嵌埋在父權文化裡的神話。只要女人一展現實力，這個文化便立刻升高對她們的嫌惡程度。」但是我認為，美國國家女子足球隊的典範足以扳正這種現象。她們讓我們看到，只要找回自己的聲音、尊重自己的所是、一起為共同目標攜手前進、並以一種相信神聖陰性本質的自傲之姿——就像古代米諾恩（Minoan）文化中的萬物之母（Mother Goddess）[1]一樣——毫不退怯地挺立於天地之間並向天空敞開雙臂，我們一定能夠破除所有障礙，開創新局。

茉琳・莫德克

寫於二〇二〇年

1 譯註：作者在本書中用 the Mother、Mother Goddess 或 the Great Mother 稱呼有別於男性上帝的女性造物主。參見第一章譯註25。

序言

今天的女人和男人都感覺到一種空虛，覺得他們的陰性本質似已沉入地獄，就像波瑟芬妮一樣。無論出現在何處，這空虛、這破口或裂口的療癒藥方只能在傷口的血液中找到，正如古老煉金術的一條箴言所說：「除了把它放置在它自己的血液中，不可用其他方法製造溶解液。」[1]因此，女人不可用依附男人的方式、卻必須藉內在的連結——亦即整合個人心靈的對立面向以重新結合（remembering）[2]母親和女兒為一體——來治癒她的空虛。

——諾兒・霍爾（Nor Hall），《月亮和處女》（*The Moon and the Virgin*）

身為女性案主（尤其年齡介於三十歲至六十歲之間者）的心理治療師，我常聽到女人喊說

1　譯註：血液指煉金師從「哲學家之石」提煉出來的紅色硫磺，溶解後可將普通金屬轉化為金和銀。

2　譯註：Remembering 一字在此是雙關語，暗指 re-membering，把斷肢縫合起來的意思。

她們並不因為自己事業有成而感到快樂。她們常用「倦怠」、「空虛」、「失落」、甚至「感覺受騙」這些話語來形容她們的苦悶。她們曾經跟隨傳統男性英雄的腳步而在學術界、藝術界或金融界佔有一席之位。然而，她們還是不斷自問：「這一切究竟有何意義？」

在稱心如意的表象下，這些時間過於滿檔的女人不時感到身心疲乏、常因身心壓力過大而感覺身體不適、時時渴望逃離她們所在的競技場卻不知如何逃離。這一切都絕非她們當初開始追求成就和名望時渴望獲得的獎賞。最初，在她們想像自己有一天將從梯頂俯瞰一切時，她們並沒有在那個俯瞰圖裡看到自己的身體和靈魂會成為犧牲品。在傾聽這些曾經追隨男性英雄的腳步、卻落得身心俱創的女人講述她們的故事時，我得到一個結論：她們當初選擇的是一個全然漠視女人天性的追尋模式。

由於想知道女人和男人的追尋有何相關性，我在一九八一年第一次訪問喬瑟夫·坎伯。我知道女英雄的追尋經歷在某些方面相同於男英雄的追尋經歷，但我覺得女人應該把自性成長的重心放在如何彌合她和陰性本質之間的裂痕，因此想聽聽坎伯的看法。但當他答說女人無需走上自性追尋之路時，我感到非常訝異。他說：「在整個神話傳統中，女人都**在那裡**。她只需要知道一件事情：她就是每個人都企圖抵達的終點。一旦女人瞭解她自己扮演了何等神奇的角色，她就不會糾結在效法男人的念頭裡。」[3]

這個回答讓我愣在那裡，也讓我十分不滿。我認識和治療的女人並不希望自己**在那裡**、在人人都企圖抵達的那個地方。她們並不想成為耐心守候、不停紡織又不停拆掉織線的神話人物潘娜拉比（Penelope）。她們不想成為父權文化的侍女、也不想向男性神祇獻香膜拜。她們更不想聽從基本教義派牧師要求她們回歸家庭的教誨。她們需要的是一個瞭解女人是誰以及瞭解女人是什麼的新集體意識。安．杜伊特（Anne Truitt）在《日記：一個藝術家的隨想錄》（*Daybook: The Journal of An Artist*）裡這樣說：

> 我的女人窟[4]給了我一種溫馨的感覺。每當回到那裡，我都會抱著欣慰之情和言語難述的濃濃歸屬感。男人也可能對我只能想像的男人窟懷有這種情感吧。我們最好還是對男女有別的說法存疑。如果我的「歸宿」就是當一個女人，這並不意謂我就應當一直守在家裡。如果我寸步不離女人窟，它不發出惡臭才怪。我擁有何等強健的生命力、好奇心和衝勁，強健到我不可能如此自閉，否則我生命的每一部位都將虛脫萎縮或散發出可怕的酸腐味。如果我想對自己負責（我的確想），我一定要追求我的理想和抱負[5]。

---

3 原註1：這是一九八一年九月十五日約喬瑟夫．坎伯在紐約接受作者訪問時的一段談話。

4 譯註：在西方社會，男人常會在家裡另闢房間，稱之為 man cave，作為自己的私密空間。此處所說的女人窟（cave of womanhood）與男人的私密空間相對，也就是女人在傳統觀念中必須回歸、在其中善盡「女人責任」的家庭。

5 原註2：見 Anne Truitt 著作 *Daybook: The Journal of An Artist*（New York: Penguin Books, 1982）（《日記：一個藝術家的隨想錄》），頁 110。

在我們今天的文化裡，女人確實有必要追求一個理想：全面擁抱她們內在的陰性本質、珍惜自己的女人身分、復原飽受父權文化傷害的大地母親。這是一個能使自己成為一個整合、平衡並完整之個人的重要心靈旅程。正如多數的追尋之旅一樣，女英雄在她的追尋之旅上也會遭遇各種挑戰，一路上看不到任何清楚的路標，也沒有熟稔的嚮導，更不會有地圖、導航圖和實際啟程時日的記載，因為這趟追尋之旅不會依循直線路徑前進。它也很少得到外在世界的褒揚；事實上，外在世界經常蓄意破壞或阻撓它。

我所畫的女英雄自性之旅模型，有一部分與坎伯書中男性英雄之旅的模型相同，[6]然而它的每一階段仍只能用女性特有的語彙描述。下面的階段示意圖，當初就是以非常女性的方式向我顯現的——它從我的背部突然冒出。

一九八三年春天，我參加了洛杉磯家庭治療學院（Los Angeles Family Institute）的一個博士後訓練課程，學習名為「家庭塑像」（family sculpting）的治療技巧，由小組成員藉這技巧把一個不斷出現在個人原生家庭中的場景（例如晚餐的場景）上演出來。我在一個晚餐場景中扮演我自己，並由其他組員扮演我的母親、父親和妹妹。就在我們幾個人擺出我家人慣常的僵硬姿態、一動也不動之際，我的腰間盤突然歪凸了出去，使得我再也無法保持我從前為了不讓爭吵發生而擺出的「百般示好」姿勢。

在動彈不得的三天時間裡，我俯臥在起居室的地板上嚎哭不已——不僅為了身體的疼痛，也為了我曾經藉工作及成就刻意遺忘的家人關係失調而哭泣。然後，就從這些眼淚當中，一個女英雄自性之旅的圖形、一個順時鐘的圓形路徑圖冒了出來。它始於陰性本質突然遭我唾棄之時（當時我把這本質跟依賴、強烈操控慾以及滿腔怨恨聯想在一起），然後我開始在外界世界完全遵循男英雄的追尋模式，在男性盟友的支持下獲得獨立、名望、財富、權力和成就。再接下來，我掉進了令我極度驚惶失措的枯槁荒涼境地，隨後無可避免繼續下沉到冥界，在那裡遇見**黝黑的陰性本質**（the dark feminine）。

一股急於彌合我稱之為**母女鴻溝**、**女性傷痕**的強烈慾望從這幽暗中升起。在返回途中，我開始重新定義和認同陰性價值，同時也開始將這些價值和我在旅程前半段所學會運用的陽性能力整合了起來。

下頁就是當時完整顯現在我眼前的那個圖示。這麼多年以來，我的使命就是理解圖示中的每一個階段。在這緩慢的理解過程中，我傾聽案主和朋友的故事，也深思一個問題：為何我曾經那般渴望男人主導之世界的認可？

我是用我自己和我那一代女人的觀點描述女英雄靈性之旅的。我們都曾試圖在父權體制中尋求認可，卻發現那體制不僅無法滿足我們，甚至還可能摧毀我們。我們成長於蘇聯發射人

6 原註3：見 Joseph Campbell 著作 *The Hero with a Thousand Faces*（《千面英雄》），頁245。

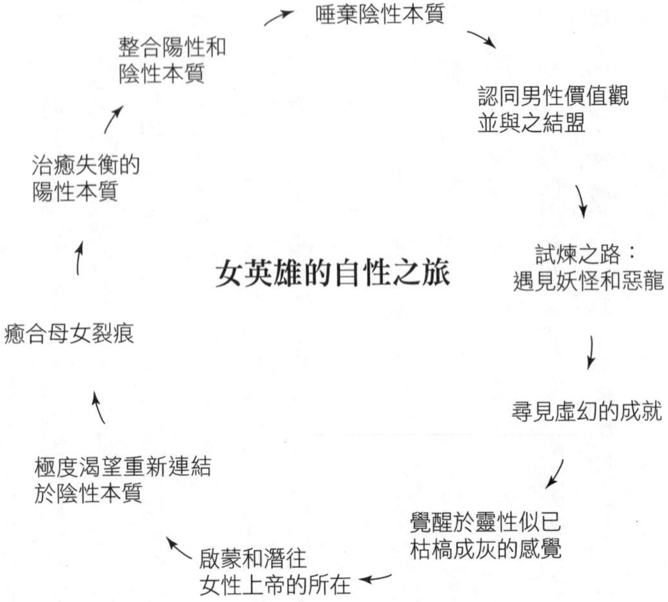

女英雄自性之旅起始於「唾棄陰性本質」，
終於「陽性和陰性本質的整合」。

類史上第一枚人造衛星之後的年代（post-Sputnik era），從小就被鼓勵去追求卓越，好讓西方國家重新稱霸世界。

我就是一個大家所說的「父親的女兒」，一個極度認同父親而往往排斥母親、並試圖從父親及男性價值體系那裡獲得關注和認可的女人。我在上面所示的模型不一定符合各年齡層所有女人的經驗，也不單單與女人有關，因為它可拿來同時探討女人和男人的自性追尋。它表達了許多人的經歷：他們一方面力圖為世界貢獻一己之力，一方面又憂懼這個以進步為唯一目標的世界將對人心和地球生態的平衡造成無比巨大的傷害。

旅程的各個階段共同組成一個循環路徑，但個人可以同時身處不同的階段——例如，在試圖癒合母女裂痕的同時，我也曾試圖整合我天性中的兩個對立面向。女英雄的旅程是持續一輩子的開拓、成長和學習之旅。

旅程從女英雄尋找自我身分開始。這個「呼喚」在任何年紀都可能出現；一旦「舊我」不再有利於個人生命，它就會發出聲音。它可能出現在年輕女人離家上大學、就業、旅行或開始擁有親密關係的時候，也可能在女人中年離婚、重返職場或學校、改換生涯跑道、或面對空巢期的時候。或者，它也可能只因為女人突然自覺失去自我而出現。

在旅程的第一個階段，女人通常會唾棄在她眼中代表被動、喜愛玩弄心機以操縱他人、或缺乏成事能力的陰性本質。我們的社會常把女人描繪為缺乏專注力、善變、以及愛鬧情緒而無法把事情做好。女人這些缺乏專注力和清晰思辨能力的特性不僅被父權文化，也被許多女人自己視作是軟弱、不如男人、和依賴成性的同義詞。

在男性主導的職場中尋求成功的女人，常為了打破這樣的迷思而開始走上旅程的第一個階段。她們努力證明自己擁有理性思考的能力、可以堅持到底、並在情感上和經濟上具有自主能力。她們只跟父親和男性親屬討論議題，並在男人或那些認同男人的女人當中選擇良師益友，期望他們認可她們的才智、決心和抱負，並為她們提供安全感、方向感和成就感。她們的所作所為無不以完成工作，爬上學術界或大公司的高層位置，獲得名望、地位和均等股權，以及有用於社會或世界為目的。對女英雄來講，這樣的經歷令她感到非常亢奮，而且我們這個物質主義盛行、把**有所作為**視為人生最高價值的社會也完全支持她的做法。任何無法「在世界上成就大事」的行為都不具有內在價值。

我們的女英雄穿上盔甲、拿起長劍、挑選了最善跑的駿馬，便上戰場去了。她找到了她的寶物：博士學位、大公司的主管頭銜、金錢、權力。男人對她微笑，跟她握手，並歡迎她加入他們的俱樂部。

她享受從梯頂俯瞰到的風景，並且自豪能夠事事兼顧，比如能夠同時擁有事業和小孩。但一段時間之後，她彷彿有一種感覺：「好吧，我做到了，但下一步呢？」於是她開始尋找下一個必須躍過的障礙、下一次升遷、下一個社交活動，時時刻刻都想藉**有所作為**來填滿每一個空暇時刻。她不知道如何停下來或如何說不；每想到她會讓需要她的人失望，她就覺得愧疚。「成就」已經讓她上癮，而且那到手不久的權力更像迷幻藥一般讓她「嗨」到不能自已。

往往也就在這一階段，她開始感覺跟自己格格不入，或是開始生病或遭意外。她開始自問：「這一切都是為了什麼？雖然已經達到我當初訂下的目標，我卻感覺非常空虛。為什麼我會這般難受、感到孤單和一無所有？為什麼我會有這種被騙的感覺？我失去了什麼？」

在她竭力切斷她與陰性本質的負面關係時，我們的女英雄卻因此失去了內心的平衡和完整，以致負傷累累。她學會用邏輯思考去高效率完成工作，卻因此犧牲了自己的健康、夢想和直覺。她所失去的不就是她與陰性本質之間的親密關係？她難過地敘述她無法感知肉體所傳遞的智慧訊息、她沒有時間跟家人相處、她沒有時間學習手藝或藝術、她沒有同性知己、或她心中的「小女孩」已經不見了。

坎伯認為：「女人最關心的是『照顧』這件事。她能照顧一個身體、一個靈魂、一個文明、一個社會。如果沒有可照顧的對象，她不知不覺就會感受不到自己的生命價值。」[7]我發現許多效法男英雄之旅的女人都遺忘了如何照顧——照顧她們自己。她們相信，要成功就必須時時保有鋒利敏銳的心智。然而許多女人就是用這種態度逐漸換來一顆千瘡百孔的心靈。

在談到男性中年危機時，坎伯的話也適用於成功女人所經歷到的惶恐和失望：「他們已經爬到梯頂，卻發現梯子倚在不對的牆壁上，只因為他們當初做了一個錯誤的判斷。」[8]

有些女人發現，她們追求成功和認可的出發點是要討好雙親，尤其是被她們內化的父親原型。當她們開始審視自己的動機時，有些女人在自己的身上找不到任何屬於她們自己的東西，自此她們就再也無法擺脫一無所有的感覺。一個四十歲出頭的電影女製片人說：「在檢視我自

7　原註4：這是一九八一年九月十五日坎伯接受作者訪問時所說的一段話。
8　原註5：同原註4。

己內心的時候，我不知道誰在那裡。我唯一能夠確知的是，我渴望把自己的心健全起來，而我唯一能信任的就是我的身體。」

這些女人的共同問題是：她們在解放之路上走得還不夠遠。她們採納男人的模式學會成功之道，但那模式並不能滿足她們成為一個完整之人的願望。「當初的誤判」指的或許就是決定依照別人的遊戲規則去追尋自我價值和成就感。一旦女人決定不再依循父權社會的遊戲規則，她就會頓失如何處事和如何感覺的依據。一旦她決定不再繼續採取舊的存在模式，她就開始陷於緊張和惶恐。「改變確實會令人惶恐，但有惶恐，就有力量。如果我們學會去觸摸自己的惶恐、不讓它阻礙我們，惶恐就會成為我們的盟友、成為一個向我們預示挑戰必將成為祝福的訊號。往往，我們真正的勇氣並不會展現在熟悉、舒適或有利的環境中，卻會展現在我們的恐懼中、甚至展現在我們抗拒改變的時刻。」[9]女人於此邁進了啟蒙的階段。

在追尋之旅的這一階段，女人開始掉入深淵，在似乎漫無止盡的時間裡四處遊蕩、充滿哀傷、怒火中燒、罷黜君父、尋找自己心靈失去的部位、然後遇見黝黑的陰性本質。這段漫長的時間會是幾個星期、幾個月或好幾年。對許多人來講，這是一段靜寂黑暗、自我隔絕、學會重新潛心傾聽自性的時間，也是一段純粹**活著**、而非**圖謀作為**的時間。此時，外在的世界也許認為女人罹患了憂鬱症或處於停滯不前的狀態。家人、朋友、同事無不在旁邊要求我們的女英雄：「千萬別把問題看得那麼嚴重！」

在這階段，女人常夢見肢解、死亡、幽靈姊妹、闖入者、行走於沙漠、渡河、古代女神神像、以及神性的動物。她也會渴望擁有更多時間親近大自然，希望從泥土、四季變化和月亮虧盈的韻律中獲得撫慰。另外，對許多女人來講，每次的經期都會成為一個敬奉女人和血、以及淨化並更新身體與心靈的重要儀式。由於這樣的潛沉是趟神聖之旅——不僅要使不完整的個人生命恢復完整，還要找回集體文化丟失的靈魂（對今天的女人來講，就是恢復女性上帝的信仰）——它是無法用匆匆趕路的方式完成的。下面是我自己在這階段記下的一段文字：

「這是一處地圖沒有記載的所在，黑暗、潮濕、滿目荒涼、瀰漫著血腥氣息。我找不到同伴、安慰和出口。我覺得全身皮開肉綻；我尋找自己遭到切離但還可被辨認的部位，但只能找到無法接合的碎片。這番掙扎努力是我從未體驗過的；它並不以征服他人為目的，而是要我面對我自己。我赤身裸體尋找母親以及我不見天日許久的心靈部位。它們必定躲在這黑暗所在的某處、等待我去找到它們——由於我以前不承認它們為我所有，以致它們現在不太信任我。它們是我的寶物，但我必須努力挖掘才能找到它們。在這尋覓過程中，我不可能遇到一位為我指引出路的仙子教母。我努力挖掘……挖掘耐性和忍受黑暗的勇氣，同時也挖掘毅力，以免自己過早走進光明，以致無法見到那位偉大的母親（the Mother）。」

9 原註6：見 Starhawk 著作 *Dreaming the Dark*（《夢見黑暗》），頁47。

一旦走過潛沉的階段，女英雄便開始逐漸修復母女隔閡、也就是那個在她最初摒棄陰性本質之際出現的裂痕。這個修復不一定是指女人在實際生活裡修復了她和她母親的關係。它還會真真切切發生在她的內心當中——只要她用心去照顧她的身體和靈魂，並重新喚醒她的感覺、直覺、性慾、創意和幽默感。

這個時候，女人可能突然對陶藝、烹飪課、園藝、養身按摩、打造舒適的小窩產生了極大的興趣。以前向外施展的精力如今慢慢轉向到發揮創意、重新發現身體、樂於和其他女人來往這些事情上。曾經以事業為重的女人現在可能開始考慮結婚生子。在這個階段，女人會斷然做出選擇和犧牲。當然，對那些擁護父權的人來講，她的這些決定和犧牲實際上和臨陣脫逃沒什麼兩樣。

我的一個案主是位年近四十的牙醫，曾經因罹患乳癌失去了一個乳房。她決定寫作、蒔花弄草和生孩子：「這是一個困難的決定，因為固定的收入可以給我安全感，也容許我幫助他人。何況，保險公司也會因我的病歷而不大願意讓我購買健康險。但我已迫不及待想在牙醫這份工作霸佔我的全部時間之前，趕緊去做這些重要事情了。」

在寫這本書的期間，我也有過類似的經驗。在自我探索的過程裡，我越來越無意再從外界尋求認可；當我拿出勇氣、決定不再依賴線型的理性思維時，我的女性聲音就愈來愈大聲有力。我也開始可以盡情傾聽夢、意象和內在盟友所傳達的訊息，讓它們成為我的嚮導。當女人不再為了定義自己而像男人一樣執著於外在成就時，她就能毫無羈絆地去探索**她**的夢和**她**的聲音。

女人一旦專注於自性的探索，她就不再可能從外界獲得任何認可，更不可能獲得任何掌聲。她一提起生命價值的問題，那些致力於追求外在光鮮成就的人都會感覺十分不自在。這就是為什麼願意走上這條追尋之路的女人不僅需要具備勇氣，還需要相信一件事情：在前去的路上，她必會碰見同行的靈性盟友。今天，許多女人正聚在一起一同學習、彼此分享夢象、並向陰性本質以及她們個人和集體文化共同失去的寶物致敬。另有許多女人也藉著她們共同策劃的儀式來歌頌大自然韻律有致的周轉、歡慶她們自己及親人的生命轉折點，並從儀式中獲得無限的安慰和喜樂。

在我看來，如今許多女人會如此密切關注自己的靈性生命，其直接的原因不外是：在效法男性英雄的追尋模式後，她們終於發現這模式不僅給她們個人帶來空虛，也對人類有害。女人之所以會效法男人的英雄之旅，是因為她們想不出其他可以效法的模式。一個女人若不能在男性主導的文化裡擁有成就，她唯一的出路就是做一個依賴他人的弱勢者。我們現在必須發現新的神話和新的女英雄，藉此改變集體文化中的經濟、社會和政治結構。這可能就是今天許多女人和男人正把注意力轉移到古代女神文物和古蹟的原因，也是他們將注意力轉移到古代母系文化、試圖瞭解其中兩性如何透過同伴和合作關係一起治理社會的原因。在這樣的共治社會中，不平等的主從關係和權力慾望都不存在。

瑪德琳・連格（Madeleine L'Engle）在她發表於《女士》（*Ms.*）雜誌一九八七年夏季刊的一篇文章裡說：「在離開二十世紀、進入二十一世紀的此刻，女人的使命是把源於某種神靈、不畏潛意識深水世界怪異之美的創造力復甦起來，並協助男人從那個囚困他們、只看重驗證和事實的狹隘世界脫逃出來……做為一個女性主義者，我並不想在這個世界上和男人一爭長短——這方法未免過於粗糙，而且最終不可能帶來任何益處。我的責任是做一個完整的女人，享受我全部的自己以及我個人在宇宙中的位置。」[10]

當我們的文化發展到了今天的這個階段，女人的職責是什麼？我深深感覺，我們的責任是癒合一個裂痕；就是這個裂痕讓我們始終認為自己的知能、願望和慾望在重要性和正當性上不如父權文化所推崇的知能、願望和慾望。我們必須治癒那個一再要求我們摒棄感覺、直覺和夢而令我們無從體會生命真相的心靈裂痕。我們必須勇敢地使用悖論思維（paradox）[11]，在前路未明之際堅忍緊張和惶恐，並願意傾聽我們內在智者的指引以及大地要我們做出改變的呼籲。

女人必須成為一位靈性戰士；她必須學會巧妙的平衡術，學會在緩慢整合陰性之我和陽性之我的過程中守住耐性。她起初渴望揚棄她的陰性價值去認同陽性價值，後來她卻發現這既不是她所要的人生答案，也不是她所要的人生目標。但她倒也不必放棄她在一路效法男性追尋模式時所學會的技能，而是要學會不再把這些努力換得的技能和成就當成人生的終極目標，但把它們當作追尋過程必經的一個階段即可。之後她可以運用這些能力，致力於更大的追求——也就是把眾人結合起來——而非僅僅追求個人的福祉而已。一旦女人不僅有能力真實滿足他人的需求、也能珍惜和回應自己的需求，她就完成了一件大事：讓陰性本質和陽性本質的神聖結合得以發生。如今，就在我們共同努力維繫地球生態的平衡之際，我們每一個人都必須專心追求這樣的整合以及隨之而生的一種意識——意識到萬物是相倚互存的。

10 原註7：見 Madeleine L'Engle 文章 "Shake the Universe"（〈搖撼宇宙〉），頁 182-185。

11 譯註：相對於非白即黑、二元對立的線型邏輯思維，悖論思維認為每一事物和人都可能具有自我矛盾、既為此亦為彼的模稜兩可性。

羅得的妻子（Lot’s Wife）[12]

但只要你走得夠遠，終有一天你會認出從路那頭走來的你自己，然後你會大聲說：是的！

——瑪麗安・伍德曼（Marion Woodman）

在旅途前方的某處
她用別的聲音
和別的語言
等待另一個日子
等待洗腳[13]入內的來客
而撲簌流下鹹鹹眼淚的我
固化成了具有女人身形的直立鹽柱、眾人口中的羅得的妻子，
回首眺望我的城市，只見山谷、高山和平原
無處不漫天火焰。
我僵立轉頭，
掛著千年之重的歲月轉過頭來

望向遠處守候的女人，
看見數不清的朝代
以及沒有名字的生命
從石塊密布的山丘
滾滾落下。
永恆之女
她孕育生命的周轉韻律與她同行
我此刻聽見
她的記憶
她嚴厲的話語、柔和的話語、哭喊，
我的話語、我的哭喊、所有我們不為人知的行事風格。
禁閉已久的女人心聲

12 譯註：參見舊約聖經創世紀第十九章羅得的故事。傳統的聖經詮釋用「羅得的妻子」一詞代表不服從命令而遭詛咒的女人。

13 譯註：古代以色列人進入室內必須赤腳並洗腳，在迎客時也會為客人備水洗腳，但在悲悼期間有不洗腳的習俗。另外，祭司在進入聖堂或走近祭壇前必須洗手洗腳，個人晉見君王時也如此。洗腳在宗教上帶有滌淨塵世污濁的意思。

開始掙脫閉鎖
在天地之間揚播。
我力轉全身，踏前一步，
再踏前一步，接著再一步，
我向路的彼端前進，
前往我本是、但仍待變成的那個她。

——瑞特．凱利（Rhett Kelly）[14]

14 原註8：見 Rhett Kelly 詩 "Lot's Wife"，1989。

第一章

與陰性本質斷絕了關係

母親在我們心目中代表了受害者、不自由的女人、犧牲者，而我們的個性又似與母親重疊吻合；因此，在不顧一切想劃清母女界線時，我們動用了激烈的切除手術。

——亞卓安．芮曲（Adrienne Rich），
《女人所生》（*Of Woman Born*）

討論母職的歷史學家和心理動力學家都在提醒我們：工業革命以來，為人母者一直被認定必須為她們的孩子在未來有否成就或成為什麼樣的人負起責任，因此不是被讚譽為稱職的母親，就是被譴責為不稱職的母親[1]。社會在認定母親是促成兒童正向或負向發展之主要原因的同時，卻無人考慮過她的家族或社會是否也曾把同等份量的權威和尊重賦予母親這個重要的角色。在把重大責任放在母親身上、要她為整個社會完成如此艱鉅的任務時，社會卻沒有給予她應得的名望、喝采和金錢報酬，也不曾為母職設置奧斯卡金像獎。我們懶於把功勞歸於母親，卻急於把所有社會問題歸咎在她身上。最近在洛杉磯的一個法院判決中，一個被判有罪、住在毒品氾濫社區的幫派份子，他的母親也遭到刑事起訴，罪名是——根據法官的說法——沒有善盡母職，卻沒有人提到下列因素一概俱缺、因而也導致問題：盡責教養子女的父親、學校教育、社會住宅政策、為未成年人之成長提供安全及保障的社會大環境。

我們的社會以男人為中心，並且總以男性的觀點看世界。男人可因他們的智力、企圖心和

可靠性在世上獲得地位、名望、財富等等獎勵。具有相同心性素質的女人卻只能獲得與之類似、而非同等的獎勵。如果女人採用男人的觀點並不斷用男性所定義的標準衡量她們自己，她們必然發現自己在男人所看重的能力和心性素質上不是有所不足、就是有所欠缺。女人不可能是男人，因此許多企圖「像男人一樣優秀」的女人最終傷害了她們的陰性本質。她們開始用不夠好、有所欠缺或失敗來定義自己，並開始抹煞或貶抑自己的女人身分[2]，而看不起女人就是從看不起自己的母親開始的。

喬瑟夫・坎伯認為，真正的英雄以打破既有體制、建立新社會為他們的使命。要完成這項使命，英雄／女英雄必須殺掉「現狀」或舊體制這條惡龍、也就是「過去」的守護者哈德法斯（Holdfast）[3]。就文化來講，既有體制即是根深蒂固的父權體制。這體制相信：比女性更強壯、更勇於表達意見、更享有權力的男性人口才是社會的主導者和統治者。在今天這個時代，為了建立新的社會，女人和男人都正在挑戰這樣的父權語言和父權思想，更不用說他們也正在挑戰男人所主導的經濟、政治、社會、宗教和教育體制。但對許多女人來講，母親是舊秩序的具體象徵，因此女英雄在個體化過程中的第一項任務就是離開母親。

1　原註1：見 Harriet Goldhor Lerner 著作 *Women in Therapy*（《接受心理治療的女人》），頁 230。
2　原註2：見 Poly Young-Eisendrath 及 Florence Wiedemann 合著之 *Female Authority*（《女人的權威》），頁 4。
3　原註3：見 Joseph Campbell 著作 *The Hero with a Thousand Faces*，頁 337。

有些女兒可能一輩子都困頓在這分離的過程中，有些女兒則會比別人用更戲劇化的方式掙脫連結。為了跟母親和**母親的影響力**保持距離，女人還會力圖擺脫所有被文化曲解為低下、被動、依賴、媚惑、玩弄心機和無能的陰性本質[4]。

對一個女人來講，她的母親在多大程度上象徵了父權社會的現狀、這社會強加在性別角色上的束縛、以及它對女人根深蒂固的歧視，她離開母親的決心就會有多堅定。唯有在她逐步行經心靈成長的各個階段、開始逐漸瞭解文化才是歧視女性的罪魁禍首後，她才會開始明白母親並非她自覺卑微不足的原因。在一個歌頌陽性本質的文化裡，許多缺乏自信並深感惶惑的女兒們不過是在她們母親的身上就近找到代罪羔羊而已。

然而，事實上，我們的母親以及她們的母親都曾像羅得的妻子一樣，被禁錮於男性投射在她們身上的形象裡。一九四〇和五〇年代的母親們沒有多少機會可以追求個人的目標；在當時的廣告、束腰和抗焦慮藥物煩寧（Valium）的助力下，她們任人擺佈、約束以及壓制。她們的女兒現在有責任解放她們，並治癒她們在陰性本質上受到的傷害。

摒棄陰性本質

一九五〇年代蘇聯發射人類第一枚人造衛星後，美國全國上下開始要求學童努力學習數理。就是在這個背景下，瑪莉．林恩（Mary Lynne）在二十五年前走進了一所女子學院，決心研讀高等數學。然而，她之所以選讀數學，真正的原因卻是當時只有極少數女人願意進入這個領域。「我認識的女孩都沒有選擇數學系，因此我想跟她們不一樣。多數女孩選讀了英美文學系，而我非常不喜歡分析故事的情節和角色。我也對父母要求我讀護理系或教育系——以便我未來的丈夫萬一失能殘廢了，我至少還能『有個可賴以維生的後路』——感到十分不耐。我根本沒想到什麼未來的丈夫，而且我也根本不想依靠什麼人或事！我懷著青少年的理想主義，想在計算機科學領域做出重要的貢獻。我也想讓我的父親看到，我跟他一輩子求而不得的兒子一樣優秀。」

但是，儘管她的學術能力測試（SAT）成績不好，而且大學裡的輔導員曾經勸她最好主修英美文學，她卻從未想到自己事實上並不具有足以讓她在高等數學領域擁有成就的資質。在她讀完大二時，當數學系系主任告訴她，她的成績不足以讓她進級修讀更高深的數學、因此希望她轉系時，她無法相信自己的耳朵。她回想起當時的情況：「我心碎至極；我記得，離開那為

4　原註4：「陰性」和「陽性」這兩個字詞是用來描述萬有本體之雙重本質的，並是女人和男人都能體現的人性本質，因此它們並不指涉性別。西方文化長期以來把「陰性」曲解為女人／軟弱之義，而把「陽性」曲解為男人／強大之義。我們應該用這兩個字詞指稱所有人類（不分性別）天生擁有、相生互補的兩種本質。女人自性追尋的目標無非是在發現自己擁有雙重的存有方式、不把自己禁錮在「陰性」和「陽性」這兩個字詞的被曲解之義當中。

時兩分鐘的會談時，我感覺天旋地轉，心裡只想著：『完了，我還是得像別的女孩一樣渡過這一生。』我頭腦簡單地認為，數學可以救我、可以讓我不用當女人。」

我在進一步詢問後發現，瑪莉．林恩曾經抗拒任何跟「當女人」有關的事情，因為她不想像她母親一樣做個傳統、鬱鬱寡歡、事事操控、不時發怒、不知變通的家庭主婦。「我跟我母親一向無法相處。我認為她嫉妒我，因為我書唸得好並且有讀大學的機會，而她不曾擁有過這樣的機會。我不希望自己的下場跟她一樣。我決定要像我的父親，因為在我眼裡，他是一個通情達理、成功並喜愛工作的人。我母親從來都不快樂，但那時候，我從來都沒想過父親的成功是用她的不快樂換得的，也從來都沒想過，她的自厭心態以及她每每讓幾個女兒無從揣摩她真實想法的一言一行，都可以歸咎於社會對待女人的方式。」

瑪莉．林恩現在明白了一件事實：她對男性價值體系的完全認同不僅影響了她對她的女人身分的看法，也曾促使她看不起其他女人。「我對其他女人總是擺出一副她們遠不如我的姿態。我希望效法男人的思考方式，同時我也恨自己是女人。在努力認同男人的時候，我關閉了我的大半心靈。我設定了一個標準並且告訴自己：任何值得做的事情都必須是困難的、具體的、可以量化的。我現在才知道，在即將步入二十歲的那個階段，由於摒棄了陰性本質，我壓抑了我的陰性生命的成長，抹煞了我的陰性潛能，並且漠視了一切可讓我的身心感到歡愉的事情。」

在四十二歲生日即將來到時，她做了一個夢：「我坐在蘇格蘭一部巴士的後座上睡著了，但在巴士大迴轉時醒了過來。我們來到硬頸街上（Diehard Street）；現在是晚上九點一刻，但天色仍然很亮，北極光在空中閃耀著。」

她一邊思索這個夢，一邊說：「我現在明白，硬頸線巴士代表了我的生命姿態。多年以來我一直用強硬頑固的姿態抗拒任何被認為跟女人有關的事情。在我不能成為數學家後，我開始投入募款活動，並且學會運用手段、依照男人的遊戲規則爭取上位。但我沒有學會如何放輕鬆、如何滋養自己的身心、如何享受生命。我的朋友說我是工作狂，我答說我不得不如此、因為這是社會的運作方式。現在，我覺得我已經為此付出了代價，我不想再搭乘硬頸線了。為了在男性世界裡有英勇的表現，我犧牲了我和母親、姊妹以及我自己的關係；現在是我找回真正可貴之事的時候了。」

旅程開始：擺脫母親

女英雄的旅程開始於她試圖在身體和心理上擺脫自己的母親，並擺脫對她而言具有更大掌控力量的母親原型。母親原型通常被認為即是關乎肉體和靈魂的無意識陰性面向。但是，母親意象不僅代表了無意識的一個面向而已，也象徵了那涵蓋並整合一切對立面向為一的全面集體無意識[5]。

對女兒來講，擺脫個人的母親是個特別難受的過程，因為她必須擺脫一個跟她一模一樣的人。她為可能的失去感到恐懼和焦慮，怕自己將會變得無依無靠、離開並且有別於那個在大部分時間裡跟她關係最為密切的親人。相較於兒子，擺脫母親對女兒來講總會引發更多糾結複雜的情緒，因為她「必須在她自己和她被教導去認同的母親形象之間斷然畫出界線，而男性小孩之所以必須跟母親形象畫出界線，則是因為文化要求他摒棄母親的心性和行為、以便成為男人。」[6]

許多女兒都曾面臨一個衝突：一方面想比母親活得更自由自在，另一方面又渴望得到母親的愛和認可。她們想超越母親，但又害怕失去母愛。起初，藉由離家他往以保持距離，或許是女兒在自我成長和討母親歡心這兩個需求之間化解衝突的唯一方法。由於女孩已經把文化所創造的「女性不如男性」神話內化於心，她們會比男孩更渴望他人的認可和認證，也因此更害怕做出令父母不悅的事情。[7]女孩的「獨立——因為是不被預期的——會比男孩被預期的叛逆更可能被詮釋為違逆父母。」對一個女孩來講，她的第一次離去，

蛇髮女妖（Gorgon）

「往往感覺起來像切除肢體，而不像獲得解放。」[8]

為了擺脫母親，許多年輕女人把母親想像成原型故事裡滿懷報復心、佔有慾和噬子慾望的女性角色，因而是她們在爭取生存權之際必須摒棄的人物。一個女人的生身母親未必具有這些特質，但身為女兒的她仍把它們內化，並將之建構為母親的意象。榮格認為，這個被內化的母親意象在我們心中開始以陰影人物（shadow figure）發揮作用；它代表了不自覺形成且不為意識之我接納的思想或行為模式。由於無法在內心接納這個意象，我們便將之投射到別人的身上[9]。

於是漠視或囚禁自己女兒的食人女妖被投射到了母親身上，於是母親必須被殺掉，於是〈糖果屋〉（"Hansel and Gretel"）童話故事中的繼母變成了在爐灶中喪命的邪惡巫婆。母女關係或母女悖離是一個如此複雜的問題，以致絕大多數童話故事和女作家作品中的母親不是缺

5 原註5：見 Sibylle Birkauser Oerl 著作 *The Mother*（《母親》），頁 14。
6 原註6：見 Harriet Goldhor Lerner 著作 *Woman in Therapy*（《接受心理治療的女人》），頁 58。
7 原註7：見 Carol Pearson 及 Katherine Pope 合著之 *The Female Hero in American and British Literature*（《美國與英國文學中的女主角》），頁 105。
8 原註8：同原註7。
9 原註9：見 Kathie Carlson 著作 *In Her Image: The Unhealed Daughter's Search for Her Mother*（Boston & Shaftesbury: Shambhala Publications, 1989）（《依照她的形象：尋找母親的受傷女兒》），頁 55。

席、就是死了或者邪惡無比[10]。

可怕的母親和負面的陰性本質

母親原型有兩種對立的表述方式：一是象徵無限哺養和保護之恩的「偉大母親」（Great Mother），一是帶來生命沉滯、窒息和死亡的「可怕母親」（Terrible Mother）。這兩種原型意象是人心在回應嬰兒和未成年時期的依賴性時所產生的心靈元素[11]。在多數情況下，母親是嬰兒的最主要依賴對象，然後未成年者會開始試圖離開這個融合為一的共生關係，進而走向獨立、個體化和自我管理。如果母親被未成年者視為哺養者和支持者，她就會在後者的感受中代表一股正面力量；如果她被未成年者視為漠不關心或專制強悍，她就會在後者的感受中代表一股毀滅力量。

在成年時期，許多人會用「可怕母親」的原型面向來回應強勢的女人（往往即是他們自己的母親）[12]。他們無法從時代背景、家庭背景和那時代給予了女人什麼機會的視角來理解母親的生命。他們把她的失敗內化為負面陰性本質的一部分。

自信、強勢和意志堅定的女人在過去總會被稱為貪得無厭的婊子，比如蓓蒂・戴維斯（Bette Davis）[13]，但抱怨自己缺乏機會的女人又會被人視為只懂得自怨自哀的消極無能者。

過去從母親那裡學會厭惡自己或運用巧妙手段尋求妥協的女人，其中有些人如今已經開始力求擺脫這些對她們造成傷害的自我認知。女孩會在母親身上尋找「女人」一詞之定義的蛛絲馬跡；如果她有個軟弱無能的母親，她便會恥於身為女人。在渴望自己全然不同於母親的情況下，她很有可能會不顧自己的其他需求去追求主控權。「許多女人之所以會滿腔怒氣地活著，是因為她們的母親曾經不假思索並被動地接受『命運的安排』。」[14]在她們能夠意識到這個無意識的反動之前，她們會一直活在**對抗母親**的心理模式中，用以為人處事。

女人也會逃離具有噬子傾向的母親——由於嫉妒及羨慕女兒的才華和她有機會享有自由，這種母親會企圖禁錮女兒。女人還會跟喜歡妄加非議、不知變通以及扯後腿的母親保持距離。她也會避開那個體現犧牲者原型、為服侍配偶和子女而奉獻一生的母親。母親會因夢想破碎而積累不滿，而這些不滿極有可能以動輒發怒或被動型攻擊行為的形式爆發出來，專門對付比自己享有更多機會的女兒。容易動怒、具有一般刻板印象所認定的歇斯底里人格、自覺浪費生命

10 原註10：同原註7，頁120。

11 原註11：見 Polly Young-Eisendrath 及 Florence Wiedemann 合著之 *Female Authority*，頁45。

12 原註12：同原註11，頁24。

13 譯註：蓓蒂・戴維斯（Bette Davis, 1908-1989）是美國著名女演員，在好萊塢電影圈內以個性直接強悍聞名。

14 原註13：見 Adrienne Rich 著作 *Of Woman Born*，頁246-247。

而動不動就對著牆壁砸盤子的母親，就是女神古戾（Kali）[15]的化身，時時都充滿了具有毀滅性的怒火。

古戾媽媽——主宰創造、保護和毀滅的印度教三位一體女神——也稱作「黑暗母親」。她是「生與死母親」原型的基本意象，既是子宮，也是墳墓；既賜生命於她的兒女，也奪走他們的生命。她是古人用來象徵陰性本質的神話人物，其後另有一千個不同形式的同類神話陸續出現於世界各地[16]。人類學家瑪莉亞・根布塔斯（Marija Gimbutas）和女性主義作家茉琳・史東（Merlin Stone）都提到，在過去六千五百年之間，信仰女神的宗教不斷遭到男神宗教的打壓和汙衊[17]。難怪古戾的權能被迫隱埋於地下。於此同時，由於被迫屈從於令她們感到沮喪、了無生趣的性別角色，許多女人的才華、技能和活力也一樣受到了埋沒。於是，在無從表達或無法透過創意找到疏通渠道的情況下，古戾的怒火在無從實現潛能的女人生命中，變成了一潭黑暗、噬人的死水。

大多數女人都曾迫不及待想離開充滿怒氣和負能量的母親。我們都曾聽到女人這樣說：「我不想跟我母親有任何相似的地方，我甚至不想**長得像她**。」有些女人不僅害怕她們現在像自己的母親，她們實際上害怕的是自己**將變成她們的母親**[18]。這種恐母心理（matrophobia）在我們的文化裡是如此普遍，以致許多母親在子女離家後常常自覺遭到了排斥和拋棄，並覺得自己為子女所做的一切都是徒勞。

拋棄母親

在女人的感受中，「拋棄母親」可能不僅背叛了身為母親的那個女人，也背叛了身為女兒的自己。「女人是從母親那裡第一次得知溫暖、哺育、柔情、安全感、感官愉悅、親密關係之意義的。母親與女兒身體彼此繾綣的最早經驗，最終會遭拒絕或排斥，會被認為代表了佔有慾、拒絕、陷阱或禁忌，但它最初原是整個世界。」[19]

許多女人一方面強烈渴望離開自己的母親，但另一方面又因超越母親而生出強烈的罪惡感。二十幾歲的蘇珊正朝著成功女企業家的目標邁進，而且她也即將和一個愛她並支持她的男人結婚成家。她的母親在離婚後的十七年當中從未滿意過她自己選擇的職業；身為單親的她努

---

15 譯註：古戾是印度教中代表女性力量的神祇，主宰死亡、時間和四時的變化，具有大無畏精神，好鬥嗜血，並擁有創造及毀滅一切的能力。

16 原註14：見 Barbara G. Walker 著作 *The Woman's Encyclopedia of Myths and Secrets*（《寫給女人的神話與祕教百科全書》），頁488。

17 原註15：見 Marija Gimbutas 著作 *Goddesses and Gods of Old Europe*（《古老歐洲的女神和男神》）以及 Merlin Stone 著作 *When God Was a Woman*（《當上帝是女人時》）。

18 原註16：詩人 Lynn Sukenick 發明的「恐母心理」（matrophobia）一詞並不意指害怕當下的自己像母親，而是意指害怕自己將成為跟母親一模一樣的女人。參見 Adrienne Rich 著作 *Of Woman Born*，頁237。

19 原註17：見 Adrienne Rich 著作 *Of Woman Born*，頁218。

力工作以撫養小孩，但只選擇了可以讓她獲得溫飽、卻無法讓她實現自我的工作。

如今五十幾歲的母親因為不知未來何去何從而感到十分沮喪。她的沮喪影響到蘇珊，使後者在擴展事業或生小孩的事情上不知如何做出抉擇。蘇珊覺得，除非她的母親變得快樂和有安全感了，她自己是不可能感到滿足或擁有成就的。她因此對不願改善自身狀況的母親感到十分惱怒。

她說：「我一直覺得，除非我媽媽振作起來，我是不可能快樂的。她跟我的姊姊同住，在經濟和情感上都無法自立，因此我不認為她會有快樂的一天。我因為自己擁有很好的兩性關係而覺得對不起她，但我又因為不想讓自己有太大成就而不敢積極衝刺事業。一方面我想讓她看見我能做她所不能做的事情，另一方面我又相信我的成就會毀了她。」

蘇珊每次在電話中向母親提到她的新客戶時，她的母親總會把話題轉移到她的姊姊或姊姊的小孩身上。蘇珊感覺母親並不想聽她說這些事情、甚至故意破壞她的自信。她為此感到悲傷，因為她知道自己將永遠無法跟母親分享成功和快樂。同時她又覺得自己在超越母親的時候背叛了母親，因此她一方面為自己的成功感到愧疚，另一方面又為母親的失敗感到憤怒。她為了自己與母親不同而陷入焦慮。長期以來，這種罪惡感和憤怒感讓她得了憂鬱症，但如今她願意承認自己和母親是分別獨立的個體，願意接受母親的選擇，並且瞭解那些選擇是母親生活條件及其背景下的產物。

許多女兒之所以跟母親保持距離，是因為母親沒有能力支援她們尋求個體化和成就。哈莉葉特・古德・勒那（Harriet Goldhor Lerner）提到她的一個案主J女士。J女士的母親有偏頭痛的問題，因而無法參加女兒以優異成績畢業的畢業典禮。在J女士告訴母親她想攻讀碩士學位時，她的母親顧左右而言他，談起她朋友的女兒剛剛才成為醫學院的學生[20]。母親不想承認女兒的能力，也不想聽女兒談未來的抱負，只因為這些暴露了她自己的不足。

很不幸的，這是許多女人常會說起的一個話題。「一個曾在自我成長和發展方面受到阻撓的母親會漠視或不重視女兒的能力，或者她會反其道而行，反而鼓勵女兒做一個『與眾不同』或『才華出眾』的小孩，讓她可以把女兒的成就當成自己的來引以為傲。」[21]還有許多母親會對她們的女兒發出矛盾或模稜兩可的信息，例如「不要像我，但是要像我」或者「要有成就，但不要太有成就」。難怪女人會摒棄陰性本質而傾向陽性本質，因為後者看起來還滿重視她的成功和獨立精神的。

20 原註18：見 Harriet Goldhor Lerner 著作 *Woman in Therapy*（《接受心理治療的女人》），頁182。
21 原註19：同原註18。

離開好母親

或許，最難讓人割捨的母親是一個有趣、慈愛、鼓勵兒女、以及積極樂觀的模範母親。離開這樣的母親就像離開了伊甸園、天真無邪、親密關係和安適圈而步入了難以預測的世界一樣。但是，一個積極樂觀的模範母親仍有可能不知不覺困住她的女兒。如果女兒把她當作神來崇拜並視她為自己的標竿，女兒仍有可能不得不離開她，以求發現她自己的生命特色[22]。

年近三十的艾莉森來自新英格蘭一個歷史悠久的家族。她有一位慈愛、身為銀行高級主管和社區活躍成員的母親。在艾莉森就讀長春藤大學聯盟一所大學的期間，她的母親一路鼓勵她；當她前往西海岸去修讀戲劇表演時，她的母親也無條件支持她。艾莉森非常想念母親，但她不想跟她住在同一個城市裡、活在她的陰影之下，因為她不想再聽到他人比較她和她的母親，也不想再為了自己與母親不同而生出罪惡感。每一次跟母親講完電話後，艾莉森都深深覺得母女兩人已不再像以往那般親密，同時也因為自己選擇了一條跟母親安穩生涯全然相反的生涯而倍感難過。她再也不可能像她的母親了。但在掙扎著離開母親的同時，艾莉森也開始在摸索中逐漸擁有演員必備的情感深度和情感細膩度。離開母親以及接受這個離開所帶來的痛苦，可以說是她在發現自己藝術才華的過程中必須踏出的第一步。

許多女人很怕「像女人」這個形容詞，因為它沾有負面的含義；不少人覺得它的原始定義就暗含「有責任照顧他人」的意思。社會一向不鼓勵女人尋求自我實現，只鼓勵她們透過他人的生命而活。年近五十的凱瑟琳說：「在我還小的時候，社會樂於展示的女人意象只有兩種：性感尤物瑪麗蓮・夢露（Marilyn Monroe）和無私奉獻的照顧者。我害怕被當做女人，因為我不想失去自主權，更不想被人利用。」

在女人排斥母親所體現的負面陰性本質時，她很可能陷入一個危險：她一併否定了陰性本質喜愛歡樂、重視感官、熱情、慈愛、直覺靈敏以及擁有創意的各種積極面向。許多女人會因為自己的母親非常情緒化或容易發怒而企圖控制自己的喜怒哀樂，以免被他人視為歇斯底里和具有破壞力。但壓抑憤怒卻讓她們往往難以察覺父權體制充滿了男女不平等的現象。認為自己的母親太迷信、信仰太虔誠或太老派的女人，則會把陰性本質中渾沌、神祕和神奇的面向棄之於不顧，然後用冷靜的邏輯和分析取代這些面向。一道裂痕就此出現在女人的內心，使女英雄與她的陰性本質斷絕了關係。在日後的追尋之路上，這道裂痕必須被癒合，否則她無法變為完整。

---

22 原註20：見 Carol Pearson 著作 *The Hero Within*（《內在英雄》），頁196。

抗拒女人的身體

母親
這是給你的家書
我感覺孤獨
請把我的肉體還給我

——蘇珊．格里芬（Susan Griffin），〈母親與孩子〉（"Mother and Child"）

排斥陰性本質是雙向發生的，不僅女兒會排斥母親，母親也會排斥女兒。當女兒進入青春期並發現自己的性徵時，她的母親有可能排斥或嘲弄她的身體。或者，母親可能嫉妒女兒的青春和吸引力，以致她在後者心中啟動了羞恥感或好勝心。許多女孩認為母親之所以怕她們，是因為母親把她們當作博取父親注意力的競爭者。

父親也可能在跟含苞待放的女兒相處時感到不自在，因而盡可能避開她。她覺得自己變成了傳統心理學所說之聖母／娼妓情結（madonna / whore dichotomy[23]）的對象；她在父親的眼中是一個禁忌，但在母親的眼中則成了競爭對手。為了不讓父母不開心，女孩有可能在離家之前關掉自己的性知覺。或者，她會因為十分害怕自己的性知覺而嫁給她的初戀男友。就這樣，她的母親和父親一起掌控了她的身體。

我認為女人就是在這種情況下開始排斥她肉體本能的智慧的。大多數女人的身體會賦予她們一種直覺：某件正出現在她們生命裡的事情感覺起來「很不對勁」。一旦開始漠視自己的身體，她們便無法信任自己的直覺而寧可相信理智。

當青春期的女孩發現父母對她越來越明顯的性徵感到不自在時，她有可能排斥自己變化中的身體。她也許會用食物來麻痺「自己不乖」的感覺，或用酒精、性或毒品來減輕自己在不被他人接受時所感受到的惶恐和痛苦。她無法察覺自己身體的極限。在她的身體和理性越來越背道而馳之際，她不僅會覺得痛苦，還會開始生病。女人是透過動作和身體知覺來觸動靈性的，因此否定身體就必會抑制女英雄的自性成長，使她漠視直覺和夢境、只曉得在為人處事時完全倚賴不會帶來風險的理智。

年近四十的莎拉是人類學博士候選人。在第一次接受治療的時候，她抱怨自己身體的一側不時會感到劇痛而使她無法行動。她的醫生說她的身體沒有問題，但她的身體一連好幾天都不得動彈。我和她一起做放鬆運動，藉以釋放撰寫博士論文給她帶來的沉重壓力，然後我建議她利用導引式意象冥想（guided imagery exercise），向她內心深處的那個小孩求教：她身體裡面

23 譯註：英文原名為 Madonna/whore complex，是佛洛伊德就男性性無能問題首創的一個心理學名詞。

有什麼問題？

莎拉在冥想中強烈感知到這個存在於她內心深處的九歲「小女孩」──這一部分的她想出去倒掛在木頭攀登架上玩耍。她快樂地跟小時候的自己玩耍了二十分鐘，但在走回辦公室後她隨即痛哭失聲了起來。

她終於明白，是學術研究讓她失去了自己這個愛玩耍的面向。她說她現在已經可以獨自一人去玩那個倒掛遊戲了，又說她和一個女人曾經一起共渡過一段美好的時光。但她現在已經搬到幾千英里之外的阿拉斯加；身為兩人當中的強者，她現在憑著她的一己之力已經「離成功不遠了」。她不希望自己像她母親一樣離不開配偶或伴侶。但她身體的左側依然疼痛難忍，因此我問她：她的身體在告訴她什麼？

她說：「我曾經否定大部分的自己──除了心中那個愛玩的小女孩之外，還包括那個成年後從戶外大自然吸取心靈養分的我。我喜歡徒步親近大自然，但總是抽不出時間。我也喜歡小孩，但我的生命裡並沒有小孩。我的學業一直不容許我去做我想要做的事情；我雖已成為了女強人，但我卻找不到可以被我照顧的人，更何況我連自已都照顧不來，甚至根本想不起我曾否照顧過自己。我害怕的是，如果我要求家人或朋友幫忙，他們就會視我為弱者。」一直以來，承認自己體力有限的女人總會被人批評為軟弱無能或喜歡利用他人，因而許多企圖趕上男人的女人往往會恥於對人提起自己的病痛。長久以來，女人的身體不但是慾望的對象，也是被嘲笑的對象。

在我們的文化裡，排斥女性身體的心態源自把夏娃描繪為誘惑者的舊約聖經。五千多年以來，隨著男性主導的各種宗教信仰無不把女性性慾視為禁忌，這種心態變得越發堅固不移，以致政治和宗教體制都拿女人的性別當藉口，把女人排擠在權力核心之外。

行為藝術家雪莉．高克（Cheri Gaulke）在男人和男神主導的宗教背景下長大成人。四歲時，她發現她的身體將會決定她的命運：「我的父親、祖父、曾祖父和我的哥哥全是基督教路德會的牧師，而我的哥哥是第四代傳人。我四歲時發現自己不可能追隨父親的腳步，只因為我是女孩。這無疑是出現在我生命裡的第一個女性主義想法。我在那一刻明白了一件事情：由於我的肉體，基督教拋棄了我。對基督教來講，靈與肉是分開的；女人是肉體，男性上帝是靈。要獲得靈性，就必須否定肉體、超越肉體、以及死後上天堂。哈，我根本不信那一套。」[24]

雪莉．高克有一個在她生命中發揮無形影響力的母親原型：「我所有的作品都跟『父親』有關，目的在拿回那原屬於我、卻遭男性剝奪的權力。我的靈感來自女性上帝運動（feminine spirituality movement）[25]，因為女性上帝是我能夠認同的神；她的身體和我的身體、她的權能

24 原註21：這是一九八六年十月二十三日，雪莉．高克在洛杉磯接受作者訪問時的一段談話。
25 譯註：又稱 the Goddess Movement，認為宇宙至高之神是女性。

和我的權能是一體的。這是男人無法奪走的事實。」26

被母親拋棄

因為被人收養或因為母親患病、酗酒、鬱鬱寡歡而感覺自己遭到母親拋棄的女人，會極端渴望母愛到時時尋求母愛的地步。她可能會堅持擺出「女兒」的姿態，試圖從無法提供認可、母愛、關心和接納的母親那裡滿足這個渴望。如果她的母親已經離開或忙碌到無法照顧她，她可能會尋找一個帶有正能量的女性榜樣，一個或許可以和她建立親近關係的女人。

在非洲裔、年近四十的萊拉記憶中，她的母親總是忙著生小孩而無法關注她。「她無時無刻不感到筋疲力盡；對她來講，我不過是一個模糊的身影。但是我的阿姨貝西會留意到我並且知道我是誰。她對我說我很重要，給我希望，要我相信自己。每當她看著我的時候，我都會覺得自己很美麗。她常對我說：『女孩，你會有前途的，你和其他人不一樣。』我恨不得早點離家去證明她說的很對。」

如果自覺被母親拋棄或跟母親關係疏遠，女人可能會先拋棄陰性本質、而後去尋求父親和父權文化的認可。男人站在具有力量的位置上，因此女人試圖獲得男人的支持以強化她自己。我們的女英雄會前去認同無所不能、無所不知的陽性本質；她學會父親們所訂定之令人眼花撩亂的遊戲規則，也就是那些用來競爭、獲勝和取得成就的各種策略及手段。她企圖證明，她也能符合白人男性根據他們自己形象所設定的標竿。然而，無論再怎麼成功，她竟發現自己始終無法獲得高度的評價，反而必須付出更多的努力[27]。她開始想瞭解陰性本質的真實處境。

榮格學派心理治療師珍妮特・達勒（Janet Dallet）說：「這個文化的集體意識——由千千萬萬個主宰著我們價值觀、看法和選擇的信念所築構——基本上來自陽性本質。但父權社會的集體**無意識**——也就是它恢宏夢想的源頭——卻滿載著不被意識所接納的各種價值，因而屬於

---

26 原註22：同原註21。

27 原註23：根據蘭德智庫公司（Rand Corporation）在一九八九年二月發布、被沙加緬度日報在新聞〈研究發現男女薪資雖逐漸縮短差距，女性卻更為貧窮〉（"Women Narrowing Wage Gap, But Poverty Grows, Study Finds", *The Sacramental Bee*, 8 February 1989）中報導的研究，一九八〇年至一九八六年之間，所有職業女性的薪資已從男性薪資的百分之六十提升到百分之六十五。二十至二十四歲女性的薪資則從百分之七十八提升到百分之八十六。根據保守的估計，到二〇〇〇年的時候，女性薪資將為男性薪資的百分之七十四。由於收入較低和單親的家庭多是女人當戶長，女人會比男人更可能成為窮人。一九四〇年時，十個家庭中只有一個女性戶長，但到一九八〇年為止，這個比例已增為百分之四十，幾乎七個家庭就有一個女性戶長，而百分之六十二的貧窮成人是女人。在貧窮統計數字中，只要家庭依然完整，男女收入的差距並不會造成男女貧窮人數比的差異。但只要離婚事件、未婚生子事件以及由之衍生的單親家庭不斷增加，這層保護就會失去作用。根據社會學家 Arlie Hochschild 在其著作《第二份工作》（*The Second Shift*）中針對在職父母及家庭變革所做的研究，女人負擔了大部分家務和小孩的照顧，使她實際上必須在一天二十四小時內完成兩份工作。根據 Hochschild 用八年時間彙編而成的計算資料，她發現，在一九七〇和一九八〇年代，美國女人平均每星期比男人多工作十五個小時左右，一整年算下來總共為一個月的時間。只有賺錢比男人多的女人才能做少於一半的家事。（譯按：以上有關數據雖來自一九八九年的研究，但仍具參考價值，讀者可以藉之瞭解女性地位半個世紀以來的變遷。）

陰性。如今，具有創意的個人在無意識驅力之下已開始拋棄父權的貪婪，進而下沉到屬於母親們的渾沌領域，以便引出那些迫不及待想誕生於新世紀意識中的意義和價值。」[28]

在女人追尋之旅的這個階段，她會試圖彌合她與母親之間的原始裂痕，並在更廣泛層面上試圖修復「母親」和「女兒」的關係——也就是說，她會在女神、女英雄和當代女性創作者的身上尋求認同的對象，希望她們能把女性的力量和美麗傳授於她、使她能夠充分感知自己日漸茁壯的權能[29]。最終，她會從萬物之母那裡找到療癒。凱絲・卡爾森（Kathie Carlson）說：

> 在想像女性上帝的同時，無論我們是否視她為被擬人化的本體（personified Being），或是否視她為出現於女人內心或存在於女人之間的生命能量，我們無疑承認了女性力量的存在，並知道這個力量既不來自男人、也不來自父權社會所想像的女人……女性上帝的意象讓我們看到：我們的文化不曾用正面的表述想像過我們的力量、我們的身體、我們的意志和我們的母親。默想女性上帝的目的就在重新整合我們自己、想像我們自己的完整[30]。

28 原註24：見 Janet O.Dallet 著作 *When the Spirits Come Back*（《神靈返回之時》），頁27。

29 原註25：見 Polly Young-Eisendrath 及 Florence Wiedemann 合著之 *Female Authority*，頁63。

30 原註26：見 Kathie Carlson 著作 In *Her Image: The Unhealed Daughter's Search for Her Mother*（《依照她的形象：尋找母親的受傷女兒》），頁77。

第二章

認同陽性本質

父親的女兒

女權運動雖然成果纍纍，但我們的文化仍然受困於一個迷思：某些人、某些位置和某些事情在本質上具有較高等價值。較高等之人通常是男人，而較高位置和較有價值之事的定義通常也由男人主導。男人訂下的社會規範成為了社會決定個人領導能力、個人自主能力和個人成就的標準；根據這些標準，女人顯然能力不足、智商不足、意志力也不足。

女孩在成長階段觀察到了這個情形，因此開始努力認同男人所掌握的名望、權威、自主性、財富和風光人生。許多擁有高成就的女人之所以被認為是**父親的女兒**，就是因為她們追尋了她們生命中第一個男性榜樣的認可和權力，而母親的認可在相當程度上自然無法跟父親的相提並論。父親決定了女人的自我定義，而這對她的性自覺、她與男人相處的能力、以及她能否在世界上出人頭地都會產生影響。女人是否認為她值得擁有野心、權力、財富、美好的兩性關係，端賴她與她父親有什麼樣的關係。

琳達．史密特（Lynda Schmidt）對「父親的女兒」下了一個定義：「一個跟父親的關係堅定深刻到有可能把母親排除在親子關係之外的女兒。長大之後，這樣的年輕女孩會盡可能只跟男人打交道，並且有點看不起女人。父親的女兒依據陽性法則規範自己的生命，若不是跟真實世界裡的男人維繫密切關係，就是在內心受到男性規範的驅使。她們可能在男人當中找尋自己的良師益友，但她們同時也很不樂意接納男人的命令或訓誨。」[1]

研究人類動機的心理學家發現：許多成功的女人在年少時都有一個願意培植她們的天賦、讓她們自覺美麗並得寵的父親。住在舊金山灣區的社會科學家瑪喬莉．洛卓夫（Marjorie Lozoff）在主持一個為期四年、主題為「事業成功之女人」的研究計畫後，做了一個結論：「當父親把女兒當成有趣、值得尊重和鼓勵的人來對待時」[2]，女人會更擁有自決的能力。被父親如此對待的女人「不會覺得自己的女性特質會因她們發展自己的天賦而陷於危險。」[3]這樣的父親會主動關注女兒的生命，並鼓勵女兒積極追求她們的事業或她們在政治、運動或藝術方面的長才。

卸任的國會女議員伊芳．布萊斯威特．柏克（Yvonne Brathwaite Burke）在十四歲第一次參加罷工遊行時，她的父親曾特地加入她的遊行隊伍。她父親在米高梅影視公司當了二十八年的警衛，一輩子獻身於服務業員工國際工會（Service Employees International Union），家中總是擠滿了工運人士。柏克就讀加州大學洛杉磯分校以及南加州大學法學院時，是她父親的工會

1 原註1：見 Lynda Schmidt 期刊論文 “How the Father’s Daughter Found Her Mother”（〈父親的女兒如何找到她的母親〉），頁8。

2 原註2：見 Kathy Mackay 的洛杉磯時報專欄 “How Fathers Influence Daughters”（〈父親如何影響女兒〉），頁 1-2。

3 原註3：同原註2。

為她提供了獎學金。

在觀察父親籌劃工會活動時，她開始「明白了什麼叫做『真心為理想奮鬥』。她的父親相信奮鬥必須有持續性，為之付出了他全部的心力，雖然也因此曾經失業了好幾個月。他覺得那是他應該做的事情。」[4]

「我對『奮鬥』這個觀念以及我父親的經歷都非常感興趣。我知道他很辛苦，而且他確實因此付出了某些代價，但他相信他的所作所為都具有意義。他跟我討論他的工會工作，讓我瞭解全盤細節。後來，他非常支持我成為律師並投身政治。在他的影響下，我成為了政治和社會運動的參與者。」[5]柏克的母親是位房地產仲介，並不希望女兒參與政治，因為她怕女兒會因此不時捲入爭議當中。她鼓勵柏克成為老師，但柏克想在能夠化解衝突的工作領域成為一個更積極的參與者。

女參議員黛安．費因斯坦（Dianne Feinstein）也以父親為她的榜樣。她從父親那裡瞭解了官僚體系錯綜複雜的運作方式，並學會如何運用外交手腕、如何維護一己的權益、以及如何做一個堅持信念而努力不懈的人。她的父親熱切參與她的競選活動——從募款到運送甜甜圈給她辦公室裡的員工，他可說是無役不與。身為醫生的他非常樂於服務大眾；即使罹患了癌症，他仍然工作到他離世的那一天。他的女兒從他那裡學到堅毅和積極主動的精神，也因為他始終對她的能力具有信心而成為了一個堅強的女人。「他一直對我懷有很高的期望，深信我必能達到我努力以赴的目標，即使我自己並非一直這麼有自信。」[6]

年輕女孩跟父親的關係可以幫助她透過他的眼睛看世界，也幫助她透過他的眼睛看見自己。在尋求父親認可和接納的同時，她也順便透過他以及其他男人衡量了自己的能力、智力和重要性。父親的認可和鼓勵可以正向塑造女孩的自我意識。費因斯坦和柏克都記得那存在於她們和她們父親之間的既親密又自在的關係：「這兩個女人都不曾覺得她們在男性專擅的領域中爭競奮戰時犧牲了她們的女性特質。」[7]

自覺被父親接納的女人相信世界也會接納她們。她們也會和自己的陽性本質發展出良好的關係，因為在她們內心深處存在著一個喜歡她們本然模樣的陽性人物。這個存在於她們心中的正向男子或阿尼姆斯會用接納和不妄加非議的態度支持她們的創意行動。

在描述她心中的陽性人物時，琳達・連納德（Linda Leonard）稱他為「有心的男人」（Man with Heart）。他「有一顆關懷他人、溫暖和堅強的心」，並且不怕動怒、不怕親密關係、也不逃避愛情。「他與我同在並且恆有耐性，但他也會主動出擊、正面迎戰並且迎向未

4 原註4：同原註2。
5 原註5：同原註2。
6 原註6：同原註2。
7 原註7：同原註2。

來。他很穩健並有毅力，但他的穩健又與他願意和生命的溪流同行、活在每一個當下的心態有密切關係。他在玩樂之餘不忘工作，並且非常享受這兩種生活方式。他在任何地方——在獨處的空間或在廣大世界裡——都覺得自在。他屬於大地，性感並聽命於本能。他也具有靈性，翱翔於空中並充滿了創意。」[8]這個內在人物是透過女人跟父親（或父親型男性人物）的良好關係產生的。他會在女英雄的追尋旅程上成為一位隨時支援她的嚮導。

以父親為盟友

紐約大學醫學院的亞莉山卓拉・席蒙茲醫生（Alexandra Symonds）針對極度專注於工作的女人做過研究。她發現：這些女人的父親都非常重視女兒的教育，並會教導她們如何運用職場上的各種遊戲規則。他們會訓練女兒在面對失敗和正常焦慮時繼續勇往直前，並且以身作則鼓舞她們為自己的生命負責。這些女人在很小的時候就受到鼓勵，立志成為一位成功者、而非一個依賴者。

席蒙茲發現，父親是使女兒習得優秀才幹的最佳幕後推手。雖然我並不贊同她的說法，並認為母親在培養女兒這件事情上也扮演了同等重要的角色，但我同意她下面的意見：「如果父親在體育運動、努力不懈、獨立自主各方面用鼓勵兒子的方式鼓勵女兒，那麼，即使未來沒有傲人的成就，女兒還是會發展出對她們後半生來講非常重要的心性和能力。她們的父親若只會拍拍她們的頭、對她們說『你好可愛』，那是不夠的；在這之外，他們還必須用更好的方式來幫助女兒才是。」[9]

受到父親鼓勵的女孩會擁有**邁向**成功的自信。她們會選擇一條目標和步驟都很明確的生涯軌道，比如法律、醫學、企業、教育、藝術管理等等。如果女人的父親曾經不願意支持她對未來所懷抱的計劃和夢想、或他曾經讓她感覺自己沒有實踐這些計劃和夢想的能力，她們就極可能在生命之路上迂迴前進，最終或許也會不小心**撞上**成功。

有些成功的女人一開始不僅想跟父親一樣有成就，還明確告訴自己**不可以**像她們眼中那個依賴成性、軟弱無能或吹毛求疵的母親。如果母親長期鬱鬱寡歡、生病或酗酒，有些女人會自動跟父親結盟而不顧母親，把後者當作是無聲無息漂浮在樓上臥房裡的幽靈。於是，父親同時左右了她的外在生命和內在生命。

---

8 原註8：見 Linda Schierse Leonard 著作 *The Wounded Woman*（《受傷的女人》），頁 113-114。

9 原註9：見 Kathy Mackay 的洛杉磯時報專欄 "How Fathers Influence Daughters"（〈父親如何影響女兒〉）。

爹地的女兒：陰性本質被吞食

我們可以藉宙斯和梅蒂絲（Metis）的女兒雅典娜來說明女兒們如何排除母親以認同父親。我們也可以把宙斯吞食梅蒂絲的故事，看作是希臘文化史從母系社會轉變為強調自我意識（ego）之父系社會的表徵。

雅典娜從宙斯的頭蹦出來的那一刻，她就已經是個身穿金光閃閃的盔甲、單手持著尖銳矛叉、口中猛噴戰爭吶喊的成年女人。用如此戲劇化的方式出生後，雅典娜開始追隨宙斯，認定他是生育她的唯一至親。女神雅典娜從未承認過她的母親梅蒂絲，彷彿根本無視母親的存在。

根據伊細亞德（Hesiod）的敘述，以智慧著稱的海洋女神梅蒂絲是

雅典娜的誕生（The Birth of Athena）

宙斯的首任王后。在梅蒂絲懷了雅典娜之後，宙斯用詭計把她變小後吞食了她。根據預言，梅蒂絲會生下兩個很特別的孩子，一個是勇氣和智慧都可以和梅蒂絲相比的女兒；一個是志在征服一切，並成為眾神和人類主宰的兒子。宙斯希望用吞食梅蒂絲的手段阻撓命運的安排，同時把她的能力全部佔為己有。[10]

美麗的雅典娜是保護戰場上希臘英雄的戰爭女神，也是智慧和計謀女神，集戰術大師、外交談判家和紡織者的身分於一身，更是城市和文明的保護者。在傑森（Jason）出海捕捉金毛公羊之前，雅典娜協助他和他的船員建造了他們的大船。她也曾協助希臘人攻克特洛伊城。在投票決定是否釋放曾殺死母親克萊特奈絲特拉（Clytemnestra）、以報父親亞加曼儂（Agamemnon）被母親殺害之仇的奧瑞斯提斯（Orestes）時，雅典娜選擇了站在父權體制這一邊。在這麼做的時候，她認為父權價值觀遠比母子親情重要。

如果父親的女兒在認同父親時看不起自己的母親，她就是一個雅典娜。她很聰明、有抱負、又能成大事，但對情感關係不屑一顧，也對人性的脆弱缺乏同理心和憐憫心。如果她不肯花時間去發現母親的長處並重啟她和母親之間的親情關係，她極可能將永遠無法癒合她與陰性

10　原註10：見 Jean Shinoda Bolen 著作 *Goddesses in Everywoman*（《平凡女人的多種女神面貌》），頁7。

本質之間的隔閡。梅蒂絲不是最後一個被唯我獨尊之男性自我吞食的母親，而雅典娜也不是最後一個漠視母親、只知偏袒爹地的女兒。我之所以寫這本書，有一部份原因是我自己想藉它來瞭解和癒合那道存在於我母親和我之間的裂痕。

我年幼時把我的父親當作神，每天都心急如焚地等待他下班回家的那一刻。他很有趣、很聰明、很有創意；做為廣告公司的高級主管，他似乎可以影響全天下。他是許多從第二次世界大戰戰場返國、滿腔抱負的爹地之一，力圖把握戰後復甦之經濟為優秀年輕人帶來的各種機會。他在曼哈頓一棟大樓裡每天上班到很晚，得到過各種全國性獎章，並且在他的公司內把他的知識和經驗傳授給有才幹的年輕下屬們。

我覺得他是我最愛的一個人，而且他是不可能犯錯的。我在傍晚時刻總會掛念他，因為他很少回家吃晚飯（但我偶爾可以在清晨、還沒上學之前看到他）。他的早去晚歸充滿了神祕感，使年幼的我總覺得他就是神話中的人物，因而相信他一定是在做眾神派遣給他的什麼「大事」。

他在家的時候，我渴望他的關注、他的認可和他對我說話。在他面前，我會刻意表現出聰明伶俐的樣子，並會神情專注地聽他講話。我還會陪他去五金行和木料場買東西——他是一個坐不住的人，在家裡總是修這做那來打發時間。到今天我都還會把剛剛鋸下之木頭的香氣跟我的父親聯想起來。

十三歲時，我開始利用暑假在他的辦公室裡打工。由於我的在校成績總是名列前茅，他在自豪之餘不時會帶著我在他辦公室裡到處向人炫耀。他把他的事業講給我聽，並且把他自立成功的故事和其意義告訴我。他會再三提起教育的重要性，因為身為一個自學成功的人，他為自己缺乏正式的教育一直感到很遺憾。我對廣告領域很感興趣，但他並不鼓勵我走這一條路——他說廣告業「不適合女孩子」，因為女人情緒起伏太大、不能適應傳播媒體的工作。在我的記憶裡，唯一被他認為適合女孩的工作是寫廣告文案，因為他覺得女人不僅可以在家中從事這項工作，還可以就近照顧家庭。我暗自發誓一定要讓他曉得我和別的女人不一樣。

不像我青春期許多女朋友的父親，我的父親很願意聽我講我的感覺。這點對我來講太重要了，因為我根本無法跟我的母親聊天，但透過父親，我可以聽見我自己的聲音。我認為自己非常幸運，可以把所有的事情都告訴他——至少那個時候我確實是這樣**認為**的。他不喜歡聽我提到我很不諒解我動輒發怒的母親，反而要我試著去瞭解她、忍耐她。

我夢見我參加了戒酒者家人支援組織（Al-Anon）的一個小組聚會，我的朋友佩格——她是精神科醫師——也在那裡。她和我面對面坐著，在我對小組說話時握著我的雙手。她給了我太多時間分享我的故事，以致其他組員開始發出不平之鳴。她說：「你的父親一直不在家、一直忙於工作而不能在任何事情上幫助你，你一定為這感到十分難過。」

她的話讓我感到非常詫異，不知道她為什麼會認為我的難過和我的父親有關，因為我向來都相信母親才是我的問題、才是我生命裡的壞人。這也正是我一直期望爹地拯救我的原因。這不就是所有傳統故事透過女主角不斷向我們傳達的一個主題嗎？我崇拜我的父親，把他當成我的救主，並為此妥妥扮演了一個既聰明又美麗的女兒角色，熱切盼望著我的君王及早駕到。然而實情是，我的父親從來不曾拯救過我——許多年以後我才明白，為了在這個世界上做大事，他同時拋棄了我和我的母親。

尋找父親：延攬盟友

在女英雄追尋之旅的第二階段，女人想要認同陽性本質或被陽性本質拯救。一旦女人決定拋棄社會長期以來賦予陰性本質的形象，她便無可避免地開始走上傳統男性英雄的追尋之旅。她披上盔甲，跳上她的現代駿馬，離開至親，開始上路尋找她的黃金寶物。她精準調整自己的理性（the logos），將之最佳化，藉以發現父權社會所定義的成功途徑。在她眼中，男性世界是健康的、歡樂的、以及行動取向的，而且男人具有成事的能力。她的野心就此點燃了起來。

這是女人發展其自我的一個重要階段。我們的女英雄沿途尋找能夠指點她每一前進腳步的男性榜樣。這些男性盟友可能是父親、情人、老師、經理或教練，也可能是把她所企求之學位或薪資頒發給她的機構，或可能是神職人員、甚至基督教的上帝。盟友也可能是一個認同男人的女人——這個女人可能沒有孩子、曾經一路依循團隊規範爬上事業的高峰。

吉兒．貝瑞德（Jill Barad）是馬特爾玩具公司（Mattel Toys）負責行銷、全球產品設計及研發的執行副總裁，可說是美國大企業最高階女性主管之一。她不僅把這成就歸功於團隊以及她自己鼓舞員工士氣的能力，也把它歸功於多年來她在職場上可以隨時討教的幾位前輩。在描述她自己的獨特管理風格時，她將之歸功於她的敏感、直覺力、以及她願意採納建設性批評的雅量，而這些都曾是她父母要她學會珍惜的個人特質。她成長於一個充滿創意並不時提供腦力激盪的家庭，並很幸運地擁有一個好父親——他總是告訴她：「你可以成為你想成為的任何人，但你必須是個有專長的人。就把你的心思集中在那目標上，學會你需要學的，然後一往直前吧！」[11]

在《女人的權威》這本書裡，波麗．楊－艾森達斯（Poly Young-Eisendrath）和弗羅倫絲．維德曼（Florence Wiedemann）說：「大多數女人用來取得權位的方法是效法男人或學會被男人喜歡。」[12]乍看之下，這似乎是個負面評論，但實際上並非如此，因為：從男人尋求認證，是女人在父權社會中脫離母親以求取更大自主性的必要而無害的過程。認同那些被視為正

11 原註11：見一九八八年十二月四日《洛杉磯時報雜誌》（*L.A. Times Magazine*）文章 "Making It"（〈取得成就〉），頁72。

12 原註12：見 Poly Young-Eisendrath 及 Florence Wiedemann 合著之 *Female Authority*，頁49。

向陽性特質（如自律、決斷力、方向感、勇氣、堅強、自重等等）的年輕女人通常會在社會上有所成就。

然而，如果女人相信自己只能透過男人的認可或依據男人所訂的標準，才能證明自己的存在價值，必然會為她帶來重大的傷害。在《愛麗絲夢遊奇境》故事中，作者路易斯・卡羅（Lewis Carroll）針對「擁有政治權力者可以定義無權無勢者」[13]的說法做了一番仿諷——胖兄和胖弟告訴愛麗絲說，她的存在與否完全取決於紅色國王的想像：

胖弟說：「他正在做夢。你認為他夢見了什麼？」

愛麗絲說：「沒有人猜得到。」

胖弟一面得意洋洋地拍手，一面大喊：「夢見你啦！如果他的夢這時被打斷了，你猜你會在哪裡？」

愛麗絲說：「當然在這裡。」

「你不在任何地方；我不是說了嗎，你只是他夢境的一部分！」

胖兄在旁邊助陣說：「如果國王那時醒了過來，你就會像燭火一樣轉瞬間熄滅了！」[14]

有害的盟友

父親或其他男性榜樣的認可和鼓勵可以幫助女人走在良性的自我發展之路上。但如果父親、繼父、伯叔或祖父不曾真正關懷或曾以負面態度干預她的生命，她的自我認知便會因此遭受重創。那會使她在過度自卑之餘變得過份追求完美，也會幾乎阻斷她的自我發展。當父親缺席於或漠視他女兒的成長，他表現出來的那種事不關己、失望和不認可的態度對女兒所造成的傷害，絕不會亞於他的苛刻論斷或他的過度保護心態對她所造成的傷害。

在《美國與英國文學中的女主角》這本書裡，卡洛．皮爾森和凱瑟琳．波普引述了加拿大畫家艾宓莉．卡爾（Emily Carr）的日記。卡爾有一個雖然在家、但在情感上對她和她母親不聞不問的父親。在她即將步入七十歲時，她還在跟這個冷漠的男神格鬥扭打：

> 六十六年前的這個晚上我幾乎不是我……我現在不知道父親當時的感覺，也無法想像他當

13　原註13：見 Carol Pearson 及 Katherine Pope 合著之 *The Female Hero in American and British Literature*（《美國與英國文學中的女主角》），頁121。

14　原註14：見 Lewis Carroll 著作 *Alice's Adventures in Wonderland and Through the Looking Glass*（《愛麗絲夢遊奇境及穿越鏡子之旅》），頁165。

時對我的關注能及母親的一半。更能讓父親興味昂然的是一塊油嫩、滋滋有聲、放在白鐵大熱盤上的牛排；那才會令他的眼睛閃閃發光起來。我不知道他在母親剛生下孩子的時候曾否說出一、兩個溫柔的字眼安慰她，還是他依然冥頑不靈，硬是站在那裡等她驚跳而起去侍候他。在孩子們長大到曉得他必須被敬畏、或擁有可以被他折辱的自我意志之前，他是不會意識到他們的存在的。[15]

如果無法從個人的父親或社會上的男性前輩那裡獲得足夠的關注，女人會變成琳達・連納德所說的「全副武裝的女戰士」：

在對應冷漠的父親時，這種女人在自我方面常會認同陽性或父性的功能。由於她們自己的父親不具有她們所需要的東西，她們便決定強化她們自己身上的陽性功能……盔甲的保護作用可以幫助她們發展事業或專長、讓她們在社會上擁有話語權；但當這盔甲變成了力擋她們自身之陰性知覺和柔軟面向的武器時，這些女人勢必會失去創造力、跟男人締結健康關係的能力、以及活在當下必不可少的生命力與率性本能。[16]

在他人眼裡，這種女人雖然很有成就，卻很難讓人在情感和人際關係方面對她託心置腹。

她內心裡的陽剛人物不是一個有心的男人，而是一個貪得無厭、絕不妥協的暴君。他對她所做的每一件事情都表示不滿，不斷在背後驅使她要做得「更多、更好、更快」，卻看不到她渴望被愛、渴望滿足、甚至渴望歇息一下下。

但妮愛是個三十歲出頭的女人，經營一家極有競爭力的商用房地產公司。她高挑、聰明、美麗、性感，而且她頗知道如何在她的事業上運用這些優點。她也非常固執，深愛著她已經離世三年的父親。她的父親是一個成功的歐洲企業家，身材壯碩而且氣勢凌人，向來用鐵腕管控他的家人。

他對但妮愛的外表和聰明讚不絕口。他告誡她要遠離性愛，因為那會讓她變得很齷齪。他跟她訴說他在事業競技場上的成敗得失；她是他傾訴心事的對象。但妮愛十幾歲時，他決定和她的母親離婚。這個母親曾讓但妮愛在童年的時候嚐盡精神虐待和體罰的滋味，之後隨著女兒進入青春期，她開始變得更加無理取鬧並開始酗酒。但妮愛的父親後來再娶了一個比但妮愛僅年長一點點的年輕女人，但他對待這女人的態度不會比對待一個性奴好上多少。他另外還有一連串的公開婚外情。

15　原註15：同原註13，頁123。

16　原註16：見 Linda Schierse Leonard 著作 *The Wounded Woman*（《受傷的女人》），頁17。

但妮愛想去他的公司上班，但他嚴詞禁止，使得她感覺這行業似乎不適合女人。在他死後，她創立了自己的公司，動機不過是想證明：她也有這個能力。在工作時，每遇到她父親從不願意教她的事情時，她會覺得極度懊惱，並會把這懊惱發洩在跟她有工作關係或個人關係的男人身上。當她的粗魯和攻擊性導致她失去客戶時，她認為錯在客戶，理由是對方沒能力接納一個信心十足的女人。

在工作上遭遇挫折時，她常常大發雷霆：「我父親在的話，這種事情絕對不會發生；他一定會幫助我。」她不願面對的真相是，她父親一輩子都不曾支持過她為追求獨立而做出的各種努力。她無法相信任何人，並且開始不斷感染子宮頸炎和陰道炎；她和她自己柔軟的陰性面向失去了連繫。她還鄙視大部分的女人，把她們歸類為無知、陰險和危險的群體。

她最大的恐懼與一再困擾她的生殖器感染有關。她怪罪那些跟她有親密關係的男人，因為他們都不願意用嚴肅態度跟她維繫長期的情感關係。藉著導引式意象冥想，我鼓勵她跟她陰道周圍的瘡疤溝通。在這麼做的時候，她觸碰到了她的憤怒核心：「我之所以會充滿怒氣，是因為我從小就必須跟我的母親奮戰；我年齡太小，根本無法應付她的瘋狂。我的父親只告訴我不要管我母親，然後他自己一走了之、去幹影響世界的大事去了。他從未保護過我。」

「我不懂什麼叫成功，也不懂如何跟別人競爭，但我卻覺得自己比別人優越並且無法忍受他們，只因為我在家裡一向趾高氣昂，一方面看不起我那無能又發瘋的母親，一方面又因為我是父親的傾訴對象而自傲得不得了。在國王死後、在他再也無法聽我說話之後，我便殘廢了。但是，他可曾給過我什麼？自視高人一等的幻覺而已，只因為我是他的傾訴對象！我不過是個虛有光環的侍女罷了。」

「如今我不知道要如何真心關注他人，也害怕在職場上跟別人爭取同一個職位。我只想當老闆；我不知道該如何有效經營我的公司，但我更害怕在別人的公司裡從底層慢慢爬到高層。對我來講，跟他人談判是件非常困難的事情，尤其跟男人，因為我不相信男人。」

但妮愛的父親不僅毀掉了她成為成功女企業家的願望，也剝奪了她擁有健康情感關係的機會。他對待前後任妻子以及但妮愛繼妹們的態度在在都證明了他看不起女人。但妮愛還有一個在十幾歲時自殺的姊姊。自私自利的父親利用了他生命中的所有女人，包括自以為例外的但妮愛在內。在繼續努力療癒自己時，她明白了一件事情：至今他仍然控制著她的性生活。

許多企圖用成功的事業從父親那裡獲取認可的女人，最終都不知如何維繫她們的成就，即使她們都擁有足以支撐其事業的高等學歷。如果她們的父親曾經直接或間接讓她們認為女人不屬於工商業界，她們必會把「實際成就跟典型女性角色互不相容」的訊息內化於心[17]。

17　原註16：見 Kathy Mackay 的洛杉磯時報專欄 "How Fathers Influence Daughters"（〈父親如何影響女兒〉）。

完美主義上癮

年輕的女人可能看來很有成就，但她的心靈卻可能正在流血不止。由於根深蒂固地害怕自己是個不如男人的女人，許多年輕女人會過度追求完美、過度運用補償心理、過度超時工作，只因為她們不是男人。卡洛．皮爾森寫道：

我們活在一個不相信過程、無法容忍多元的文化裡，以致我們大家都被期望成為完美的人，而且還要以相似（若非相同）的方式做完美的人。我們被認為必須「夠得上」美德、成就、聰明和美好外貌的各項標準；如果夠不上，那麼我們就必須懺悔、更努力、勤讀書、節食、做運動、穿上更適合的衣服，直到我們符合社會提倡的理想個人形象。就這樣，我們的獨特性（此處指女人的稟賦）便被我們自己定義成了必須矯正以趨完美的「那個問題」。[18]

在學會如何像男人一樣思考、如何跟男人競爭、如何在男人的競技場上打敗他們之後，有些女人會感到非常自豪。這樣的女人雖然非常英勇，但她們當中仍有許多人無法擺脫一種「永遠不夠好」的刺痛感覺。由於渴望像男人，她們絕不會輕言罷休，反而會更加賣力。出身於天主教家庭的我常常懷疑：聖經中「女人並非依照上帝形象而造」的記載是否就是女人總自覺

「我欠缺了什麼」的根本原因？許多女孩跟她們父親的關係就如同她們跟天父上帝的關係：愛他卻無法親近他，甚至還會畏懼他，只因為她和他們不屬於同一性別。

獻身於表演和政治運動達二十年之久、如今四十歲出頭的南西不久前重返法學院當學生。在寫作業時，她發現自己總想把每一篇報告都寫的十全十美，卻因此必須付出大量的時間和精力，讓她不勝負荷。她對每一個問題都投入太多不必要的心力，使她總覺得時間不敷使用，以致在無法如期交出作業的情況下她一直拿不到理想的成績。南西夠聰明，也有完成作業的能力；她只是對自己的作業用心過度而已。

我問她：她的完美解答是寫給誰看的？她答道：「爹地。」她想起了她父親在她小時候常對她講的一句話。她的父親是一個卡車司機，非常風趣，把她——他的第一個女兒——當做兒子看待。他不時會對她說：「你如果是個男孩，該有多好；但既然你不是，那麼九乘九是多少？」

南西回憶說：「我每次都能正確回答他的問題。我死記體育賽事的統計數字、字典裡最長的字、以及每一個州的首府名稱；這樣，在他抽問時，我就不可能因為答不上來而出醜。但我不解『是女孩』是什麼意思，只知道我不是男孩而讓他感到遺憾、所以我必須設法補償他。」

18　原註17：見 Carol Pearson 著作 *The Hero Within*（《內在英雄》），頁 125-126。（編按：本書有繁體中文版，由立緒出版社出版。）

父親心目中的理想女性定義了南西。既然她沒有男性器官而無法成為男人，那麼——她相信——聰明和做事完美便是她補償父親的最好方法。我自己的父親這樣說：「如果你做不好一件事情，就乾脆不要做。」我把這話當成格言銘記在心上，認為它的意思就是：除非有把握取得完美的表現，那就最好別嘗試做任何事情。

跟爹地玩遊戲時的潛規則

小女孩很早就知道，要獲得父親的認可和注意，她們就必須玩哪種遊戲。她們或許必須在舉止上表現得聰明、可愛、靦腆、甚至撒嬌誘人。無論在臥室中或在臥室外，女人都可能必須面對父親的權威和影響對她的心靈所造成的傷害。爹地是女孩的第一個調情對象；他的回應方式對女孩的性意識發展具有關鍵性的影響力。父親是否溫暖慈愛以及是否願意和女兒一起嬉樂玩耍，可以決定女孩是否能夠擁有健康的性關係；否則，她依附的第一個人——也就是她的母親——會始終是她生命中最主要的愛情對象。另一方面，大權在握、佔有慾強、喜歡批評謾罵的父親也可能扼阻女孩異性戀性向的發展。

更具傷害力的是，父親無視自己本是女兒性意識之保護者的事實，反而為了證明「男人主宰一切」而強迫女兒和他發生亂倫關係，因而破壞了她的性意識的正常發展。她很可能必須花上一輩子的時間才能夠收復她的性能力以及重新相信：身為女人，她**確實擁有權利**。

至於其他的小女孩，她們學會的是：在父親身邊最好不要表現的太聰明，因為那會讓她們變成父親嘲弄、批評、不認可或體罰的對象。她們學會在不聰明的男性家人旁邊絕對不做「一本大英百科全書」。她們很快也學會，在玩橋牌、下棋、罰球投籃或打網球時一定要讓父親獲勝。她們忘掉了自己的抱負，反而成為替老闆顏面著想的女人。她們的最終結局是：只能用怨恨、無能為力和譏諷的心態回顧自己的一生。

年幼時缺乏父親良性關注的女孩會在她們每一次的愛情關係中尋找父親。年近四十的羅莉塔曾經非常崇拜她英俊的體育播報員父親，但她無法引起他的注意。她的三個兄弟都是體育健將，霸佔了她父親的全部注意力。她是一個安靜、愛作夢的女孩，喜歡在樹林裡消磨時間，毫無運動天賦，對體育賽事也不感興趣。她的父親會拿她所寫的故事開玩笑，並在她跟她的寵物一起玩耍時嘲笑她。她的母親是一個安靜、鬱悶不樂的女人。羅莉塔不知道自己該如何融入這個由男人主導的家庭，於是她嫁進了一個這樣的世界。

「我的第一任丈夫是職棒小聯盟的球員，因此我去觀看球賽時會邀請爹地跟我一起坐在包廂裡。爹地非常關注我丈夫的棒球生涯，對我的生涯卻絲毫不關心。在賽季結束後，我跟強恩相處的時間越多，我就越清楚我們兩個人根本沒有任何相同之處。然後我嫁給了年紀較大、長得很像爹地的麥克。他也是運動員，但不是職業運動員，因此我認為一切會變得跟以前不一樣。他和我都是作家，但他常說我沒有天分。這種話他講了三年之後，我發現我就像我的母親一樣正在失去自我。」

「我離開了麥克，經過一段很長時間後我才從難過中走出來。但在我們分手後一年，我就覺悟了一件事情：我之所以會跟這兩個男人結婚，是因為我想填滿冷漠的爹地在我心中留下的巨大窟窿。我於是不再和任何男人交往，只專心寫作。現在我正在和一個跟我的父親毫不相似、對體育賽事毫無興趣的高中老師交往。我們彼此相處得很愉快；我第一次覺得做一個女人真好。我不知道自己是否會再婚，但我知道我再也不用去尋找爹地了。」

向父權社會舉牌示警

女英雄的追尋之旅有一部分是為了在這世界上找到一份適合她的工作，因為這樣的工作可以讓她曉得自己是誰。女人必須知道：她無需依賴雙親或他人就可以存活；唯有在獨立的情況下，她才能夠自由表達自己的情感、心智和靈魂。女人在追尋之旅第一階段學會的技能可以建立她在世上立足所需的自信和勇氣。

我並不是說成功所需的能力都是由陽性本質形塑起來的，也不是說在這個世界上，父親是女人在學習這些能力時不可或缺的首席榜樣。然而，我們不能忽略一個事實：我們生活和工作在一個以男性為主、重視男人甚於女人的父權體制中。的確，這個情況正在改變，但它改變的速度還不夠快。

女人在外在世界持續受到的貶抑影響了她的自我意識，也影響了她對陰性本質的認知。但如今，女人已經不再相信她們不如男人的說法；針對父權，她們的內心正在經歷巨大的變化。這原本發生在心靈內的女權運動正逐漸透過各種社會政策的變革被反映了出來。

我知道，要達到性別和種族的平等，這條路途還很漫長，但如今我們已可寄望於那些在尊重女人天性之家庭中長大的小女孩，相信她們未來一定能夠引導社會創造出更健康和諧的家庭關係和社會關係。但願她們內心深處的陽性人物是一個**有心的男人**。

第三章

試煉之路

迎戰妖怪和惡龍

女英雄跨出家門，離開了她的雙親和他們溫暖的家，踏上尋找自性的旅程。她上山下谷，徒步渡過大川和小溪，穿越荒漠和黑暗的森林，然後走入那座迷宮，想在迷宮的中央尋見她的自性。她在路上遭到妖怪設計而走進許多死胡同，遇到一群挑戰她機智和決心的攻擊者，受阻於她必須迴避或克服的重重障礙。要完成這趟追尋之旅，她需要一盞燈，許多線索、以及她所擁有的全部十八般武藝。

我可能有些迫不及待提前講了後文。但無論如何，她為何會在黑夜裡在迷宮中打轉？她尋找的是什麼寶物？緊守寶物不放的惡龍又是誰？

「黑夜中她獨自一人」只是一個譬喻；「在試煉之路上尋找自己的長處及能力，並勇於發現和克服自己的弱點」，這是她離家遠行的唯一目的。**家**代表已知世界所提供的安全和保障；離家求學、新職、旅行和愛情則為她提供了機會，讓她能夠審視並感受自己的優點以及一向被她投射到別人身上的缺點。既然必須審視自己，她就不能再把她的生命現況歸咎於她的雙親、兄弟姊妹、朋友、情人和老闆。她的使命是拿起那把以「**我**是誰」為名的寶劍，找到「**我**的聲音」，並選擇「**我**的命運之途」。如此，她才能找到她所追尋的寶物。

一路上，無論在外在的理性世界或內在的心靈世界中，她都會遭遇重重阻礙。外在試煉之路上的阻礙都是她在尋求學位、升遷、頭銜、婚姻和財富時必然會遇見的難阻。在那裡監守著這些賞賜的惡龍會說：她不可能得手、她事實上並不想獲得賞賜、很多人比她更有資格獲得它

《挑戰迷思，第三號作品》（*Challenging Myth III*）。
南西．安．瓊斯（Nancy Anne Jones）繪

們。惡龍們有時看來就跟她的雙親、師長和老闆長得一模一樣，似乎總想嚇阻她。

然而，最可怕的惡龍是社會上可被歸類在爬行綱之下的兩棲動物。他們會一邊微笑著說「親愛的，你能完成你想做的任何事情」，一邊藉著不給她機會、只給她低薪、不提供完備的托兒服務、拖延她的升遷等等手段暗中破壞她的前進之路。這種惡龍真正想說的是：「親愛的，你能完成你想做的任何事情，只要你做的是**我們**要你做的事情。」

出現在她路途上的妖怪則想測試她的毅力、決斷力以及知道自己極限的能力。同事們會在她背後指指點點，執照評審委員們會臨時變更核可標準，情人們會宣稱他們根本不曾愛過她。此外，她會沉溺在性愛遊戲中無法自拔，或她會被對方以權力、成就和愛情為誘餌玩弄於他的手掌心。她也會在他人的恭維之下認為自己已經權力在握、已是獨立自主的女人，卻渾然不知她得到的不過是求取功名用的一紙平安符而已。

在內在的旅程上，她會遭遇自我懷疑、自我厭惡、猶豫不決、心因性身體功能麻木、恐懼等等。外在世界說她有能力完成工作，但她必須先跟那個一直嘲笑她沒有能力的心魔作戰：「我做不到，我是個冒充者」、「如果他們知道真實的我是什麼樣子，他們絕不會信任我」、「我不想突顯自己；如果我成功了，他們會恨我」、「那段被人照顧的日子是多麼美好」、「我配不上那個」、「若是真正的女人，我就應該結婚生子」。

還有更多嘮叨不停的負面話語會一直在她的心中冒出來，只為了顛覆她原本明確的目標、她的自信、她的抱負和她的自我價值感。這時，那些嚴守著「依賴性」、「女人不如男人」、「浪漫愛情」等等迷思的惡龍便是她最可怕的敵人。這趟旅程絕不適合懦弱的女人；在縱身躍入心靈深淵之前，她必須先擁有巨大的勇氣。

「依賴」的迷思

對女人而言，「依賴」和「需求」都應該是骯髒的字眼。雖然女孩和男孩的正常成長過程中都有一個依賴階段，**依賴**這個字眼卻最常用在女孩身上。女孩並不被鼓勵去擁有獨立的個性，也不像男孩一樣被教導如何成為獨立自主的個人。「相反的，女孩被鼓勵要依賴父母和家人，結婚後則要把情感寄託在丈夫和子女的身上。」[1]

成年女人也被認為必須成為他人需求的照顧者。她們從小就在耳濡目染中學會如何預期別人的需求。她們聽見母親說：「你一定渴了，要我幫你拿一杯冷水嗎？」、「你工作了一整天，一定累了，在晚飯前你要不要躺一下？」、「你跟團隊不合，你的心情一定很不好」。

學會預期他人需求的同時，她們有意識或無意識地也希望別人會預期並照顧她們的需求。

1 原註1：見 Kathy Mackay 的洛杉磯時報專欄〈父親如何影響女兒〉（"How Fathers Influence Daughters"）。

當女人發現**沒有人**考慮她的需求時，她便覺得是**她**有錯。她甚至會為了自己也有需求而感到慚愧。

如果女人必須開口請求別人滿足她的需求，她又會被別人和她自己看作是一個苛求、巴望他人關心和依賴成性的人。然而事實上，她只不過是把她的正常需求表達了出來，而她的配偶、情人、朋友或孩子卻都不曾滿足過她的這些需求[2]，其中包括獨處、自己的房間、願意傾聽她說話的人、愛的擁抱、或發展才華的機會等等。在正常需求遭到否定後，她開始覺得自己**無權**從事那些能夠滿足她的需求和夢想的活動。在某種程度上，她開始認為自己不配擁有任何權利。

有些女人會裝出依附者的模樣，目的在強化或保護伴侶的自尊。男女關係中的一條不成文規定是丈夫必須是強者，妻子必須是弱者。這個迷思的意思其實是：如果女人願意貶抑自己，男人就會有成就；也就是說，男人要當強者，女人就必須當弱者。這個迷思常見於異性的夫妻關係。我們的女英雄還可能為了讓別人——她的丈夫、同事、情人或小孩——擁有自我而放棄她的自我。這種不自覺的「贈與」或自我犧牲不僅可以讓她自認活得有價值，甚至還可能有助於維繫社會結構的穩定性。在《接受心理治療的女人》這本書裡，哈莉葉特・古德・勒那寫道：

根本上，許多女人之所以會採取被動和依附的姿態，是因為她不自覺地想保護另一個人或為他打氣。另一個原因則是她不知其然地深信：如果要維繫她一生中最重要的情感關係，她必須讓自己始終處在一個相對弱勢的位置上。即使女人的知性得到了解放，在她盡情發揮自己獨立思考和獨立行動的能力時，她仍舊會不自覺地害怕「傷害」別人，尤其是男人，並會為此充滿罪惡感。在現實生活裡，那些開始賦予自己生命更明確定義和目標的女人的確常被冠上貶抑男人、傷害小孩、或設法毀掉他人的罪名。[3]

女人常把「他人優先」內化成了一個未說出口的誓言，即使她的伴侶並未期待或想要這樣的優先權。小女孩在觀察家人的互動時，這心態就同時滲入了她的無意識；每看到母親暫時放下她自己的需求，女孩便了然於心而決定模仿。但如果爭奪她注意力的那個「他人」竟是一部分的她自己，情況就變得有趣了起來。她開始必須化解一個既揮之不去、又很難化解的心理衝突。

四十歲出頭的作家琳恩就經歷了這種衝突。她的丈夫目前正從古柯鹼毒癮中康復過來，而

2 原註2：見 Harriet Goldhor Lerner 著作 *Women in Therapy*，頁159。
3 原註3：同原註2，頁162。

夫妻兩人在他嚴重上癮的那段期間曾經分居過。琳恩也是從那時開始創作劇本，並成為了一位頗具口碑的劇作家。如今她與康復中的丈夫已經復合，但她一方面既想滿足寫作的慾望和獨處的需求，順便實現為家計盡一己之力的心願，另一方面她又一直聽見自己心中有個聲音在告誡她、說她的寫作生涯會破壞她的家庭生活。

琳恩被雙頭惡龍給挾持住了——這頭滑溜而令人噁心的怪獸為了誰可以從她那裡分得更多時間和精力而不斷跟牠自己鬥嘴並自怨自哀。「作家」一直認為自己得到的不夠多，而「母親」則覺得自己沒有得到感激和愛的回報。兩者的衝突使琳恩的創意趨於枯竭，讓她在心智和情感上都覺得欲振乏力。

我請琳恩為這條惡龍的兩個頭寫一段對話。在下面的對話中，她注意到「母親」的聲音非常柔和並想為自己辯解，而「作家」的聲音卻很強硬和憤怒。有時，他們又會搞不清楚自己是誰。

雙頭惡龍

作家：快去工作，你會來不及的！照目前情況來看，你的時間根本不夠，更何況你需要很多時間暖身才能進入狀況。打起精神來，甩開牽掛，不要管另一個人。

母親：但我就是另一個人。我，我是真正的你。
作家：是我讓你這麼想的，如此而已。
母親：清晨就得起床、整理所有床鋪、餵飽小孩、洗碗、打掃房子的人是我，我得負責所有事情。
作家：哦？那些瑣事會羈絆我、阻擋我。
母親：如果沒有我……
作家：如果沒有你，我會有更多的時間。
母親：如果沒有我，你早就放棄了。是我給了你繼續寫作、繼續活下去的理由，我是你的定力。
作家：我被你控制住，淹沒在你的需求裡，被你榨乾。你讓我一早就筋疲力盡，我不得不時刻想到你、你的需求、他們的需求。你不知輕重，你榨乾我，你讓我吃你的剩菜。
母親：我才是那個被榨乾的人！我再怎麼盡心盡力都不夠，總被你認為做得不夠好，而他們總是尖叫著要我做更多。他們——孩子們、丈夫、其他人都喊著要更多、更多、更多的我！我想讓他們快樂，但太難了。他們總是要更多，你也是。
作家：我的生活不該僅僅如此。

母親：我的生活才不該僅僅如此。我應該有自己的生活，我想拉尿、必須拉尿的時候就去拉尿，而且這時候不會有人跟著我。我也有權利呼吸新鮮的空氣、想跳舞的時候就跳舞。

作家：你不可以那樣做，那會奪走我的時間。我讓你有自己的生活，我是你的新鮮空氣；如果沒有我的話，你早就崩潰了。

母親：如果沒有我的話，你早就放棄了——

作家：不要打斷我——

母親：是你打斷了**我**——

作家：我理當——我有資格——

母親：我有資格擁有更多，我想擁有更多——

作家：什麼？你想擁有什麼？

母親：時間！

作家：我才需要更多時間！你的時間已經足夠了！

母親：我想擁有滿足的感覺——喔不是，我要的可不只是滿足的感覺，而是暢快自在的感覺。暢快自在！不達到這個目標，我絕不甘心！

作家：我比你更需要暢快自在。你覺得滿足，我就會覺得滿足、就可以開始寫作。

母親：那就讓我覺得滿足——對我自己感到滿意。
作家：那是你的問題。祝你幸運，笨蛋！
母親：我需要——我需要更多——
作家：時間？那就睡少一點。
母親：但我非常疲憊——
作家：那就不要打斷我的寫作，離我遠一點，閉起你的嘴巴。
母親：我做不到。
作家：我知道。我也做不到。

這場讓雙方都感到筋疲力盡的對話會以些微不同的差異一再出現在每一個必須為維護**自我**而戰的女人心中。「他人優先」這條由文化和家庭發布的訓諭更使這種內心對話頻發不已。在這訓諭之下，女人的自主、自我成長和發展淪為了第二、第三或第四重要的考量。

要挑戰這個「女人屬於家人和家庭」的迷思，我們的女英雄必須一方面認出她的家人對這迷思所抱持的理所當然態度，另一方面還必須意識到她自己又是如何內化了或未曾內化這種態度、因而試圖維繫家人互動結構的穩定性。例如，許多比母親有成就的女人往往會感到焦慮並充滿罪惡感，認為她的成功不僅使她背叛了母女親情、也使她拋棄了母親。

瞭解和感謝她的依從者面向為她過去和現在的人際關係所帶來的益處，對女英雄來講是必要的。但她需要意識到一件事情：她必須不容許他人干涉她的自主性和成就。在意識到這一點之後，她需要學會勇於面對當下的自己、用耐性逐步追求心靈的茁壯。她還需要意識到自己擁有許多值得被滿足的需求。如果她的人際關係或求學和工作的環境不能滿足她這些需求，她有權轉身離去。

過去二十年當中，有許多研究都以美國的家庭變革為主題，並且重新檢視了女人和男人的角色。這些研究都曾指出一點：「今天，幾乎所有女性都有一個重要的人生目標：既擁有家庭幸福，也能在家庭生活中及社會上享有平權——只要這兩者不發生衝突。」[4]

跟我同屬一個世代的女人曾經必須在母職和職場生涯之間做出抉擇，而這抉擇卻是早於她們世代的女人不曾有機會經歷的一道難題。為了職場生涯而延後母職的女人又會在她們三十五歲至四十歲之間發現自己面臨一個非常尷尬的處境：不是無法找到一個可以共組家庭的配偶，就是不願放棄成就所賜予她們的名望、權力和財富。

要解決這道難題——也就是獨立自主和養育下一代這兩種需求之間的衝突——女人必須要求社會改變態度，同時她們也需要男人給予協助。願意推行兩性角色靈活交換的家庭和企業，以及能夠回應這一難題的新政策和法案，最終都能改變女人對其從屬地位的看法及感受。我們的女英雄將不必再為他人放棄她自己的成長和發展；獨立、事業心**以及**關照他人的能力都將被公認為女人與生俱來的稟賦。

「女人不如男人」的迷思

最好的奴隸
不待別人鞭笞
她就會鞭笞她自己。

她用的不是皮鞭，
不是藤條或小樹枝，
不是悶棍
或警棍，
而是用她自己舌頭的
柔鞭

4　原註4：見 Betty Friedan 著作 *The Second Stage*（《第二階段》），頁219。

和她難測的心機
鞭打她的心靈。

誰對她的恨意能比得上
她對她自己恨意的一半？
誰的鞭笞技巧
可以純熟如她的自虐手法？

要達到她的造詣，
多年的培訓是必要的。

——艾莉卡・鍾恩（（Erica Jong），
〈在閉環狀詩路上的阿瑟絲特斯〉（“Alcestis on the Poetry Circuit”）

由於社會貶抑女人的秉賦，女人不大可能敬重她自己的女人身分。在他人和她自己的眼中，她都有所不足，因此她會不自覺依循「女人不如男人」的迷思處事為人。但在環顧左右時，她卻發現許多成功的男人並不比她聰明、有創意或有抱負。這現象一方面讓她感到十分困惑，一方面又進一步強化了她先前觀察到並內化的集體信念：「男人比較優秀」、「女人沒有與生俱來的價值；她們的價值是從她們和男人及子女的關係中產生的」。她接受了這個迷思，並用「內在缺陷」的說法（deficit thinking[5]）衡量她自己的稟賦和知能：「如果我再多做一點點……如果我更努力……如果我是好女孩……如果我有學位……如果我穿上套裝……如果我會開車，如果……如果……如果……那我就萬事如意了。」

她把自我厭惡的感覺內化於心，而這種自恨心態開始出聲說話，聽起來就像她父母斥責她的聲音。這個藏於她內心深處的批判者會角色化，不是成為男性的妖怪暴君，就是成為女性的邪惡巫婆——這兩者都是她最終必須殺掉的對象。由於女人在被社會同化的過程中學會對自己充滿怒氣，她們鄙視的第一個對象會是她們的母親[6]。如之前提到過的，大多數童話故事都反映了母親的這種遭遇：故事中的母親多半不是早逝、就是橫死。我通常會建議我的女性案主：她們或許可以有另一個選項，也就是把她們心中那個吹毛求疵的女批判者送往夏威夷，讓她在那裡渡個長假、好好休息和放鬆一下。

---

5 譯註：Deficit thinking 是教育心理學一個理論的名稱。根據這理論，低收入或少數族裔學生之所以往往成績低落，其原因與學生家庭及學生本身的內在缺陷（deficits）有關。Thinking 在此意同 theory。

6 原註 5：見 Carol Pearson 及 Katherine Pope 合著之 *The Female Hero in American and British Literature*（《美國與英國文學中的女主角》），頁 66。

殺掉妖怪暴君

我夢見自己正在逃離一群暴民。我跟教皇在一起，我們在歷任教皇的地下陵寢區裡，四處可見石棺，每個石棺上雕有棺主的肖像。他拿起他的劍，向下用力擊打某前任者的雕像。我們聽見一群咒罵者從各個廊道朝我們跑來，但我們找不到可讓我們安全逃脫的出口。

這個夢讓我想起了一個地下墓穴群，那是我在二十一年前被迫簽下婚前切結書的地方。我當時已經有孕在身；對我的母親來講，這代表了我的墮落和我對上帝恩寵的背叛，因此是一件讓她丟盡顏面的事情。她不准我在我們的教區內結婚，並命令我到外州的一座教堂去辦婚禮，以免我在她的親朋好友面前丟人現眼。

我的未婚夫和我順從了她的命令。教堂的神父要求我們在一份「婚姻無爭議切結書」上簽字。在那個時候，懷孕想當然是一個會引起爭議的問題，於是我拒絕簽字，原因顯而易見。

神父把我帶下樓，走入教堂的地窖區，去見他的上司。這位肥胖的上司穿著褐色的僧袍，隔著書桌坐在我的對面，一邊拉直僧袍的接縫處，一邊告訴我：除非我願意簽那份文件，我和我的未婚夫不能結婚。我問他，我怎麼可能在自知懷孕的情況下簽字？他答說那不重要。我在惶恐之餘感覺自己受到了侮辱，但我更不敢相信自己的的耳朵，因為教會竟會為了便宜行事而要求我說謊。我仍然拒絕簽字。

氣餒之下，僧侶走出他的辦公室（是一間石室），並要我重新考慮一下我的決定。幾分鐘之後我的未婚夫走進了房間。他建議我還是依照流程把事情辦好，這樣我們就能盡快離開這個講究教規、卻十足偽善的上帝之家。但他的建議讓我大吃一驚，因為我原本以為他進來的目的是要拯救我並命令他們退去，卻沒想到他竟和神父們聯手了起來。在難堪和疲憊交加的情況下，我最後屈服了。

我現在已經是一個完全不一樣的女人了。這些自古以來象徵權力和男性權威的人物及事物已經不再能夠影響我；我奪下了教皇手中的劍，將它深深刺入古老石像的臉部。我再也不必討好他人、點頭稱是或違背我自己的意志。我現在已經擁有其他選擇以及實現這些選擇的勇氣。

要打破「女人不如男人」的迷思，女人必須攜帶她自己的真理之劍，並不時用名為「明辨真相」的那塊磨石磨銳劍身。由於女人的真理有一大部分已經被父權神話模糊化，女人必須琢磨出新的語言形式和新的語言風格來表達她們所知的一切[7]。女人必須找回她們自己的聲音。

強化溝通能力可以幫助女英雄跟各種類型的人交往。只要擁有表達她自己願景的勇氣，女英雄必能鼓舞其他女人去信任她們自己創造出來的意象和語言。我們越常關注女人的藝術作品、越常聆聽女人所寫的詩歌和劇本、越常觀賞女人編創的舞蹈、以及越常置身於女人設計的

7　原註6：同原註5，頁255。

職場空間，我們就越能珍惜女人的聲音。在盡力驅散「女人不如男人」這個迷思的時候，每個女人都能成為其他女人的榜樣。

女人必須稱頌女性的秉賦。她必須知道，無論運用了哪一項女性稟賦，她都可以為文化和社會做出可貴的貢獻。這些稟賦包括：更善於運用同理心、更擁有敏銳和可信賴的美感、以及更樂意無私地照顧他人。透過這樣的自我認知，她才能和男人以及她自己的阿尼姆斯建立平等的夥伴關係。女人必須知道：男人只是一群「男性之人」；他們的性別並非生來就帶有魔法或權威。只有這樣，女人才能夠不再模仿男人、不再渴望父權體制的認可、不再為了融入父權體制而鄙視其他女人。[8]

「浪漫愛情」的迷思

陷在「浪漫愛情」迷思裡的女人總在尋找一個可以解決她所有問題的父親／情人／救主。為了追尋自我實現，她常會掉入某些虛幻想法的陷阱裡：「如果能遇到理想的對象，我就會有幸福的人生」、「如果碰到理想的老闆，我的位階就會快速爬升」、「如果我跟有權力的男人在一起，我也會擁有權力」、「我可以在他的工作、事業和寫作上當他的助手」。她沒有意識到這些想法的真正含意是：「我不需要發現**我自己**想要什麼；我可以過**他的**生活。」

男人則會順從社會的期望、決心照顧並保護女人，以免女人踏上她自己的追尋之旅。「在承諾保護女人、讓她成為完整時，他們讓她更加相信『女人不必成為英雄』，因為他們就是為她屠龍的英雄。」[9]男人藉拯救女人來強化他們的自我感覺。洛杉磯分析心理學俱樂部（Analytical Psychology Club of Los Angeles）最近舉辦了一場關於陽性本質的演講，演講的題目就明確點出了這個真相：「盔甲閃亮的武士尋找遇難的少女：以結婚為目的」[10]。

女人是等待者。爹地的女兒會把自己的鼻子緊貼在窗玻璃上，極目望向黑暗的街道，盼望爹地亮著頭燈的汽車趕快出現。到了青春期，她會守在電話機旁邊、倒數著**他**打電話來或**她**打過去的時間。她也期盼初吻、第一次約會和第一次性高潮的那一天快快來到。

在文化的薰陶下，女人學會了讓自己時時處於期盼的狀態。我們再次見到年輕女孩時，她已經成為了正在盼望丈夫下班回家的新手母親，因為她的丈夫就是那個把她跟外在世界連結起來的人、也是那個處理家中所有大小事務的一家之長。或者，當年的那個年輕女孩此刻正在祈禱她的生命即將真正開始；她在心裡嘟噥著：「單身的你不足以應付人生的各種挑戰」、「你

8　原註7：見 Polly Young-Eisendrath 及 Florence Wiedemann 合著之 *Female Authority*，頁 119。

9　原註8：見 Carol Pearson 及 Katherine Pope 合著之 *The Female Hero in American and British Literature*，頁 143。

10　譯註：這個演講題目模仿了徵友啟事中常見的用語。不少刊登啟事的男人最後會特別強調他們徵友的目的是結婚。

需要成為一個完整的人」、「你需要另一半」、「你需要再耐心等一等」。

大多數童話故事的女主角最後都能脫離等待的狀態（不過她本人倒不知道自己曾經處於這種狀態），而且都能戲劇性地在一瞬間來到美好人生的入口處，而男人通常就是促使這神奇轉變得以發生的媒介。白雪公主、灰姑娘、長髮姑娘（Rapunzel）、睡美人、賣花女伊萊莎·杜立特（Eliza Doolittle）[11]、以及冥王的妻子波瑟芬妮無不各自在她們的生命裡遇見同一位王子的大同小異分身！然而，在真實世界裡，每一個女英雄的華麗轉身卻往往不是他人的功勞，反而必須歸功於她自己的心靈成長和發展。她是在長途跋涉、克服各種險阻後才獲致這成長和發展的。

賽姬與艾洛斯

在賽姬（Psyche）和艾洛斯（Eros）的神話裡，賽姬在故事的一開始便陷入虛幻愛情的魔法中而無法自拔，但在故事結尾她還是得到了既浪漫又真實的愛情。艾洛斯之所以會讓賽姬愛上他，是因為他把她從那位名為「死亡」的命運女神[12]手中拯救了出來，然後藉一陣輕風把她送到了他的王國，在那裡照應她的一切需求[13]。他告訴她不必煩惱他們將住在哪裡或吃什麼食物，因為他會照管所有事情。她只需要做兩件事：不要在夜晚注視他，也不要問他白天去了哪裡。

賽姬兩個姊姊認為艾洛斯是動物變成的怪物。被她們說服後，賽姬在她們的慫恿下開始挑戰男性權威、反抗艾洛斯的命令，並在夜晚點燈照亮睡在她身旁的他。她不小心滴了些許燈油在他的身上，使他驚醒了過來。於此同時，她也不小心被他的箭頭扎到，隨即就愛上了他。當她發現他是神祇時，她只想緊緊依附他，但艾洛斯逃到了他母親阿芙洛黛蒂（Aphrodite）那裡。賽姬違背了他的命令，他當然無法容忍這個放肆的妻子！

在《她》（*She: Understanding Feminine Psychology*）這本書裡，羅伯特・強森（Robert A. Johnson）把賽姬注視艾洛斯的意圖比喻為女人對其內在陽性人物之權威的挑戰：

> 在女人的一生中，她通常會有一段時間生活在她心中之陽性人物或男性神祇——也就是阿尼姆斯——的支配之下。在她不曾意識到的情況下，存在於她內心的艾洛斯會把她放在天堂裡，但不會容許她發問，也不會容許她跟他建立真實的關係。她全然屈服於他的支配，卻對這

---

11 譯註：愛爾蘭劇作家蕭伯納（George Bernard Shaw, 1856-1950）舞台劇《賣花女》（*Pygmalion*）中的女主角。

12 譯註：希臘神話中的命運女神有三位：Clotho（編織者）、Lachesis（分配者）、Atropos（死亡）。

13 原註9：這裡的賽姬和艾洛斯故事版本來自Robert A. Johnson的著作*She: Understanding Feminine Psychology*。編按：該書的繁體中文版與《他》（*He: Understanding Masculine Psychology*）合併為一書《他與她：從榮格觀點探索男性與女性的內在旅程》，二〇二一年由心靈工坊出版。

情況毫不自覺。發生在女人內心生命裡、最具戲劇性的事件之一就是：她開始挑戰阿尼姆斯的權威，並對他說「我要注視你」。[14]

在艾洛斯離開她的時候，賽姬痛不欲生，但牧神潘（Pan）建議她向愛神阿芙洛黛蒂求助、請求她幫她找到艾洛斯。她去找阿芙洛黛蒂，但後者用鄙夷的口吻命令賽姬先去經歷一連串難度漸增的試煉再說。

賽姬遇到的第一個試煉是考驗她的分辨能力，她必須把龐大穀堆中各式各樣種子分類出來。第二個試煉裡，她學會的事情是：在公山羊出沒的樹林中收集勾纏在矮樹枝上的金色羊毛時，她不要用自己的雙手直接和自然界的力量對抗。在第三個試煉裡，她學會了如何下達命令並學會認識自己的極限——從冥河正中央用水晶高腳杯掬起一杯水時，她開始懂得要盡可能專注在一件事情上、不要試圖同時把生活的方方面面都打理得盡善盡美。在第四個試煉中，賽姬學會的是不必對他人過於慷慨——在前往冥界的路上，她拒絕幫助幾個讓她分神而無法專心趕路的男人，因為她知道首要任務是為阿芙洛黛蒂取得冥后波瑟芬妮所使用的美膚膏。她劃出自己和他人之間的界線，向他人說不，並用過去的失敗經驗提醒她自己：「我只是人，不是神。」在成為完整之前，她必須先向她過去的存有方式告別。

在每一個試煉中，賽姬都得到過幫助：螞蟻協助她把不同的種子分開，蘆葦告訴她如何收集公山羊的金色羊毛，老鷹幫她用水晶高腳杯盛取冥河的水，高塔教她如何前往冥界。最後，艾洛斯從賽姬身上拭去那一直籠罩著她、似同死亡的昏眠狀態，然後帶她登上奧林匹克山，讓她在那裡成為了一個女神。善於變形的艾洛斯是她的盟友之一、是存於她內心深處的正向陽性嚮導。

在他的書中，羅伯特・強森認為女人的陽性本質會在她追求獨立自主時扮演關鍵性的角色：「唯當艾洛斯被療癒、被賦予了力量而不再像男孩般難以管束時，唯當他成為了成熟的男人、有資格當女人的同伴時，他才是她的阿尼姆斯。這樣的轉變之所以能夠發生，是因為她願意克服重重險阻，而他也願意合作。因此他反過來也拯救了她。」[15]

艾洛斯和賽姬最後結合為夫妻，生了一個他們命名為「歡樂」的女兒。經歷過各種試煉的賽姬已經全然轉變成了另一個人；浪漫愛情的魔法再也無法支配她，而她也在完成艱辛的旅程後成為了女神。她是以平等身分和艾洛斯結為夫妻的，因而得到了真實的愛情。

許多被夢幻愛情之魔法擺佈的女人期望她們的配偶是個能力非凡的半人半神，能為她們打理所有的世俗雜務，例如辦理抵押貸款、申請保險、辦理汽車分期付款、決定搬家等等。

14 原註10：同原註9。

15 原註11：同原註10。

之後，萬一男人做出的決定出了問題，她們就可以不用承擔責任。女英雄必須拿出勇氣去打破自己硬加在伴侶頭上的神力光環，並且必須下定決心為自己的生命承擔起所有責任。她必須自行做出困難的選擇，並藉自己的努力換取獨立和自主。一旦女人能被說服或說服自己不再相信她只能從愛人的手中獲得自我實現，她就能找到一個與她平等匹配的伴侶，因而享有真實的愛情。

第四章

成就背後的真相

女超人的光環

女人在試煉之路上超越了文化制約對她的束縛。這是一段特別痛苦的歷險旅程，充滿了恐懼、眼淚和心靈創傷。童年和青少年時期的她被塑造成父母、師長和朋友期望中的角色。要超越這些期望，她必須逃離這些制約她的人、離開伊甸園的保護、殺掉那條代表從屬心態和自我懷疑的惡龍。這是一段佈滿危險的旅程。

如果她選擇的是高等教育之路，她必須及早決定她的專修學門。她拿到了學位，但很快就發現一張印在羊皮紙上的學歷證書並不能保證她將成功在望，因為每一個跟她一樣的人都正在爭取相同的職位。於是她申請入讀研究所或決定進入職場。她開始為自己負起責任，並在她的選擇及成就的基礎之上為自己打造了一個新的世界。

如果她選擇的是職場世界，她開始步步為營以確保晉升之路。她爬上企業的晉升階梯而成為了中階主管。或者她決定自行創業。她參加各種會議，到充滿異國風味的地區渡假，或積極參與社區活動。她開始談戀愛，然後結了婚，但她不會藉丈夫來定義自己的生命價值。他們租了一個房子，但同時打算買房和生兒育女、希望組成一個完整的家庭。她生了小孩，繼續工作，而且還能得心應手地一舉完成照顧小孩、買菜和排出各人作息表的任務。她是一個充滿自信、獨立、有主見的女人。她享受努力為她帶來的各種回報：金錢、新車、新衣和頭銜。她事事稱心如意，而且是一個不容小覷的潛力人物。

我們的女英雄自認擁有堅強的意志、相信自己的能力、並且已找到她所追尋的寶物。如果她曾經把獨立當做她的人生目標，那麼她現在應該已經出版了小說、在展覽場上掛起了她的畫作、或在兩百公尺的賽跑跑道上遠遠超前男對手。她也可能為自己導演的劇本找到了拍攝資金、為自己有證照的專業找到了辦公室，或者生平第一次翻越了一座高山。在外在世界裡，她已經得到了她母親只能夢想的權力、名聲和成就；她已經抵達目的地。

三十九歲的馬特爾玩具公司（Mattel Toys）執行長吉兒．貝瑞德（Jill Barad）是全美國能夠突破玻璃天花板限制、進入管理高層的百分之二女性主管之一。這個成就不僅見證了她的努力，也見證了馬特爾公司重用女性主管的政策。她不僅是五百名員工的主管，也是馬特爾產品線的設計行銷執行長。

《商業週刊》（*Business Week*）在一九八七年把她列在五十位最有可能成為公司總裁的女性主管名單上。這時的她在處理一天十二小時的工作之餘，仍能充分享受和睦的家庭生活。她把她的這份成就歸功於「家人的支持」，因為她的丈夫不僅樂於分擔照顧兒女的責任，還樂於充當一位全職的家庭主夫。但無可避免的，她仍然為她的成功做過某些犧牲。

有一次她去參加她小學三年級兒子的家長會。她一走進教室，上前向她打招呼的老師就對她說：「喲，亞歷山大還真的有一個母親！」貝瑞德承認：「你當然會覺得很難過。但雖然你想盡可能兼顧每一個重要的生活面向，有時候你還是不得不做出妥協、優先處理真正重要的事情。我相信這也是身為父親的男人曾經做過的妥協。你會失去獨處的時間、為自己做點事情的時間，但你還是必須優先考慮另外的事情。」[1]

貝瑞德被迫選擇事情的先後順序，但我們的文化、甚至許多女人自己至今仍不肯全然接受她所選擇的先後順序。貝瑞德兒子的老師之所以會對她說那種話，就是因為貝瑞德認為職場生涯比母親職責更重要。我們可以說，某些女人至今仍然嫉妒和貶斥成功的女人。無論一個成功的女人擁有多大成就，她仍會面臨一個困境：外在世界對她做出的選擇懷有敵意。

對傳統完美女性形象的反動

盛行於一九八〇年代的女超人崇拜風氣，使得年輕女人相信她們可以「擁有一切」，而這所謂的一切是指：擁有既能致富又能發揮個人能力的事業、擁有彼此、相愛平等並穩定的婚姻生活、以及享有為人之母的喜悅。許多女英雄之所以成為女超人，就是因為她們再也無法忍受她們的母親在一九五〇年代被迫擁有或沾沾自喜擁有的完美女性形象。由於不能選擇在職場上成為男人的對手、也不能選擇不生小孩，她們的母親只能依賴養活她們的男人和她們撫養長大的小孩。她們無法從外在的「男性」世界獲得權力，於是就拿她們只能在家中揮舞的權力當作一種替代品。

不能在男性定義的薪資世界裡考驗自己能力的女人會逐漸對她們的丈夫和兒女生出極不合理的期望——期望家人做到她們自己無法做到的事情。她們會不顧家人的感受，用盡方法控制、哄騙和操縱他們。在《第二階段》這本書裡，貝蒂·傅瑞丹（Betty Friedan）描述了這種獨裁霸道的大女人氣概：

> 那種掌控慾、那種要求家事不能出錯和小孩不能犯錯的完美主義、那種始終不會自承有錯的心態就是她的男性氣概版本。對她來講，這個版本可以讓她發揮最足以和男性權力及權威相提並論、絲毫不容違抗的女性道德意志，用以抗衡或掩飾她的脆弱、她的經濟依賴性、她被社會和自己看不起的事實。由於無法像男人一樣在社會上擁有權力（當時唯一被認為具有正當性的權力必須來自社會地位），她便在自己的家中操縱和否定丈夫及小孩的感受（但於此同時，她也操縱和否定了她自己的真實感受），從中享受權力的滋味。然而，每當她這麼做的時候，她也不會忘記要用甜言蜜語來遮住她膚淺卻鐵板一塊的道德感。[2]

1　原註1：見一九八八年十二月四日《洛杉磯時報雜誌》（*L.A. Times Magazine*）文章“Making It”（〈取得成就〉），頁72-74。

2　原註2：見 Betty Friedan 著作 *The Second Stage*，頁 56。

這樣的母親無法把她孤單的感覺、被遺棄的感覺和失落的感覺直接表達出來。她唯一能表達的就是她的怒火，不是對丈夫和孩子動輒發怒，就是用酒精、食物或揮霍金錢來麻木自己。她的女兒觀察她，聽她說出的每一個字，並且把那些字全都聽進了心裡：「不要做我做過的事」、「要追求事業」、「要有你自己的生活」、「女人沒有權力」、「在還不知道自己是誰之前，不要急著結婚生小孩」。

這些訊息使女兒感到十分困惑。母親不是非常喜歡當女人和結婚生小孩嗎？難道是小孩毀了她的一生？難道當女人是件很可怕的事情？會不會就是因為她是女人，她的一生才被毀了？母親的自我詆毀和自我厭惡讓女兒發誓絕對不要像母親、並且絕對要讓自己變成一個十全十美的女人。傅瑞丹說：

> 我發現，那些對自己的女人身分最沒安全感的女人——因為她們仍然活在自我詆毀、以致無法深愛自己女兒的母親的陰影之下——最有可能掉入女超人的陷阱裡。她們一方面企圖成為完美的母親（只因為她們的母親不是），另一方面又企圖在工作上做到盡善盡美（從童年開始就熟悉競爭規則的男人根本就不會有這種企圖）。女兒從母親學來的這種大女人氣概事實上也一樣掩飾了她對自己不敢坦承的自我厭惡、軟弱和無力感，就像男人拿大男人氣概來掩飾他們自己的這些問題一樣。[3]

很不幸的，在盡可能不要像母親的同時，女人卻開始變得像男人。她們用男性制定的工作產能標準來判斷自己是否值得尊重、來定義自己是誰、來衡量自己的價值。最初，她們的成就令她們感到非常振奮；但是，越來越成功之後，她們就必須不斷付出更多的時間和精力，以至於陰性本質所重視的連結和關愛他人的能力就自然而然讓位給了不達目標誓不休的野心。這就是許多女人覺得自己永遠不可能「夠好」的原因。

在過去十二年裡，四十多歲的建築師佩格一直在設計新的工業園區。她幾個小孩都在十幾歲上下，而她的丈夫非常支持她的工作。她有很豐厚的收入並且非常喜歡這份建築師的工作，但她仍然覺得自己不夠好。「無論我再怎麼努力或再怎麼嫻熟建築技術，我仍然覺得自己做得不夠好。我超時工作，我發現新的客戶，我的作品具有創意，但在當前的社會體制下，我不可能成為贏家。我逾時工作的父親回家時，他的妻子會為他準備好晚餐、打理他的穿著、照顧好他的孩子和他的家。我沒有妻子，我的孩子無法得到應得的照顧，我的丈夫和我找不出時間做愛，而我甚至不知道什麼叫做『擁有自己的時間』。我有一種感覺：唯一能讓我同時擁有事業和家庭的方法就是我變成兩個人。我愛我的工作，我也愛我的家庭，但我非常需要一個能夠照顧我的人。」

3 原註3：同原註2，頁113。

許多女英雄所企求的東西正是她們的父親曾經企求且認為是他們理所當然應得的東西：她們希望有人照顧她們——這個人能用愛和關心傾聽她們訴說挫折感、按摩她們疲於再戰的身體、欣賞她們的成功、並且驅散失敗給她們帶來的傷心難過。她們想和**陰性本質**建立關係，想讓別人失望，想被別人關心；她們希望別人願意接受她們本人，而不是因為她們有成就才接受她們。她們極度渴望找回那個在她們感覺中已經「失去」的東西，但她們不知道那是什麼，只能用更多的作為來填滿這個空虛。

最佳演員

我們的女英雄學會了如何實現每一個目標，因此每當她感覺空虛時，她就尋找下一個挑戰：新的學歷、聲望更高的地位，遷移到遠方，新的性關係，生另一個小孩。她用進一步的英雄行動和成就按摩她的自我感覺，藉以舒解她的空虛感。她沉溺於獲勝所帶來的各種讚譽之中。實現目標總會使得她腎上腺素激增，而這種興奮感還可以掩蓋住「不夠」之感覺給她帶來的難受。實現了新的目標之後，在幾乎還沒有意識到隨即出現的失望感覺時，她又已經開始著手尋找下一個目標。

這種必須不斷忙碌以保持動力的執念保護了她，讓她無從感知在她心中逐漸深化的那份失落感。但她失落了什麼？毫無疑問的，她已經實現了她曾經追求過的每一個目標，然而這樣的豐功偉業卻是用她的靈魂換取到的。她已經和她的內心世界斷絕了關係。

由於她對完全依賴丈夫和孩子以謀自我實現的母親充滿反感，女英雄覺得：她必須比任何男人都要更獨立、更自給自足，這樣她才能實現她的所有目標。她不想依賴任何人，因此她不顧一切鞭笞自己，卻沒料到她竟把自己驅使到筋疲力盡的地步。她一向有求必應、不知如何對別人說不，因而忽視了她自己也有被愛和被關心的需要。她已經失控，搞砸了她和她心中那個陽性人物的關係，把他變成了一個不容許她休息的暴君。她感覺受到壓迫，卻不知道是誰在壓迫她。

喬艾絲是位三十幾歲、學術生涯一向順利、在東海岸一所著名大學裡教書的文學教授。她的丈夫也是大學教授，沉默寡言、敏感、和她一樣對藝術懷有濃厚的興趣。雖然他們可以利用暑假參加他們喜愛的藝術活動，但喬艾絲總覺得自己十分疲憊而無意前往。她想生小孩，但又覺得自己無法承擔額外的責任。在不斷夢見一個被她稱作「最佳演員」的人物之後，她終於明白了為什麼她會如此疲憊不堪。

「我常常不懂為什麼我總比別人更容易筋疲力盡。一想到將要參加學術會議、上台講課、或主持一場研討會，我都會精神一振，但我似乎缺乏某種不可或缺的活力，以至於我會隨即抗拒這些我想要做的事情。我認為這跟我是最佳演員有很大的關係。」

「我一向看起來比我的實際年齡老成。年幼時的我是父親的最佳傾聽者、母親的最佳知己、以及弟妹們的最佳照顧者。我知道要在適當的時機開口說話；就我的年齡來講，我聰慧得有點過頭。我的學業成績也很好，老師都喜歡我。」

「我不大記得童年的我曾否玩耍過，因為我很嚴肅、喜歡閱讀課外讀物。我的母親總會為了某種原因對我的父親發怒，而我總想當他們的和事佬。我的父親是一個成功的報業新聞工作者，常常拿工作當藉口不回家。我照顧母親和弟妹的原因是我想讓大家都開心。我的父親要我做一個堅強的女孩，因此我總裝出非常堅強的樣子。我其實很想依賴別人、很希望別人關注我，但我還是聽從我父親的話、試圖做一個堅強的女孩。」

「我當時一直背負著某種我根本無法背負的責任。我並沒有學會如何成為一個英雄，卻學會了如何假裝勇敢。現在，只要有人要求我去做一件我不想做的事情，我就覺得全身乏力。對我來講，委員會、學術會議、學術論文全成為了折磨我的考驗。年少的我別無選擇，現在的我則非常痛恨自己的處境仍然不允許我有所選擇。當一個男同事談起他在成長的過程中擁有各種自由時，我立刻怒火中燒了起來。」

喬艾絲也許不再和她的父母同住，但她的內心世界仍無法擺脫她父親的掌控。他仍然緊箍著她的生命力不放、仍然誤導著她。他已經在她的內心深處變成了一個不斷否決她的需求和願望、只知道為一己之私利用她的陽性人物。她之所以筋疲力盡，就是因為她的需求從來都不曾獲得滿足。她必須把自己從這個具有毀滅性的父親意象中解救出來，這樣她才能不再做一個「最佳演員」。

只要女人尚未發現她的一切成就都是她試圖取悅這位內在父親的結果，她就不可能正視一個真相：她的父親曾經欺騙了她。在渴望回應內在的父親意象時，她和一個未必總把她的最大利益擺在心上的內在陽性人物建立了某種對她有害的關係——他成為了一個吹毛求疵、不肯妥協、全然漠視她的需求和願望的殘酷鞭策者：

> 榮格認為，如果女人不自覺且無法自拔地模仿男人或認同那個存在於她無意識內的負面陽性人物，那麼，她內心世界裡的更新轉化過程就將永無開花結果的可能。榮格把陽性本質定義為：自訂目標的能力以及採取一切必要步驟以實現目標的能力。如果負面陽性人物一直存在於女人的無意識中，他會使她相信她無需探索由無意識原型驅力所發動的靈性之旅[4]。**他**還會不斷迫使她盲目追求意識**自我**所設定的目標，而這些目標顯然可以幫助她逃開靈性之旅、**不用去**完成一項艱鉅但低調到無人知曉的任務：發現她真實的個人觀點。[5]

---

4 譯註：此處「探索由無意識原型驅力所發動的靈性之旅」是意譯，原文為 "to explore her hidden motives"。

5 原註 4：見 Helen M. Luke 著作 *Woman, Earth and Spirit*，頁 8。

「永遠不夠」的迷思

被無意識中的陽性人物接管後，女人會開始覺得，無論她做什麼或怎麼做，她都做得不夠好。她再也無法在完成一個任務之後感到心滿意足，因為這個陽性人物必會驅使她再去尋找另一個任務。同時，她當下正在做的任何事情也都沒有價值，因為他不斷提醒她：還有另一件事情有待她去完成。她感覺自己受到了嚴厲的指責，卻用極其沒有自信的姿態回應他說：「你說的沒錯，我應該還要做另一件事、這還不夠。」如果我正在寫書，我的這位鞭策者會告訴我說：「你必須接更多案子。」如果我正在跟案主對談，他又會說：「不要鬆懈了你的寫書進度。」

要讓這個心靈暴君閉嘴、並讓女英雄學會「滿足」的技巧，我們可以做一個簡單的功課：在一張紙上畫出三個欄位，在第一欄裡寫下你今天完成的事情（比如「我拔掉了花園裡的雜草」），在第二欄裡寫「我很滿意」，然後在第三欄裡寫「那就夠了！」這聽起來可能有點幼稚，但持續練習一個月之後，你就會不再認為自己做得「不夠」。

女人自覺做得不夠的一個原因是，她們必須花時間和精力去處理太多事情，尤其在她們的小孩還年幼的時候。時間一向是稀缺物資，而個人的精力又極為有限，可是女人多半都不願意承認自己的精力和時間不夠用，而且她們也很難拒絕別人。我常鼓勵我的案主在口袋裡放幾張提示卡、幫助她記住一些用來婉拒他人的說辭。把這些提示卡放在電話機旁邊，也是有用的：「謝謝你給我那個職位……但我需要再考慮一下」、「謝謝你的邀請……我還無法馬上答應你」、「謝謝你想到我……但我只能說聲抱歉」。女人不喜歡讓別人感到失望，因而在答應他人的時候，她們往往不會慮及如此做會給她們的生命帶來什麼樣的影響。

大多數的英雄故事都只談個人的前半生，也就是女英雄建立自我身分並立足於社會的那些歲月。在這段人生路途上，她會走入世界、學得一技之長、成為一個出類拔萃的人。她有意識做出的努力——無論什麼樣的努力——必定會成為她自我身分的一部分，也會成為她「靈魂打造」過程的一部分，而這個過程最終會使她具有如下的人格特質：她不僅不再執著於需要和依賴另一個人，也擁有更多助人的能力。[6]她將對自己的選擇能力和行動能力充滿自信，也將充分感知自己的自主性。

要恢復心靈的完整，女人必須先真正認識「獨立自主」的意義，而這又往往需要她拋棄她向來對「成功」所抱持的想法。為了獲取成功，許多女人犧牲掉了她們的大半靈魂。她們竭盡心思與精力尋求外在的成就，因為最終的獎賞看來十分可觀誘人，但就在尋求途中，她們突然有所覺悟並對意識之我（ego）的英雄氣概說不；她們發現自己為這英雄氣概付出了太高的代

6 原註5：見 Madonna Kolbenschlag 著作 *Kiss Sleeping Beauty Goodbye*，頁83。

價。

無論在工作上或在家事上，只要女英雄覺得身為女人的她已經做得足夠、並承認她只是人而不是萬能的神，她就能不再依照女超人的標竿來衡量自己。她也許會從此辭職並放棄權位、好讓自己重新擁有**感覺的能力**。或者，她會決定她的家沒有必要再成為全社區最乾淨整潔的家，何況她的丈夫和小孩從此也應該負起整理家居的責任。

要在自性旅程上成為一個成功的尋寶者，其先決條件就是丟掉我們對「勇敢」一詞的謬解。只要女人有勇氣承認自己能力有限、有勇氣相信自己已經盡力而為，她就等於已經能找到了女英雄在自性旅程上所追尋的真正寶物之一。這樣的女人有能力擺脫意識自我的執念，進而能夠探入更深層的無意識原型驅力——她的生命之源。她能對自己說：「我並非無所不能……但我已做得足夠。」她變得真實和開放、容許自己有軟弱的時刻、並且不畏經歷一場真實的靈性覺醒之旅。

第五章

強大的女人能說不

強大的女人是個全力以赴的女人
強大的女人是個踮著腳尖站立
一邊舉著槓鈴
一邊想唱歌劇鮑里斯．戈都諾夫的女人。
強大的女人是個正在
清理千年糞坑的女人，
一邊鏟，一邊說
她一點也不在乎哭泣；它可以
打開淚管，而嘔吐
可以鍛鍊胃肌。
她繼續鏟，淚水
流進鼻孔裡。

強大的女人是個腦袋裡不斷有聲音
對她重覆說出下面字眼的女人：
醜陋的壞女孩，愛抱怨的婊子，囉嗦的女人，

尖叫回嘴的婆娘，巫婆，打擊男人自信的貨色，
我說過沒有人會回報你的愛情，
你為什麼不像個女人，你為什麼不
溫柔，你為什麼不安靜，你為什麼不死掉？

強大的女人是個堅決去做
別人堅決不做之事的女人。
她正用力推起
鉛製棺蓋的底部，她正想
用自己的頭把人孔蓋頂上去，
她正想撞破一面鋼牆，
她的頭很痛。旁觀者等著看破口出現，
他們說，快點，你的力氣真大。

強大的女人是個
內心流血的女人。強大的女人是個

每天早上健身的女人，因為她的牙齒
鬆脫了，她的腰椎疼痛不已。生一個孩子，
掉一顆牙，從前的接生婆這樣說，但現在，
打一次仗，就增加一道疤痕。強大的女人
是一個塊狀物，凝集了下雨時
會痛的瘢痕組織、撞到時會流血的傷口
以及夜晚時會離床
穿上靴子不停踱步的過往記憶。

強大的女人是個渴望愛如同空氣
的女人，否則她會發紫窒息。
強大的女人是個愛得強烈哭得沉痛
害怕得不停顫慄、有強大需求的女人。
強大的女人
有強大的言語和行動、密緻壯實的關係和感覺；
她並非堅硬如石頭，而是堅強如同

哺乳的母狼。力量並非為她所有，她只是
一個把它具象化的載體，就如一張被風灌注的船帆。

最能安慰她的是，無論她堅強或軟弱，
別人都一樣愛她，因為她擁有的正是
從雲而降的雷電同樣擁有的的堅強和軟弱。
雷電使人害怕
雲在雨水中消散，留下連結的河水
流經並串起我們。強大是我們
共同努力以赴的目標；在女人一起變強大之前，
強大的女人是個憂懼感強烈的女人。

——瑪芝・皮爾西（Marge Piercy）
〈寫給強大的女人〉（"For Strong Women"）

受騙的感覺

在過去十年裡，我傾聽了許多二十五歲至五十八歲之間的女人所講的故事。她們都發現職場上的成功反而常對她們的身心造成金錢無法彌補的傷害。雖然很高興自己學得了專業技能、變得獨立自主、能在專業領域發揮影響力，她們卻被某種倦怠感困擾不已而無法確定自己要如何繼續往前走。下一步該怎麼走？

她們並不想依照《持家之道》雜誌（*Good Housekeeping*）的建議回歸到溫暖的家庭，因為對大多數女人來講這只能是個幻想。她們已經習慣了工作所帶來的滿足感，而且對多數美國職業婦女來講，她們的薪資已經變成了她們自己和她們家庭必要的經濟來源。

因此問題並不在於是否離開職場，而在於如何發現新的選擇。今天，許多女人就在盤點自己的處境時把她們的受騙感覺講了出來。「這一切究竟是為了什麼？我為什麼覺得如此空虛？我已經實現了我的所有目標，但我仍然覺得缺少了什麼。我覺得我欺騙並出賣了我自己。我放棄了一部分的自己，卻叫不出這個部分的名字。」

這種和自己「格格不入」的感覺可能就是女人接收到的第一個警訊。之後，她的身體會繼續向她發出更具體的訊息：得了流感卻難以康復、失眠、胃部出問題、乳房有硬塊、或不定期出血。但是，要女人完全意識到她的靈性問題，她可能有必要先遇到一個重大的家庭問題，例如離婚、孩子離巢而去、或家人去世。但她也可能依然無法意識到她的靈性出了問題。她會告訴朋友和家人，她只是覺得「沒有活力」而已。

在英雄之路上努力推進許久的她不禁感到訝異：為什麼她依然無法打發一種難以言傳的空虛感覺？她並不瞭解淒涼和絕望是什麼意思，因為這些無疑都是她所不熟悉的感覺。一個四十六歲的研發主管說：「沒錯，我有過『低潮』的感覺，但我可以用工作打發它——只要給我一個新的企劃案，我就能立刻打起精神、再度奔跑起來。這次卻不一樣。我的醫生說我的出血問題不是生理性的，但我仍然覺得自己的身體從裡到外都在哭泣。」當女人使用「流血到滴血不剩」的比喻時，她們顯然已經覺得自己沒有了生命力。

一個四十三歲的護士說（她負責照護吸毒女人所生下的嬰兒）：「我懷念孩子們都還小、大家互相幫忙照顧小孩、一同為孩子辦生日派對、互訴挫折感的那段日子。我們如今都忙於工作，忙到連一起喝茶的時間都沒有；我們已經失去了患難與共的鄰居友誼。除了工作上的同事外，我沒有女性朋友。我跟同事談論的事情無非就是人手太少、如何更有效率完成工作的話題。我真的很想念我以前的女性友人。」

在表達她們的失落感時，這些女人無意間透露了她們對陰性本質和某種歸屬感的渴望——她們渴望能跟自己的身體以及一群志同道合的人連結在一起。今天大多數的女人都曾在青、中年時期努力學習並用心整合一向被視為男性特有的能力，其中包括邏輯和線型思考的能力、分析的能力、以及訂出短程目標的能力。把情感帶入工作場合的女人很快會被告知她們不屬於那個地方。雖然現在很多公司在訓練高階經理時，都會要求他們學習陰性、「貝塔風格」（beta style）[1]的領導模式（也就是注重感覺、直覺和關係的領導模式），許多女人卻抱怨訓練課程低估了她們本身與生俱來的的陰性才華。

「我懷念用雙手製作東西的日子；我二十年沒使用過縫紉機了」、「過去我很喜歡烹飪，但現在我真的沒有時間」、「我的腳很想脫掉鞋子、讓腳趾頭伸進泥土裡、然後開始奔跑！」、「我的骨頭真的很痛；倒不是因為我累了——我知道累是什麼感覺，這卻是非常不一樣的感覺。我的骨頭之所以會痛，是因為它們渴望連結到大地母親那裡。」這些聲音都來自那些開始感覺枯竭、創意闕如、靈性乾旱的女人。

幸運的是，這些女人還擁有表達自己失落感的能力。更嚴重的情況是，不少女人得了臨床上所說的神經衰弱症，卻把問題怪罪在自己的身上，認為自己在體力和能力上都不足以應付男性所定義之世界的各種挑戰。她們當中許多人藉酗酒或吸毒來麻痺自己的失落感以逃避問題。或者，她們一直保持沉默，直到乳癌或子宮頸癌迫使她們不得不面對一個真相：她們不曾在她們的英雄旅程中考量過她們自己的體能極限和靈性需求。

靈性枯竭

試圖扮演男性角色、卻因此感覺燃燒殆盡的女人，她們的內心深處也是一片枯竭光景。來自聖塔芭芭拉市（Santa Barbara）的心理學家瑪蒂・格連（Marti Glenn）這樣描述內心火焰熄滅的女人：「女人之所以會失去她心中的熱情之火，是因為靈魂火焰的燃油已經見底、因而長久以來被她緊握不放的夢想都在瞬間變成了灰燼。過去的存有模式不再適用，新的道路又不明確可知，因此，位於黑暗中的她無法看見、無法感覺、沒有味覺、沒有觸覺。所有的事情都不再具有意義，她也不再知道自己**到底**是誰。」

格連也描述了她自己在追求成功時經歷到的枯竭感覺。「去年秋天我做了一連串的夢，夢見許多老女人被放進屍袋裡、被抬起來、然後被滾落到山下。我還夢見我正在工作、正在做我最擅長的事情——主持幾百個人參加的成長工坊——但同時有個小女孩躲在岩石後面大聲哭泣。我另外夢見我的老闆要我替別人泊車，因為泊車就是我的職責。一個又一個的夢都跟陰性本質的死去有關。前幾天晚上我又夢見許多女人的頭骨遭人碾碎。」[2]

---

1 譯註：Beta 是第二個希臘字母。第一個字母 Alpha 常與男性相關，如 "alpha male" 一詞。

2 原註1："Fueling the Inner Fire: A Conversation with Marti Glenn"（*Venus Rising 3*, no. 1, 1989）引用了瑪蒂・格連的這兩段話。

她心中的小女孩是為那個被迫降職為泊車者的女人哭泣和哀傷。一旦任由自己的生命受制於那個存在於她心中、卻與她不相連結的陽性意象，女人便會在這意象的強大驅力之下企圖依據男人所定義的標準去實現目標、取得成就。但她最終會在某一個時間點上意識到：要活下去並且活得健康和心滿意足的話，她必須改變自己。她發現自己曾經對英雄之旅的最後獎賞持有許多謬誤的想法。不錯，她是擁有了成功、獨立和自主，但是她卻因此失去了心靈的完整。

這樣的女人會覺得她自己和和集體文化都欺騙了她，使得她一直盲目相信：只要她信任具有目標取向的陽性觀點——例如，「做個『好』女孩，『爸爸』就會照顧你」——她就可以獲得獎賞。但如今她卻感覺孤單無依、了無安全感。她立足的根基已經塌陷；她有條不紊的世界、她的蛋形宇宙正在出現裂痕。一位女案主這樣說：「圍護我的那層薄蛋殼正在裂開。它非常薄，薄到我一直對它視而不見，但它一直能讓所有事物各在其位。我現在感覺得到、也聽得到它正在裂解；我感到非常害怕。」

世界並不如她所想，她受騙了。她為失去了一個曾經被她信以為真的世界觀發怒，但又在這種不甘願的心情中意識到她只能獨自一人繼續向前走。於是，女英雄決定不讓自己成為各種非她所能掌控之力量的受害者，反而要成為她自己命運的決定者。伊菲吉奈雅（Iphigenia）就是這樣一位女子。

被父親欺騙：伊菲吉奈雅

在我三十歲出頭的時候，我看了一部講伊菲吉奈雅被她父親亞格曼農（Agamemnon）欺騙的電影。在看到下面這兩個場景時，我頓時駭然無語：她盲目信任亞格曼農的父愛，以及亞格曼農樂於犧牲自己女兒的性命，好讓他的船隊能夠在順風中迅速抵達特洛伊，而他這麼做的目的卻是在拯救他弟弟梅訥雷阿斯（Menelaus）的妻子海倫。選擇死亡的伊菲吉奈雅最後被女神阿爾特密絲（Artemis）救回一命，但這個部分並不沒有出現在電影的故事線上。我離開電影院時仍然震驚得說不出話來。

較早時，亞格曼農和他弟弟梅訥雷阿斯已經在奧利斯港（Aulis）聚集了他們的船隊、準備入侵特洛伊，但一片靜止不動的空氣一直籠罩著海面，使得他們無法開帆。他們的士兵變得越來越焦躁不安，於是先知卡喀斯（他叛離了特洛伊）告訴亞格曼農：由於他曾經吹噓自己的射術遠勝過女神阿爾特密絲的射術，因此，除非他把女兒伊菲吉奈雅獻祭給阿爾特密絲以求寬恕，他的船隊將永遠無法抵達特洛伊。亞格曼農非常痛苦，在對女兒的愛和對弟弟及麾下士兵的忠誠之間難做取捨。他的弟媳被特洛伊的派里斯（Paris）奪走，而他的士兵如今正急於一戰、渴望殺取特洛伊人的血。男性尊嚴受到侵犯之後，女人就必須獻上她的生命。

亞格曼農叫人把伊菲吉奈雅帶到奧利斯港，騙她說要把她嫁給高貴的戰士阿奇里斯

（Achilles）。伊菲吉奈雅跟她母親克萊特奈絲特拉（Clytemnestra）滿心喜悅地來到奧利斯籌備婚禮。克萊特奈絲特拉很快就發現了丈夫的可恥詭計，於是懇求他憐惜他們的女兒。亞格曼農拒絕了她，於是克萊特奈絲特拉向阿奇里斯求助。已經娶了黛德米雅（Deidamia）的阿奇里斯立即答應幫助她，因為他自己也曾受騙於亞格曼農。很不幸的，卡喀斯早已把他的預言散播了出去，以至於全體士兵都叫囂著要伊菲吉奈雅成為獻祭的祭品。

對於自己的謊言，亞格曼農是這樣對憤怒的克萊特奈絲特拉和淚水滿面的伊菲吉奈雅為他自己辯解的：「我不是瘋子，不可能不愛我的孩子。這事確實可怕，但是我還是必須這樣做。卡喀斯發誓說，如果我們不肯獻祭，我們就絕不可能抵達特洛伊。如今沒有一個希臘人不熱血沸騰地想要殺敵；如果搶走海倫的派里斯沒有受到懲罰，他們就會相信特洛伊人將可以隨意搶走更多希臘女人，包括他們的妻子和你我的女兒在內。我並沒有聽從梅訥雷阿斯的意志；我們之所以上戰場，並不只是為了救回海倫。我聽從的是所有希臘人的意志，而且無論我願不願意，我都必須聽從，只因為希臘人的禍福遠比我個人的禍福重要得多。我們為希臘而活、必須維護它的自由。」[3]

克萊特奈絲特並沒有被這番話說服，於是阿奇里斯願意獨自上前用武力保護伊菲吉奈雅，但是伊菲吉奈雅當場為自己做了一個決定：「我選擇死亡和榮譽，祖國的自由和希臘女人的名譽是我的責任。」[4]

根據傳說，在小刀正要落在伊菲吉奈雅的胸口上、火種正要被點起的那一剎那，阿爾特密絲憐憫了少女並將她搶走，然後用一頭母鹿代替她為祭品。狂風立即從西方颳起，船隊終於可以展帆航向特洛伊，幾萬個希臘和特洛伊的年輕人也就此戰死在沙場上。

伊菲吉奈雅親眼目擊了男性野心最殘酷的一面以及它所導致的乾旱靈性，因此她失去了對父親的信任。在她走向死亡的那一刻，她的性命被代表陰性本質的阿爾特密絲贖了回來。

歷史上有無數講述陰性本質被陽性本質欺騙的故事和神話，但其中最令人感慨的就是這個講述深愛父親的女兒如何被父親用虛假承諾誘殺的故事。伊菲吉奈雅非常希望父親亞格曼農獲得他想要的東西；她渴望他的愛，認證和認可，但他卻辜負了她的信任，反而要置她於死地。她那看起來非常英勇的行為不僅造成一個重要文明的敗落，也很不幸地認同了希臘戰士在試圖完成任務時所展現的權力、傲慢和自大。

大多數女人都會為了討好父親去做任何事情，因為她們迫不及待想博取男性神祇的注意。即使男人難以親近並固執己見、習慣自以為是，他仍然有權決定女兒在父女關係中以及她和其他男人的關係中必須扮演何種角色。一個女人若能察覺她生命中的第一個男人對她的持續影響

3 原註2：見 Roger L. Green 著作 *Heroes of Greece and Troy*（《希臘與特洛伊的英雄》），頁222。
4 原註3：同原註2，頁222-223。

力，她就比較可能正視她自己對陽性本質的盲目忠誠，進而才可能有勇氣對這忠誠說不。我的一個朋友是長老派教會的牧師；她對我講述她在和一個很像她父親的男上司共事時領悟到的事情。

「大約兩年前，我開始發現自己置身在一個對我的身心非常有害的工作環境裡。我為教會訂出的所有計畫都進行得很順利，但我越是成功，我就被分派更多的行政和文書工作。我開始想：『我一路走來就是為了這個？』他每答應給我一個特殊職位，他最後都會說話不算話。我開始覺得他輕視我的能力。沒錯，我可以做任何差事，但這絕不是我接受呼召、加入教會事功的初衷。我覺得上帝用詭計耍了我、欺騙了我。我開始失去自信、精力和創意，並發現這份工作越來越不需要我發揮所長。我太忙於工作，以至於沒有時間接受丈夫、朋友和家人的支持和關心，而且跟我一起從神學院畢業的同學們現在沒有一個人有時間參加我們當時互相承諾共組的打氣小組。由於我的心智已經成長，我發現過去能夠滋養我的東西現在都不再能夠吸引我。我已經是個不一樣的人了。」

「我必須思考的不僅是我自己到底出了什麼問題。我還需要思考：一個女性牧師在男性主導的教會裡會遭遇哪些困境？我知道我必須自行尋找答案，這樣我就不用在長老會議中提出這些問題。我花了一年的時間認真思考：在跟一個拒人於千里之外的上司打交道時，什麼樣的『父女問題』在我心中被喚醒了？我的答案是：事實上，在這個特殊的體系裡，我已經做了我所能做的一切、我已經做了我被交代去做的所有事情，然而這個工作卻絲毫無益於我的身心。因此我決定，我沒必要為自己引來突發的危機。於是在我的身心還沒得病之前，無愧於心的我便在確保我所擬出的計畫案能夠順利推動之後離職而去。但我後來還是經過相當長的一段時間才得以擺脫我被上帝欺騙的感覺。」在那個體系還沒有置她於病之前、同時也在徹底瞭解她自己並完滿結束她的教會職責之後，她選擇了離開。

被上帝欺騙

在她的著作《阿芙洛黛蒂的笑聲》（*The Laughter of Aphrodite*）中，凱洛·克萊斯特（Carol Christ）描述為何一個在「天父宗教」背景下長大或研究這種宗教的女人會覺得上帝欺騙了她。在她多年研究希伯來聖經的期間，克萊斯特曾經努力爭取男性教授的認可。「我以為，如果我知道如何取悅天父，我就能成為被他寵愛的孩子。但我卻不曾想過女兒是否終有一天也能在天父的殿堂裡享有平等的地位。儘管我跟父親形象的人物打交道時曾遇過許多不愉快的事情，但我畢竟是在他們的支持下才開始對我自己的智力和能力充滿信心的。由於我想像自己擁有一個不那麼女性化的核心自我，我因此在某種程度上得以擺脫傳統的女性角色。我以為上帝——他所說的話語即是我的研究題目——會超越聖經的性別化語言。我也以為我將可以和我的男教授們同起同坐，因為我和他們都天性喜愛智性生活、志在探索宗教問題。」[5]每聽見自己被誇具有男性思考能力的時候，克萊斯特總感到受寵若驚。她看不起那些照著傳統女性角色過日子而心滿意足的女人；她自覺很獨特、是一個被父親們特別寵愛的女兒。

她發現這種心態最終使她背叛了身為女人的自己。效法天父和男性師長讓擁有女性軀體的她無從知道如何像女人一樣思考、如何在發現自己是一個被父權控制的女人後重新認同女人。

在她讀研究所的期間，她和父親們的關係發生了變化，原因之一是她從西部一所男女同校的大學來到東部的一所男子大學。另一個原因是她在師長眼中不再是一個優秀大學生，而是一個正在接受培訓的未來同事。於此同時，她也試圖從更實際的多重角度來思考自己的前途。「我在研究所裡發現，男同學們只把我當做女人，而不肯把我當做同事。這大大刺激了我，使我開始懷疑父親們是否會容許女兒們進入他們的殿堂。」[6]克萊斯特就在這個時間點上開始意識到，她「必須學會如何不依賴天父或任何父親來證明自己是一個值得敬重的個人、女人、學者和教師。」[7]

另有一個出身於信奉天主教之波蘭裔家庭的四十歲女人，如今仍在跟天父意象在她生命中所發揮的影響力搏鬥。她覺得自己永遠都會被嫌不足，因為，無論她做什麼或有多高的成就，她永遠不可能成為「依照天父形象而造的愛子。」

她說：「我是一個具象藝術家，我一直把上帝描繪為一個男人。這聽起來或許很幼稚，但對我而言，上帝就是一個男人。但如果上帝是男人，我又怎能比得上男人？我覺得，我的壓力之所以會這麼大，就是因為我不斷用工作填滿我的時間，而我之所以這麼做，又是因為我一向為自己是女人感到自卑。我總想變得像天父的『愛子』一樣優秀。」

在父權之下追求自性的女兒

過去五千年以來，強調生產力、凌駕他人和主宰世界的男人定義了大部分的人類文化，以致文化不曾把尊重生命、尊重大自然的周轉及其有限的資源、尊重大自然的兒女視為優先要務。「在古埃及、古希臘、古羅馬、中古時代、文藝復興時期，男人都是萬物中最偉大者。只要看一看歷代的藝術作品，你就會發現男人曾經是萬事萬物的準則：他們的身體擁有最理想的人體比例，我們對智慧、公義、規律和堅忍的看法都必須依照男人的看法、以男人的利益為依歸、並且由男人來制定。」[8]

5　原註4：見 Carol P. Christ 著作 *Laughter of Aphrodite*（《阿芙洛黛蒂的笑聲》），頁 97-98。
6　原註5：同原註4，頁 98-99。
7　原註6：同原註4，頁 99。
8　原註7：見 John Russel 在一九八一年二月為《紐約時報》文藝與休閒版所寫的文章。本篇文章被貝蒂・傅瑞丹（Betty Friedan）在《第二階段》一書中引用。

在過去三十年裡，女人仍然必須在多半由男人定義和管理的環境中工作。雖然女人的地位在各方面已經大幅提升，而且並非每一個男人都想支配女人，但真相是：女人——甚至大部分女性老闆——在大多數工作環境中仍舊依循男人的行事模式。逾時工作、強調利潤以至於忽視家人關係，這些情況都是常態，而非例外。一旦女人生出「這一切所為何來」的感覺，她千萬不要對老闆或同事提起這種感覺。直到最近，只有極少數女人能做榜樣、願意對她們自己說：「放手吧，是時候了，我該為自己尋找新的出路了。」此刻已在這樣做的女人只能在還沒有地名的水域上自行摸索前進。

三十幾歲的潘從事新聞工作已有八年之久。她剛從一個專以娛樂圈人士為讀者、工作壓力極大的雜誌社離職，成為了一個專欄自由作家。我問她，她對她的決定有什麼感想？她答說：「沒有一個同事知道我有多不快樂，因此當我說我想離職的時候，我的老闆大吃一驚。我的同事們不知道我是什麼樣的人，而且我也跟他們保持距離。做為一個記者，你不能把自己的感覺或意見講出來，因此我始終都戴著一副面具在臉上。我也不想讓別人知道我如何感覺或我是什麼樣的人，因為真實的我並不想留在那個地方。我從來都不喜歡所謂的硬新聞、在壓力之下硬逼別人說出他們所不想透露的事情。我對不斷使用心機和利用別人深感厭惡。」

她繼續說：「有六年之久，我從來不曾傾聽過自己的感覺，而是藉揮霍金錢來宣洩情緒。我因為害怕失敗、不想犯錯而不停工作。我非常渴望別人的認可，而且我在媒體界的發展也完全有賴於別人對我的評價。」

「但是，我畢竟向我自己證明了我是一個優秀的作家和評論者——寫作滋潤了我的心靈。去年我有機會在家兼差從事自由寫作。就在那時候，有一個微小聲音在我的心裡說話：『這個工作就是我想要的，這是我真正想要的工作。』但我不想聽這個聲音；我說：『真不幸啊，我們還是走著瞧吧。』」

「今年我開始意識到我已經實現了我當初訂下的所有目標。我已經是一個優秀的經理和優秀的作者，也是一個人人都想閱讀和引述的週刊評論家。但我並不快樂；我的感覺說我不想站在這些位置上，但我並不想聽進這種話。我不想變成一個被同業說成『離合器出了狀況』的人。」

「然後我開始思考『外界認可』的問題。我真的想變成《洛杉磯時報》的評論家霍華德・羅森伯格（Howard Rosenberg）嗎？沒錯，我可以變成他，但我真的**想**這樣嗎？我並不想在截稿日的壓力下寫作，寧可自由自在寫出我真正想寫的文章。我必須接受我的時間和精力都有其限度的事實、並勇敢承認『我就是這樣』。如果我能騰出時間、用來展現我的創意，我打算用幽默風趣的方式表達這些創意。」

「於是我預先告知老闆我打算辭職。我心想：『我喜歡寫作；即使我將無法賺這麼多錢、也將不再像現在這樣有名氣，但我還是可以因為寫了一個我喜愛的專欄而感到心滿意足。』我的老闆對我說：『你這樣做是不對的；你現在完全反向而行，放棄了你的大好前途。』我到現在都還必須用盡全身力氣來對抗這個高高在上、不斷告誡我說『你應該這樣做，這才是唯一正道』的聲音。我一向痛恨這種絕對權威，但長期以來我卻對它言聽計從。」

「我辭了職，現在我非常喜愛我的工作。昨天晚上我寫了一篇令我自己開懷大笑的專欄，立刻就打電話唸給我的編輯聽。我以前總想一舉成名，但現在我不再有這種需要了；我可以用我自己的標準來衡量我自己。」

開始從事自由寫作之後，潘還是會不時質疑自己的決定，但她在六個月內就在收入上達標。在為題材多元的稿約寫稿時，她樂在其中。要做出類似的決定，女人的確需要具有無比巨大的勇氣。

女人說不之後，會怎樣？

當內在那個具有權威的聲音說「他沒說錯，你的確反向而行、放棄了你的大好前途」，女人即使拒聽，她還是會陷入一連串複雜的情緒裡。她會覺得空虛、覺得放棄了眾人所認可之成功途徑的自己是個失敗者。她會害怕自己令人失望、傷害了自己的外在形象。然而，說不、保護自己、傾聽自己的真實聲音、打斷內在暴君的話，這些行動無不自帶一種力量。

萬獸女王（Mistress of the Beasts）

去年春天我有過這種經驗。我坐在一個法式早餐店裡，聽兩個男人談論我會遇到的挑戰。他們所說的挑戰是指：一旦我接受那個能讓我成為聖女貞德、領軍到崇高的學術平原上、用我的劍砍落每一個無能教職員的頭、而後獲准和國王及其大臣們一起坐在其神聖會議室裡的行政職位，我將可能遇到的挑戰。回家之後我有種感覺：我剛才雖然獲邀（雖然僅能以觀察員的身分）加入了一個老男孩俱樂部，但他們也表明了他們的立場，也就是我永遠不可能成為他們的一份子。他們要我接受治理學校的行政權，但我知道，他們仍將緊緊抓住權力的轡繩不放手。

這感覺對我來講實在太熟悉了，跟當年我聽我父親談論他的商業交易時的感覺一模一樣：我感覺自己獲准進入了一個不對外開放的權力世界，可是事實上我永遠不可能在那舞台上當主角、卻只能當配角；我只要在那裡取悅他人、應聲說是、豎起耳朵傾聽即可。我覺得——這感覺讓我不寒而慄——接受這個職務就等於背叛我自己。於是我對自己說：「我不喜歡這個感覺。不錯，我可以替學生和教職員做很多事情，而且這是個難得一遇的挑戰，但是我得為它付出我不願意付出的代價。我已經終於騰出專心寫作的時間；我打算循著這條路走下去，看看它最終會把我帶到哪裡。」然後我拒絕了他們的邀請。

然後我有什麼感覺？一種既傷痛又自由的感覺。我為無法融入、無法順應他們的期望去貢獻產值、無法成為我所熱愛之學術圈的一員而感到傷痛。但是，我也為我能擺脫他人的期望而擁有自由、我能忠於自己的靈性追求感到歡欣鼓舞。我當時是一個既自私又自欺的人嗎？我不這麼認為。

當女英雄對一個新的英雄任務說不的時候，她會感到非常不安。相對於英雄任務，她的另一條道路很可能就是自暴自棄、無作為、以及不再具有影響力。在我們的文化裡，這意謂了死亡和絕望，因為我們的文化鼓勵個人藉更多的努力、用更快的速度取得更好的社會地位。大多數人都害怕：如果沒有成為佼佼者，他們就會成為沒沒無聞的隱形人，那時他們該怎麼辦？

當女人無事**可做**時，她得學會如何單純地**活著**。「活著」並不代表揮霍生命，卻代表了自我紀律。女英雄必須傾聽她內心裡的真實聲音；也就是說，她必須關掉那些急於教她該怎麼做的其他聲音。她必須願意忍受這種因前途不明確而出現的緊張惶恐，直到新的生命形式展現出來。任何鬆懈都會使成長夭折、改變無從發生、轉化過程被反轉為退化。「活著」需要勇氣和做出犧牲。

在做出犧牲時，女人必須放棄所有應該放棄的東西，包括過去的習性和行為模式。她也必須開始對她實在無心擔任的職位說不，即使她往往會因此無法再從外界獲得認可和掌聲。在說不之後，在她還沒有找到明確的新路之前，一個有待縫合的裂口也會在她的心中出現。

在我做出決定幾天之後，當我正在沙灘上散步的時候，有個四、五個月大、躺著踢動雙腳的女嬰突然出現在我的心眼之前。她赤裸裸地躺在陽光下，咕嚕咕嚕地自說自話，無拘無束並且自由自在。這個心象頓時療癒了我！

說不——國王必須死去

女人很難啟齒說不，因為被別人、尤其被國王揀選總會讓她感到非常快樂。我們喜歡取悅爹地、老闆、同事和我們的情人。我們不喜歡讓別人失望，因為我們的自我價值有一大部分來自我們為別人創造快樂的能力。我們內心中的小女孩不希望自己被排除在群體之外或被別人遠遠拋在後頭。不去跟其他人打成一片會是一個非常痛苦的選擇。而且，我們不能沒有收入。

當我們試圖從靈性荒漠——我們為男性榜樣服務時置身所在的荒漠——遷出時，沒有幾個偉大的爹地會說：「你做得很好，我就希望你這麼做；去吧，去走你自己的路。」他們的一般反應是：「你不接受這個位置的話，你就放棄了你的生涯發展」、「你怎麼可以讓我們失望？」、「你根本不曉得什麼是敬業」、「你根本沒有能力接受這個挑戰」。這些斥責對任何人來講都是很刺耳扎心的話，但對不喜歡讓別人失望、或一向冀求男人認可和認證的女人來講尤其如此。

然而，就是在這些讓我們特別感到軟弱的時刻，我們才可能真正成長。琴．波倫（Jean Shinoda Bolen）說：「如果我們做某事只是因為想滿足別人的期望或取悅別人，或只是因為害怕某人，我們就更進一步遠離了真實活著的感覺。如果我們只想一直活出我們所熟悉的角色，我們將要付出的代價就是：越來越遠離那存在於集體無意識裡的陰性本質——它不僅哺育我們，也會不時提供我們難以吞嚥的生食，讓我們亂了方寸、不知所措。往往，在生命的某個轉折點上，不知所措恰是我們所需要的，因為唯有在經歷迷途、始終走不出森林、以致驚慌失措之後，我們才有可能重新找到我們的正路而有所改變。」[9]

對父權說不之後，我們會怎樣？我們將可以在心中騰出一個空間，用它來跟陽性本質發展出新的關係。陽性本質並不是指那個早已和陰性本質斷絕關係——如許多美國男人一樣——達數千年的陽性聲音，而是指那個存在於我們內心、具有創意、能把我們帶到萬物之母跟前、好讓我們重新連結於陰性本質的陽性人物。對父權說不之後，我們便「展開了掉入深淵之旅，進入女神的神聖國度，在那裡遇見被放逐而潛伏在幽冥水域達五千年之久、為陰性本質所有的權能和熱情。」[10]

在開始寫這一章時，我做了幾個夢，夢見一個正向的陽性人物。我稱他為「廚房男子」，因為我初次夢見他的時候，他正在清掃廚房的地板。他是一個身軀龐大似熊、既溫和又狂野的男人。在書寫過程中，有好幾次當我預知自己將步入一個未知領域時，我就呼求他的引導。他一步一步配合我的步伐並保護我，讓我在他每一次應我的請求出現時都感到驚喜並重新充滿了活力。我不曾想到這樣一位慈愛的人物會是一個男人。我也無法相信，把我引領到萬物之母跟前的竟是我心中的這位陽性人物。在下面的這幾段文字裡，我描寫他如何帶我下沉到無名水域的深處：

> 今天我覺得自己身處在兩個世界之間。我可以感覺到那壓迫著我的雙耳、擋住一切聲音的水壓。我們下沉得還不夠深，但或者這就是海底。我得記住不離開當下此刻，但我又正在進入一個我還無法理解的全新世界。我必須讓自己靜止在這個一無所知的狀態中。我看到我的文字裝在別人的文字匣裡；那些文字是我的，我想釋放它們，但它們是什麼？

9　原註 8：摘錄自 Jean Shinoda Bolen 主持的成長工坊〈女英雄的自性之旅〉（"The Journey of the Heroine", *Venus Rising 3*, no 1, 1989）。

10　原註 9：見 Sylvia Brinton Perera 著作 *Descent to the Goddess*（《下沉至女性上帝的所在》），頁 8。

我們現在已經到達海底，我看見許多女人浮沉在溫暖芳香的水中。海水的節奏晃動著我們每一個人的身體。這裡廣大無邊，充滿愛的感覺。我透過巨藻編成的大教堂向上看，於是我想永遠留在這裡。我聽見母鯨的呼吸聲；她正帶著幼鯨在牠們出生的水域裡玩耍。

廚房男子和我一起朝著那頭巨大哺乳動物的身體游過去。她坐在海洋的底部，看起來很像一條巨大的毛蟲，因為她像艾菲索斯的黛安娜（Diana of Ephesus）一樣身上長有許多巨大的乳房。我吸吮其中一個乳頭，它流出的是水、不是乳汁，很有營養，因此我驚奇不已。她微笑著，但跟我保持距離。我不覺得自己愛她，也感覺不到她的愛，但她確實存在，還抽空接待我。她不屬於任何人，但她在那裡。我向廚房男子表示不解，他告訴我：「親愛的，這並不是你和你親生母親的個人關係；她是萬物之母。」

第六章

啟蒙與下沉到
女性上帝所在的深淵

他們說你還在這裡出沒，也許
是在地球的深處或在
聖山的山頂；他們說
你（仍然）在人間行走，在空氣中、
在沙灘上寫下預言，警告又警告並
編織出我們獲救必經的彎曲道路，雖然
焦急，卻不急躁，而是謹慎地在狼藉一地的杯盤之間
踏行，避開水晶杯，用你深色眼睛的神聖光芒
療傷。他們說你在叢林中
掀起你綠色臉龐上的面紗，在雪地上
身穿藍色衣衫，親臨
分娩的場合，在死者身上跳舞，低聲吟唱，做愛，
擁抱我們的疲乏；你仍然在這裡出沒，在
山洞裡低語，警告又警告並且為我們編織出
希望之路的扭曲形狀，連結每一隻手去對抗
藏匿於群星當中的邪惡，或者降下

腐蝕一切的毒酸在我們的身上，像喚醒做惡夢的小孩一樣
喚醒我們，使得
我們叫不出名字的吞噬者——
那些踏著我們的生命前進
把肉體輾壓成沼澤的
男性機器人——落荒而逃。

——黛安・德普利馬（Diane di Prima）〈向母親們祈禱〉（"Prayer to the Mothers"）

女人的啟蒙

我們可以用前往冥界、靈魂的黑夜、大鯨的腹腔、或黑暗女神的所在來表達「沉入深淵」的含意，但也可以直接用憂鬱症指稱它。這狀況通常是一場改變生命的痛苦事件引發出來的，例如子女、父母或配偶的死亡，只因為個人的生命和自我認知曾經和這些人有密不可分的關係。女人之所以會沉入深淵，往往都是因為她們驟然失去了某種身分，例如女兒、母親、情人或配偶的角色。另外，罹患或遇到嚴重的疾病或意外、失去自信或謀生能力、遷移至遠方、無法完成學位、染上毒癮、或全然心碎，這一切都足以讓她體驗到肢解般的痛苦而沉入深淵。

前往冥界的旅程充滿了惶恐和悲傷、疏離和幻滅、憤怒和絕望。女人會覺得自己赤裸裸地被別人看穿、覺得自己乾枯脆弱到不堪一擊、或覺得自己的一切都已昨是今非而陷入麻木的狀態。我在對抗晚期子宮頸上皮分化不良症、面對破滅的婚姻、失去畫家的自信心時都曾有過這類經歷。每一次我都必須面對我不想面對的自我真相和世界真相；每一次我都在轉化生命的烈火中受到告誡和淨化。

在冥界裡，時間感不存在，因為那裡的時間無止無盡，以至於你根本無法快速脫逃。那裡沒有早晨、白天或晚上，只有一片闃黑和滿目荒涼，而瀰漫在各處的黑暗既潮濕又寒冷刺骨。在冥界裡，沒有輕易可得的解答，也沒有立即可見的出口。在號啕大哭終止的那一剎那，靜寂隨即襲捲而下。女人赤裸著身體在眾死者的枯骨上行走。

對外界來講，正在沉入深淵的女人看來心事重重、悲戚並且難以親近。她常常流下莫名的眼淚，但不管她是哭了還是沒哭，淚水仍然無時無刻不在她的眼眶裡打轉。沒有人能夠安慰她；她覺得自己遭到了遺棄。她記不住任何事情並且拒見任何朋友。她蜷縮在沙發上或拒絕走出房門。她掘土或在森林裡散步——泥土和樹木成為了她唯一的同伴。她開始自我孤立；她的家人和朋友認為她已經失去了理性思考的能力。

幾年前，我在加州州立大學長灘分校演講女英雄之旅這個題目。當我提到自我孤立的時候，一個坐在演講廳後方的女人等不及地舉手打斷我並大聲說：「自我孤立！我過去九個月的生活終於有了一個名字！」

大家紛紛轉頭，然後看到一個年近五十歲的女人正從她的椅子上淡定自若地站了起來。她接著說：「在那之前，我是一家大型設計公司的老闆和執行長，年收入超過二十萬。有一天，正在處理工作時，我突然想不起我是誰；我望向鏡子，仍然不知道那個回望我的女人是誰。我頓時覺得天旋地轉，便立刻離開了辦公室回到家裡，從此我就再也沒有回去過。」

「我在我的臥室裡打發了第一個月。我兩個十幾歲的兒子和我的丈夫都嚇壞了，他們從來沒有見過這個樣子的我。我每天早上連給自己穿衣服的力氣都沒有，更沒有力氣買菜、煮飯或洗衣服。我開始過起你所說的自我孤立的日子。」

在她繼續講下去之前，好幾個頗有同感的女人紛紛點頭、認同她所說的話。「現在我開始種花蒔草；我以前從來不做這種事情，但現在這是我唯一能做的事情，因為我喜歡泥土。我的家人為我憂心忡忡；他們希望我去找精神科醫師看一看、然後回去工作並重新找回笑容。他們捨不得我的收入並認為我瘋了，但我根本聽不進他們所說的任何一句話。我感覺我只能從泥土中一步步找回我自己。」

她說出了只有曾經沉入深淵的女人才會懂得的真相。在追尋她們的自性時，女人所踏上的旅程完全不同於男人向上和向外拓展、然後進入光明的旅程；她們必須向下進入她們生命源頭所在的深淵。在用掘土比喻她如何尋路找回自己的時候，她也具象表達了女人的啟蒙過程。

女人的靈性經歷乃是一趟更深潛入自性、而非離開自性的過程。

許多女人都描述過她們在自我孤立期間渴望離開「男性世界」的那種心情。畫家兼治療師派翠霞・瑞斯（Patricia Reis）寫道：

> 從崩潰、死亡、種子播下、結果、到新生命的出現，這一整個過程花了我四年的時間才得以完成。在這段期間，對我來講最重要的一件事情就是不再和外在的「男性世界」競技場打交道。要獲得新的生命——可以這麼說——我就必須設法遠離那樣的環境。最終，幫助我在我的內心中發現我的力量、我的女性生命源頭的，就是這趟刻意駛離大路、前去為我的陰性本質打造有益環境的歷程。我懷疑我可以藉其他任何途徑完成這個目標。[1]

只有在沉入深淵後，女人才可能收復她在排斥母親和打碎女神的鏡子之後所失去的心靈完整[2]。要完成這趟旅程，她必須拋開她對線型思維以及集體文化之遊戲規則的執著，去熟悉——這可能是她生平第一次這麼做——**她的**身體、**她的**情感、**她的**性慾、**她的**直覺、**她的**意象、**她的**價值觀、**她的**思維方式。

在用文字討論沉入深淵的經歷時，我十分惶恐，因為我非常敬畏這種經歷、因而害怕自己會把它描寫得過於平平無奇。這趟旅程極其神聖，然而我們的文化卻常把它歸類為必須用藥物盡快治癒的憂鬱症。沒有人喜歡接近憂鬱症患者，然而，如果我們願意把這沉入深淵的經歷視為一趟值得尊敬的神聖之旅、並視之為個人在追尋自性的過程中必須經歷的一個階段，那麼我們之間就不會有那麼多女人寧可把她們自己困在憂鬱症、酗酒、家庭暴力、或毒癮中而走投無路。她們會更容易擺脫恥辱感、更願意面對自己的情緒、並且不再用事不關己的冷漠態度講述她們的痛苦。

當女人沉入深淵的時候，她會覺得一無所有、被切除肢體、或被怒火燃燒殆盡。她不知道自己是誰、失去了她向來擁有而熟悉的角色、並且因為失去所有而感到恐慌。她可能覺得乾枯、麻木、失去性慾，或者悲痛到覺得自己的五臟六腑全被炸了開來。她很可能從此就躲在黑暗裡好長一段時間但有所期待；與此同時，上方的眾人一如往常過著他們自己的日子。

她很可能會遇到蘇美爾族（Sumerian）的女神娥雷絲喀格爾（Ereshkigal）。這位女神曾把她的妹妹，也就是天地女神伊娜娜（Inanna）吊死在木樁上，並任她在木樁上死亡腐朽。每當女人沉入深淵時，她必會害怕這位黝黑女人的出現、害怕她自己的這個面向可能會對她做出

---

1 原註1：見 Patricia Reis 文章“The Goddess and the Creative Process”（〈女性上帝和創造過程〉），收錄於 Patrice Wynne 主編的 *The Womanspirit Sourcebook*（《女人魂：相關文本集》），頁 181。

2 譯註：鏡子在古希臘神話中象徵智慧或自我觀照反思的能力（自知之明，self-knowledge）。此處原文為“the mirror of the feminine”，可指來自陰性本質的智慧與洞見。

的事情。「我怕她把我磨碎、碾成粉末後吃掉我、然後再把我吐出來。我知道，這情況發生時，我每一次都能變得比最初更像我自己，但那經驗真的很可怕。」

沉入深淵是迫不得已的事情；我們每一個人都想避開它，但在我們生命的某一個點上，我們還是不得不沉入我們的深淵。這趟旅行一點也不風光，但它總能強化女人的心靈、讓她更能清楚瞭解自己的生命。今天，有些女人認為她們的下沉經驗發生在她們夢見黝黑女神的時候；在這些夢中，她們體驗到的或許就是噬人之印度女神古戾（Kali）的怒火。古戾之所以發火，是因為許多古老文明背叛了她，把她的權力和榮耀轉到了男性神祇的手中。

古戾和其他女性神祇的**創造權**遭到父神們的篡奪。希伯來聖經中的雅威（Yahweh[3]）自稱天父，模仿蘇美爾人和巴比倫人的萬物之母——她曾被稱為娜娜（Nana）、寧娜賽可（Ninhursag）或媽米（Mami）——拿起泥土創造了他的兒女[4]。「古印度人說，世界之初是一片血海，那是女造物主古戾－摩耶（Kali-Maya）[5]的血。」[6]埃及人叫她艾瑟絲（Isis），或稱她為「最老者中的最老者」，因為她在時間之初就已經存在，「她是所有生老病死、盈虧圓缺現象的起源。」[7]在基督教成功根除母親原型，並拿天父造物主以及天父之子（亦是救世主）的意象將之取代後，這個具有強大繁衍能力的女性造物主意象便從集體意識中消失了。[8]

尋找不見了的肢體

我做好與她相見的準備
卻不知道要對她說什麼
不僅男人
背叛了她
我也背叛了她
我向來是父親的女兒
唾棄了我的母親

3 譯註：即耶和華。
4 原註2：見 Barbara G. Walker 著作 *The Skeptical Feminist*（《持懷疑論的女性主義者》），頁 117。
5 譯註：摩耶是佛陀的母親，後被尊奉為女神。
6 原註3：同原註2，頁 122，
7 原註4：見 Merlin Stone 著作 *When God was a Woman*（《上帝曾是女人》），頁 219。
8 原註5：同原註2，頁 133。

我向來害怕
潛入黑暗之處
我可能會失去
意識
我可能會失去
我的聲音
我的視覺
我的平衡
但這一切有多少是為我所有？
我的文字裝在別人的文字匣裡
我的意象來自別人的藝術作品
我**是**誰？

我尋找我失去的肢體。不知怎麼的，我覺得我必須在見到她之前找到它們。在做父親的女兒時，一心一意想討好他、想成功的我失去了什麼？偏袒父親、站在他那一邊的時候，我失去了什麼？我失去了真相，看不到世事的全貌，從不曾察覺這世界上有那麼多醜惡的人、瘋狂的人、被剝奪機會的人、被迫不知所終的人。

我轉頭四望，看到許多母親盲目的臉——我的母親、我前夫的母親、我母親的摯友。還有茱莉亞、凱瑟琳、貝蒂。她們想對我說什麼？「把我們拉出來，讓我們和我們的身體重逢，再妥善地埋葬我們。我們一直以來都孤伶伶地困在這泥濘裡，我們無法移動自己，我們什麼都看不見。」

「拿走黑暗吧。」她們虛弱地吐出這幾個字。

還有什麼別的東西跟她們埋在一起？做夢的能力——我的夢和我的夢想。我的想像力在這地方的某處，散落在這個泥濘層裡——我收集的童話故事、樹屋以及神奇的動物，這些都是我曾失落的心靈肢體；現在我要拿回它們、重新宣布它們為我所有。我曾經覺得我能做我想做的任何事情、能讓我所想像的任何事情成真，現在我要拿回這種感覺；我認得這種奇妙的感覺。我曾經坐在屋旁、凝視玫瑰的成長。我曾經可以如此**屏息凝神**，以至於我可以感覺到生命的脈動、氣味和聲音。我熟悉這片沼澤；它對我來講並不陌生，因為我曾經來過這裡、曾經在這裡感到非常安全。沼澤和森林，它們是我的母親。我曾經覺得自己跟樹木、泥濘、雜草和樹葉緊密相連，以至於我從不感到孤單。我拿回那個深刻的血緣關係。

我現在繼續逐層下沉；泥濘裡有美麗如白瓷的枯骨。我抓住我的臂骨和肋骨；它們是我的身體的架構。我越挖越深，尋找我失去的其他部位。我為它們悲從中來：它們在哪裡？

在我撿起這些骨頭之際，我瞥見了泥濘層底部下方的萬物之母。她擁抱著一個女兒，跟我想像中的她不同。她並沒有怒容滿面；她既不老邁也不醜陋，而是一個髮色淡褐的年輕女人。她撫慰和擁抱、坐在那裡傾聽和保護、開懷笑著並用清脆如鈴的歌聲吟唱著。

但我還未到達那裡。我請求我的嚮導帶我下去。

他帶我繼續往下走，深度超過了我們之前下降的深度，因此我害怕自己會淹死在泥流中。在我們下沉到沼澤底部時，我同時噴出和吞嚥了大量的水。他握住我的手，叫我不要害怕。他帶我往下進入一個山洞；我看到一頭巨鯨的身影被框在山洞裡的一個鷹架裡，而那鷹架是由小人國的男人組裝出來的。

他們想要駕馭她。

但她仍然能夠移動她巨大的黑色尾巴。她不停搖擺她的尾巴，帶著強大有力並優雅的節奏。但她無法移動她身體的其他部位，因為這個水下固定器的鋼筋牽制住了她的這些部位。她一點也不兇惡；我感覺得到她的傷痛。他帶我去到她的身邊，但我怕極了她巨大無比的力量。

她說：「你能幫助我。」我倒退了一大步。

「不，我沒那個能力。」

她發出轟隆如雷的聲音說：「你當然有能力。」

「就是因為你的出現，他們才無法再駕馭我。每當我的一個女兒自願來到我這裡時，我就獲得了自由。」

正當她說話之際，鷹架應聲倒塌了下來；那些強度破表的鋼筋竟然只是一個幻相。她拱起她的背，用她強大的尾巴在海底拍起一波無限延伸的巨浪。她開始游曳，我們跟著她一起游。她龐大的身軀不再龐大；她不再浮腫得可怕。她變得優雅而自由自在，帶著美人魚般的優雅在水中穿梭往來。

小人國的男人繼續築起鋼架；不知怎麼的，他們就是無法意識到他們已經無法駕馭她。我們離開了山洞，整片水域也起了變化，變得溫暖並轉為乳白色。她停下來、轉身面對我；她的長髮已經變成金色。

她說：「每當我的女兒們找到我時，不僅她們獲得了療癒，我也掙脫了束縛。」她是長有魚尾巴的瑪利亞－阿芙洛黛蒂（Mari-Aphrodite）、海洋之母。她是生下男性神祇們的巨鯨。

她在我眼裡不再可怕。像大多數女人一樣，只有在被加上鐐銬、被囚禁、不被允許表達意見時，她才會令人害怕。一旦她能自由行動，大地上和海洋裡的所有生物都會來到她的跟前。一旦來到她的跟前，我們的生命就會煥然一新。女人——還有男人——必須記得如何找到她。

經歷神祕啟蒙的母親／女兒

> 母親失去女兒、女兒失去母親，是女性的主要悲劇。
>
> ——亞卓安．芮曲（Adrienne Rich），《女人所生》（*Of Woman Born*）

德宓特（Demeter）、波瑟芬妮（Persephone）和海克媞（Hecate）的神話故事至今依然深深影響著我。當我還是一個渴望愛情的年輕女人時，當我變成一個不顧一切保護兒女的母親時，如今當我已屆中年、正步入智慧的年歲時，我都能一再從這個故事獲得教誨。我們可以透過芭芭拉．沃克（Barbara Walker）所寫的《寫給女人的神話與祕教百科全書》（*The Woman's Encyclopedia of Myths and Secrets*）來瞭解德宓特：

> 希臘文 meter 的意思是母親；De 即是以三角形示意的希臘字母 delta，也是代表女性性器官的符號，在神聖的希臘字母中被稱為「外陰部的字母」，就像印度教教徒繪出的陰道幾何圖形（the yoni yantra）或外陰部幾何圖形（yantra of the vulva）一樣……因此，德宓特就是海水精靈亞西亞（Asia）所說的「奧祕女神的入口……亦即天與地誕生的起點。」我們在邁錫尼城（Mycenae）——它是最早的德宓特信仰中心之一——可以看到許多具有三角形入口、短

陰道和圓頂的墳塚（tholos tombs）；它們代表了萬物之母的子宮，亦即新生命得以發生的所在……

> 就像所有最古老的印歐語系女神一樣，德宓特會以處女、母親、老女人、造物主、保護者、摧毀者等各種形式現身……德宓特的處女形式是蔻若（Kore）[9]、亦即有時被她稱做女兒的那個少女，如我們在蔻若被綁架的經典故事中所看到的，而具有雙重面向的德宓特女神就是在這綁架故事中分身成了兩個不同的人物。德宓特的母親形式擁有許多名字和頭銜，比如意為「女主人」的 Despoena、意為「女神」的 Daeira、大麥母親（the Barley-Mother）、大地與海洋的智者（the Wise One of Earth and Sea）、或意為「豐收」的 Pluto……
>
> 在晚期神話裡，德宓特的老女人形式——帶來死亡的冥界王后波瑟芬妮——和處女變成了同一個人，因此被綁架到冥界的少女有時是蔻若、有時是波瑟芬妮。[10]

女神德宓特在西元前十三世紀就已在邁錫尼城成為一支主要的大眾信仰，之後在全希臘持續如此達兩千年之久，直到後來被羅馬人的太陽神崇拜（Mithraism）及接下來的基督教所取

9 譯註：德宓特女兒波賽鳳妮的別名是 Kore。

10 原註 6：見 Barbara Walker 著作 *The Woman's Encyclopedia of Myths and Secrets*，頁 218-219。

代。在這兩、三千年間，希臘最宏偉的聖龕之一、位於伊留西斯（Eleusis）的德宓特神廟變成了講究繁複啟蒙儀式的祕教信仰中心。在整個中古時代，希臘農民依然在伊留西斯奉祀德宓特為「至尊女神」。甚至到十九世紀，她仍然被尊稱為太地和海洋的女主人[11]。芭芭拉・沃克寫道：

> 早期基督徒非常反對伊留西斯的神祕啟蒙儀式，因為這些儀式雖然把目標設為「重生和救贖」，卻公然宣揚性慾。聖徒埃斯提里阿斯（Asterius）說：「伊留西斯難道不就是那兩個獨處的男女祭司自甘墮落於交媾罪行、沉淪於黑暗人性的所在？那裡的火炬難道沒被他們熄滅、那裡的無數會眾難道不深信他們自己的救贖端賴那兩個無恥之徒在黑暗中所行的惡事？」[12]

但我們的的確確只能從黑暗獲得重生。

在「致德宓特的頌歌」（"Hymn to Demeter"）裡[13]，荷馬描述了伊留西斯神祕啟蒙儀式所源自的那個神話。我們在他的描述中讀到德宓特在聽說宙斯的哥哥、冥王海地斯綁架波瑟芬妮後的反應。

波瑟芬妮正和她的同伴——兩個失去母親的少女阿爾特密絲和雅典娜——在草地上摘花。一株開了一百朵花、格外美麗的水仙深深吸引了她的目光。當她伸手摘它時，地面裂了開來，只見海地斯乘著黑色駿馬所牽引的金色馬車從地底深處直衝到她的跟前。他抓住波瑟芬妮，把她帶往冥界。她一邊用盡力氣想掙脫綁架，一邊大聲呼喚她的父親宙斯、向他求救。宙斯沒有出現，但暗月女神／十字路口女神海克媞在她的山洞裡聽見了波瑟芬妮的呼救聲。

德宓特也聽見了波瑟芬妮的呼喊，於是急忙去尋找她。她手持熊熊的火炬，在陸地上和海面上心焦如焚、不吃不睡地找了九天九夜。許多在生產後、在離開所愛之人，或在喪母之時開始尋找自己肢體的女人，她們的感覺就跟德宓特的一樣。

在第十天的黎明時分，海克媞找到德宓特，告訴她波瑟芬妮被綁架了。但她只聽見她的呼救聲，並沒有看見綁架者是誰。她提議她們一起去找太陽神赫里阿斯（Helios）。赫里阿斯告訴她們綁架者是海地斯，而且海地斯已經把波瑟芬妮帶往冥界，要在那裡強行娶她為妻。他又說，綁架和強姦波瑟芬妮是經過海地斯的弟弟宙斯授權允許的。赫里阿斯要德宓特擦乾眼淚、接受既成的事實。

德宓特怒不可遏。她不僅感到悲痛和憤怒，還覺得自己的丈夫宙斯背叛了她。她離開奧林帕斯山，喬裝為老女人，不為人所知地在城市和鄉野中流浪。在德宓特悲痛不已的這段期間，

---

11 原註7：同原註6，頁219-220。
12 原註8：同原註6，頁220。
13 原註9：見 Charles Boer 英譯之 *Homeric Hymns*（2nd ed. rev.; Texas: Irving, 1979），頁89-135。

大地長不出任何東西，只見一片荒蕪。走到伊留西斯後，悲痛不已的她筋疲力盡地在市區中心的水井旁邊坐了下來。伊留西斯的統治者西里阿斯（Celeus）的女兒們來到水井邊；她們被美麗的德宓特吸引住並很想知道她為什麼會出現在這裡。她告訴她們，她想找一份保姆的工作。她們把她帶到她們的母親美坦奈拉（Metanira）那裡，讓她照顧她們出生不久的弟弟迪莫奉（Demophoon）。

德宓特用眾神所吃的食物餵養這個嬰兒，並且偷偷地把他舉放在火爐中，想要讓他長生不死。某一天晚上美坦奈拉發現了她的這個舉動，因而大聲尖叫、害怕她的兒子生命不保。德宓特一怒之下站起身來，向她揭示她的身分和她美麗的容顏，斥責美坦奈拉愚蠢。德宓特的金髮散落到肩膀上，她的在場使屋內充滿了光和香氣。德宓特記得她自己是誰。

德宓特下令大家為她建造一座神廟，讓她可以獨自一人坐在廟裡傷心思念波瑟芬妮。德宓特是穀物女神，因此在她悲痛的期間，大地長不出任何穀物，也生不出任何牲畜。這使得飢荒蔓延各地，以致奧林帕斯山上的男神和女神再也享用不到祭品。宙斯也留意到了情況的嚴重性，於是他先派遣他的信使艾瑞絲（Iris）去請德宓特回來。在她拒絕後，每一個奧林帕斯山上的神祇都帶著禮物和讚美來見她。怒不可遏的德宓特一個一個地對他們說：在波瑟芬妮回來之前，沒有任何東西能在大地長出來。

宙斯終於做出了回應。他派眾神的信使赫密斯（Hermes）傳令海地斯，要他把波瑟芬妮送回德宓特的身邊，希望藉此打消她的怒氣，好讓植物能夠重新長出、牲畜能夠重新誕生在大地上。一聽說自己可以離去，波瑟芬妮立刻準備動身，但海地斯給了她一把石榴籽、要她先吃下它們。急著回家的波瑟芬妮立刻把這些石榴籽吃了下去。

當赫密斯把波瑟芬妮送回喜出望外的德宓特那裡時，波瑟芬妮馬上奔進母親的懷抱裡，母女因而合為一體。然後德宓特問波瑟芬妮：在冥界有沒有吃任何東西？波瑟芬妮答說，雖然她在冥界沒吃任何東西，但在急於回到母親身邊的情況下，她吃了冥界的石榴籽。

德宓特告訴她：如果她不曾吃過任何東西，她原可以一直留在母親的身邊；但由於她吃了那些石榴籽，她就必須「每年有三分之一時間」留在冥界；在這段期間，大地將會進入蟄伏的狀態。在一年中的其他時間裡，她可以和德宓特一起生活。海克媞在母女重逢後來訪，不斷親吻波瑟芬妮（從那天開始她就變成了護送波瑟芬妮返回冥界的「冥后隨護」）。就在這時，春天陡然而降；德宓特讓大地重新擁有了繁衍能力[14]。

在這則神話裡，我們看到陰性本質的三個面向分離後重新合為一體：處女／少女／波瑟芬妮，萬物之母／德宓特，以及老女人／海克媞。波瑟芬妮被海地斯從她天真無知的外在生命拖出後，進入了更深刻的自我覺知狀態；她受到啟蒙、瞭解了性慾的奧祕並獻身給海地斯而成

14 原註10：見 Jean Shinoda Bolen, *Goddesses in Everywoman*（《平凡女人的多種女神面貌》），頁 169-171。

為他的配偶。她失去了童貞、她的「獨立之我」（one-in-herself），也就是埃絲特・哈汀（M. Esther Harding）所說的「童貞本質」[15]。她成為了冥界的王后。

海倫・路克（Helen Luke）說：「女人生命中的突破時刻總可以被比喻為一次強姦事件、一次和擁有壓倒性主導力量、不容抵抗的命運相遇的經驗。」[16]

波瑟芬妮被迫脫離她原初的女兒身分後，進入了她的靈魂深淵。女人共有的一個普遍經驗或許就是：失去從前的自我身分後，頓失方向而感到惶恐、掉入憂鬱症的深淵、然後在深淵裡找到新的自我身分。崩潰因而成為了突破的契機。克莉絲汀・唐寧（Christine Downing）說：「伊留西斯啟蒙儀式裡的波瑟芬妮、身為海地斯新娘的波瑟芬妮，可以鼓舞我們面對我們自己的生命必然會遇見的最嚴峻時刻；我們就是在這種時刻得到機會、得以深入認識我們的自性。」[17]

找到新身分的波瑟芬妮不想再回到以往的自我，也不想再與母親合為一體，於是她吞下石榴籽，把深淵的經歷當成營養品吃下。「她吃了海地斯的食物，把冥界的種籽放入自己體內，然後生出了新的獨立人格。她的母親也是如此。」[18]波瑟芬妮自己成為了一個母親，之後她的女兒又會與她切斷關係而重生。「每一個母親的心中都有一個女兒，而每一個女兒的心中也都有一個母親——每一個女人都會向後延伸到她的母親、向前延伸到她的女兒。」[19]

波瑟芬妮被綁架的時候，深受打擊的德宓特無法自拔地陷於悲痛之中。她不吃不喝不睡達九天之久（數字九象徵懷孕）。失去女兒就等同失去了年輕且無憂無慮的自我，但這也恰是女人開始把重心從外在世界、外在認同（outer projections）[20]，轉為追尋自性和打造下半場人生的時候。

穀物女神

在我的女兒海瑟離家上大學的時候，我像德宓特一樣渡過了一段難以平復的悲傷時光。我覺得自己死了，不僅失去了她在家時給我帶來的歡樂，也為我自己不能再像以往一樣細心照顧

---

15 譯註：哈汀認為童貞是一種心理狀態、而非肉體狀態。女人出生時在肉體上是處女，但未來無論結婚或不婚、或是否有過性經驗，一旦她學會迎合父權社會的要求，她就不再是處女。她必須再經歷「變成處女」的過程，也就是榮格所說的個體化過程，才能重新擁有獨立自主的人格。參見哈汀著作 *Woman's Mysteries, Ancient and Modern*（其中譯本將由心靈工坊出版）。

16 原註11：見 Helen Luke 著作 *Woman, Earth and Spirit*（《女人，大地和靈性》），頁56。

17 原註12：Christine Downing 著作 *The Goddess*（《女性上帝》），頁48。

18 原註13：同原註11，頁65。

19 原註14：見榮格的文章"Psychological Aspects of Kore"（〈蔻若的心理面向〉），收錄於榮格與神話學家 K. Kerenyi 合寫的 *Essays on a Science of Mythology*（《論神話學》），頁215。

20 譯註："Projection"一字也有「認同」之義（榮格的用字為 identity）。見榮格著作 *CW* 6, Para. 783。

女兒而悲從中來。就像「那位能在黑暗中聽見、卻無從看見和理解、象徵女人通靈直覺的暗月女神」[21]海克媞一樣，我無法**理解**我那痛心切骨的感受。更早的兩年前，我也曾為了我的兒子布蘭登離家上大學悲傷過，但這次不一樣、情況更嚴重。在她離家後，我日日失眠達兩個月之久；雖然我沒有放下工作，但每一次看見她的空臥室時，我都會哭泣。我盼望她回家；我希望一切如舊，我們能像以往一樣唱歌、開玩笑和分享當天發生的事情。我甚至希望她在家裡對我發脾氣！

海倫．路克談到母子和母女兩種關係間的巨大差異：「在原型的意義上，兒子對母親來講具體象徵了她的靈性追求，但女兒卻是她的自我的延伸，一方面往後延伸到青春期的她、另一方面往前延伸到她重生和認識自性的可能性。」[22]在重生之前，我必須先經歷冷冰冰的死亡。

當時我做了一個夢，夢見一隊跟我一直同行的軍人在入夜後離開了我，把我留在山頂的一個山洞裡。由於下雪之故，他們必須在天色尚未全黑之前趕緊下山，並要受傷的我暫時留下。離開前，團長把他的一隻手套給了我。

第二天早上醒來後，我反覆思索這個夢，企圖知道我的無意識想告訴我什麼。我想像自己回到夢中的山洞，因為我想知道那裡是否有什麼我需要知道的事情。我寫道：

「我環顧四周，在山洞裡發現一些儀式性的物品：一把小刀、一個空了的鳥巢、三顆石頭、一個空的手槍皮套、一行軍壺的水、軍糧、以及一個我坐著的鋪蓋捲。我的右大腿受了傷，我的褲子上有血。外面很冷，但我在恐懼中感到平安。我還有力氣生火，我吃了我的牛肉乾。」

「我知道我的力氣可以支撐我在這裡待上三天，之後他們會回來找我。團長是我的朋友，我可以信賴他，但我還是感到害怕。我發現一個鳥巢；在這麼高的山洞裡存在著一個新築的鳥巢，這可是非常罕見的事情。鳥巢很脆弱，我的心也一樣，但在外表上我必須是一個勇敢的士兵。」

「洞裡的物品都是男孩的玩具、是我年幼時在樹林裡從盟友那裡借來的玩具。我現在的孤單感覺，很像我在擁有同伴以及海瑟與布蘭登之前曾經經歷到的孤單和荒涼感覺。他們是我的生命同伴，但如今他們都離開了，再也沒有人跟我玩了，我又回到了空巢裡。」

「我不想孤獨，我不想再待在山洞裡。我想拿回我的兩個孩子，我想拿回我的青春，但這一切都不可能再發生。我必須起身前行；我必須走出這個山洞並且爬下山，即使我會因此喪命。」

在過去，我用「當母親」定義了我生命的大致方向。當這個角色不再存在時，一個心靈窟

21 原註15：同原註11，頁57。
22 原註16：同原註11，頁54。

窿便冒了出來。之前我從不曾意識到我已把善盡母職當成了我必須努力追尋的人生目標。當母親之前，我一直刻意跟我的母親反方向而行、不想重蹈她那充滿憤怒和挫折感的人生，因此我竭力想從我的父親、教會、學校或工作那裡獲取認可。

我寫道：「如今我覺得自己全然裸露在別人眼前：我失去了『完美母親』的偽裝，也不再有精力和熱情去戴上『完美』治療師、作家或畫家的面具。如今我只想做一個平凡的人，不再渴望英雄事蹟，只想靜靜地從事內心探索。我有一把小刀、水、三顆石頭、一個鳥巢、食物和一個鋪蓋捲。我知道我能繼續活下去，用不著依賴父母、兒女或我的伴侶。我有能力將我的靈魂表達出來。」

像德宓特一樣，我能夠及時熬過我的個人失落感，但那畢竟花了我一段相當長的時間，長到讓我覺得不可思議。悲傷的我當時並不曾意識到我正受到德宓特原型的挾持。我做了上面的夢之後不久，海瑟從學校回來過萬聖節週末。她在這個學期裡過得並不怎麼順利，也沒找到一群可以談天說地的朋友，因此非常想家。我這時剛好受邀為一個名為〈比麵包箱小〉（“Smaller than a Breadbox”）的藝術展提供一件作品。我請海瑟幫我在主辦方提供的硬紙板麵包箱上繪圖；在我們一起繪製各種圖案時，我不明所以開始畫起穀物女神。海瑟問我，為什麼我正在畫的女神流出了一滴眼淚？我不加思索地回答說「她的心碎了」，然後立刻淚流滿面了起來。

就是這件事情讓我突然意識到：我們兩個人繪製的穀物女神就是德宓特，而我失去的女兒就是波瑟芬妮。之後我繼續了無生趣地做夢、寫作和從事日常活動，但我開始能夠徹夜熟睡。「當個性必須完全轉變、全新態度必須誕生時，內在和外在的一切都會開始乾涸，生活也會變得越來越乏味無力，直到**意識心**被迫體認情況的嚴重性、被迫承認無意識具有說服力為止。」[23]我終於能夠擺脫失去女兒給我帶來的悲傷，同時也意識到：我之後必須努力找回的是我的靈性女兒[24]。

下降到地底最深處的伊娜娜

蒼芎女王伊娜娜一心一意想去到地底最深處。她背向蒼芎，踏步而下，同時聽見許多焦急的聲音在她背後呼喚她：「但你的安危呢？」已經走到冥界第一道大門的她大聲回答說：「如果我沒有回來，就去找眾父老神祇吧。」然後她對冥界的門衛解釋說：「我要去參加喪禮。」於是砂岩打造成的門閂紛紛棄位並讓路給她。她繼續向下走，經過扯下她黃金耳環的泥濘、扯

23 原註17：同原註11，頁64。
24 譯註：在這裡，「靈性女兒」是指靈性處女。參見譯註15。

破她胸衫的一層層狹長大理石塊、燒焦她頭髮的地火、被她認為截去她四肢的鐵礦脈。她不斷、不斷往下，迅速穿越吸吮她的血的空無，直到她終於站在冥界女王娥雷絲喀格爾的面前並與她相對而視。娥雷絲喀格爾冷酷的死亡之眼凍結了她的心，然後她在一陣暈眩中穿越了那個眼睛的瞳孔——鑲在這瞳孔圓環上的一個個髑髏頭把她的肉從骨頭上囓咬下來。她不斷、不斷往下，直到她掉入空洞的深淵裡。

——潔寧．開南（Janine Canan）〈下降到地底最深處的伊娜娜〉
（"Inanna's Descent"，收錄於詩集 *Her Magnificent Body*）

當屈從父權制度的我們意識到我們曾經是靈性處女[25]時，我們就展開了向下開挖的工作，決心找回我們的心靈在被文化薰陶之前曾經擁有過的稟賦和能力。在她的傑作《下沉至女性上帝的所在》裡，希薇亞．布林頓．裴瑞拉（Sylvia Brinton Perera）引用了蘇美人（Sumerians）描述伊娜娜和娥雷絲喀格爾的一首詩，藉之探討女人在擺脫她對陽性本質的認同以及對抗陽性本質、在拋棄過去的存有方式以及等待新的生命時，她們所經歷到的肢解感覺[26]。

古代蘇美文化中的天地女神伊娜娜下降到冥界，親自前去參加她姊姊、冥界女王娥雷絲喀格爾的丈夫古格拉那（Gugalanna）的葬禮。

在離開上天和大地之前，伊娜娜對她的忠僕寧昔芬（Ninshubur）下達命令：如果三天內她沒有回來，寧昔芬就向三位父老神祇——恩利爾（Enlil）、那拿（Nanna）和恩奇（Enki）求助，請他們確保她能夠重獲自由。她開始下降；在來到冥界的第一道大門時，她遭到制止並被要求報上她的身分。門衛內提（Neti）向冥界女王娥雷絲喀格爾報告說，伊娜娜請求進入「幽冥之境」（land of no return）、以便親自參加古格拉那的葬禮。娥雷絲喀格爾一聽到這個消息，立即拍了一下自己的大腿並咬緊下唇，然後命令內提根據冥界的入境法規和儀式來接待伊娜娜的來訪，亦即她必須脫下她的王服，然後躬身彎腰地走入冥界。

門衛遵守命令，在七道大門的每一道門脫下伊娜娜身上象徵她偉大王權的某一樣東西。她被剝奪了所有的飾物和衣物，並在每一道門的前面接受盤問。娥雷絲喀格爾用死亡之眼盯著她看，狂怒地辱罵她、擊打她的頭、最後把她的屍體掛在木樁上任其腐爛。三天之後，不見伊娜娜回來的寧昔芬不禁悲從中來，便拿起她自己的鼓、繞著男性神祇的住處不停敲打。她去找至高的天地之神恩利爾以及既是月神也是伊娜娜父親的那拿，但他們都不想干預冥界的法規和儀式。最後，只有水與智慧之神恩奇聽進了寧昔芬的懇求並為伊娜娜感到難過。

他開始設法拯救伊娜娜，用他指甲縫裡的污垢創造了兩個非雄非雌的生物。他讓牠們把食

25 譯註：此處原文為"spiritual daughterhood"。參見譯註15。

26 原註18：見 Sylvia Brinton Perera 著作 *Descent to the Goddess*（《下沉至女性上帝的所在》），頁9-10。

物和水帶到冥界，並要牠們和娥雷絲喀格爾一起悲悼古格拉那。順利溜進冥界的牠們向娥雷絲喀格爾致哀，而後者正一邊為她死去的丈夫哭泣，一邊又為臨盆的陣痛不斷呻吟。她非常感激牠們真誠哀悼的心意，於是允諾賜給牠們一個禮物。在她准許牠們領取伊娜娜的屍體後，牠們便把食物和生命之水灑在屍體上。復活的伊娜娜記起一件事情：如果她想離開冥界，她必須找一個替罪者來取代她。正當她經過七道大門並重新穿戴上她的王權服飾時，一群試圖將她的替罪者搶走的妖魔緊緊依附在她的身上。

在這則神話的最後，我們看到伊娜娜正在尋找她的替罪者，也就是她的丈夫杜木濟（Dumuzi）——他不曾悲悼她的死亡，反而僭奪了她的王位。

伊娜娜讓我們看到陰性本質的完整形象，而母親原型只是這完整形象的一部分而已。她不僅體現了大地的繁衍能力，她也是晨星和暮星女神、戰爭女神、性愛女神、療傷女神、情感女神和詩歌女神。她是探險者；她戳破禁忌、跨越冥界的門禁。她在七道大門的每一道門那裡一一卸下她的不同身分。「這個揭去面具的過程，它的寓意是：擺脫那些在上方世界裡很有用、但在下方世界裡一無用途的錯覺和虛幻」[27]

娥雷絲喀格爾曾經失身於幾位男性神祇，之後被放逐到冥界，從此就像所有跟大自然和肉體有關的事物一樣被視為不可見人。她是隱沒於地底的陰性本質的一部分，全然體現了人性中的憤怒、貪婪以及對失去的恐懼。她是原始野蠻的性驅力，也是脫離人類意識範疇的陰性權能。她是備受忽視和嘲弄的女性本能和女性直覺。「她是潛在生命暗藏不動、備嚐誕生之苦的地方」——直等到它出現的那天為止[28]。

我極度敬畏娥雷絲喀格爾，因為我知道她的力量足以把我打磨到只剩碎骨殘血的地步。她在施展她的大能時從不挾帶個人恩怨；她不僅能夠毀滅一個人，也能夠轉化一個人，「就像腐朽和孕育會同時侵入被動且動彈不得的受體一樣。這種不帶個人恩怨的運作力量，會用毫不通融的無動於衷吞噬並摧毀、醞釀並生出新的生命。」[29]

她是死亡和蟄伏之新生命並存的地方、是必要之毀滅和必然之療癒的交會處。遇見娥雷絲喀格爾的女人會突然間和她幾十年來為了取悅父權而壓抑的自我黑暗面向、憤懣和怒火不期而遇。一個女案主曾用「一個端坐在她的憂鬱症裡、熔蝕她的胸腔的鐵漿球體」來描述這種不期而遇。

娥雷絲喀格爾讓我們看到女人應該用什麼態度來回應她們的深層心靈、肉體和本能的運作方式。她要求女人尊重她；她用死亡之眼盯著女人看，看見了女人自己不想看見的真相。她要求女人直視她們之前丟棄的一切稟賦和能力。

---

27 原註19：同原註18，頁59。
28 原註20：同原註18，頁23。
29 原註21：同原註18，頁24。

在她最具惡意的時候，她可以使一個人的生命全然動彈不得。一個案主描述她的母親如何用「凶惡的眼神」看穿她：「每當她對我發怒的時候，她就會像惡魔一樣盯著我看，然後一整個星期都不對我說話，使我感覺自己掉進了黑暗的無底深淵，因為她把我當成了死人，對我視而不見、聽而不聞、並且不跟我說話。我因為感覺她已經和我一刀兩斷而十分痛苦，覺得生不如死，也不知我還能如何活下去。我懇求她不要那樣，但她從來不曾讓步過。」

娥雷絲喀格爾把伊娜娜釘在木樁上，「把宇宙陰性法則的陽剛能量填入她個人兼容並蓄的陰性本質，讓女人獲得她本身應有的完整，使她不再僅僅依附在男人和小孩的身上，卻能成為一個完整和獨立、能夠自做決定的個人。」[30]她開始知道自己想對什麼說是、對什麼說不。當女人開始堅持自己的立場時，外界常會把「自以為是」、「長相醜」、「婊子」這些字眼加在她的身上，只因為她不再想擺出微笑、嚥下自己的真實感覺、變得麻木無感、一心一意討好他人。然而，要成為完整的個人，女人實有必要收復她心靈中的這個黑暗母親面向。

遇見黑暗母親

在下沉到深淵的過程裡，女人會經歷自我孤立、憂鬱症、以及緩慢而痛苦的自我孕育期。在這過程中、在她能夠用語言講述這個過程之前，她必須努力刮除她對意識自我的認同並重新運用身心的直覺。她也許感覺異常空虛、被排斥和迴避、被拋在後頭、沒有價值。她也許覺得無家可歸、無依無靠、事事懸而不決。像德宓特和伊娜娜一樣，她結不出果實、也生不出穀物。她也許覺得自己因脫下了身分面具而暴露在危險之中、失去了性別、生命乾枯、傷痕累累。她也許夢見隧道、地鐵、子宮、墳墓、被蛇吞噬、或像約拿（Jonah）一樣被吞進鯨魚的肚子。如果她能夠容許這下沉深淵的經歷成為她有意為之的啟蒙經歷，她就可以不必迷失在黑暗裡。

有一個案主夢見她在地鐵裡遇見黑暗母親。「我和我五歲的女兒、我的丈夫以及一個陌生的小孩一起坐在地鐵列車上。我們在列車到站後準備下車，第一個跑下車廂的是我的女兒瑪拉雅。我跑去追她，但沒看到她，只看到幾個小孩在軌道的另一邊追逐著什麼東西。我沒看到瑪拉雅，但我知道她沒有出事、沒有跌落到軌道上。我衝回車廂去拿行李、相機包和錢包，並將它們遞給我的丈夫。當我再回到車廂想拿更多東西時，列車就開離了車站。我在車廂裡，沒有行李、沒有錢、沒有相機，我也不知道我是在哪個車站離開我的家人的，因為我不知道那車站的站名。車廂裡還有另兩個女人，其中一個仰靠著椅背，似乎有病，而另一個正在照顧她。我問她們，我們剛離開的車站叫什麼名字。她們不知道，但她們說，我們至少還要花四十分鐘才

30 原註22：同原註18，頁40。

能抵達下一站。我開始把我的難處告訴她們。她們說：『你確實碰到了麻煩，不是嗎？』但她們並不想幫助我。我心想，我得開口向她們至少要一塊錢做為回程的車資，但我不知道地鐵的路線、也不知道我的家人是否會在那裡等我。」

我要這位案主跟車廂裡的兩個女人對話。「她們是我的母親和我。我問她們：『你們跟我在同一個車廂裡，是為什麼？』她們說：『在你下車之前，你必須面對我們。』我於是面向她們。懶洋洋後仰的那個女人／母親握有權柄，在對照顧她的女兒發號司令時滿臉帶著譏笑的神情。我在她面前變得很渺小，但我依然悉心照顧她。我很想殺死她。」

「她有病而且依賴我；她用她的依賴掌控我、像拿鏈子一樣把我拴在她的身邊。我變得麻木無感，甚至不知道這號列車將要開往何處。在目的地不明的情況下，我覺得自己被迫跟她一起困在這節車廂裡。我想叫她站起來走動，但我又怕她為了懲罰我而不再依賴我。我知道，她並非真的愛我，但我假裝她需要我。我一直假裝，直到我成為了一個長期逆來順受的自我犧牲者。我不夠好嗎？我有照顧我的母親啊。」

「我必須在下一站起身並且離開她——那會給我帶來何等如釋重負的感覺。對面的那個女人看起來多麼自由；她什麼都沒有，沒有行李、沒有家人、沒有錢。即使她感到害怕，她依然無拘無束。我被綑綁在甚至根本不存在的東西上面：老舊的身分、患病母親的女兒、我有價值的證明。如果溫順沉默的我起身走開了，什麼事情會發生？我會失去母親，我會失去孝女的形象，但我將不必再侍候那個負面母親、我將能夠突破這個難解的困境。」

「我在服侍她的時候根本無法呼吸，因此我想重見天日。如果她想留在地鐵裡，那是她的旅程；我打算呼吸新鮮的空氣。我一告訴她我要在列車進站時下車，她就立刻萎縮了起來。」

在接下來的四十天裡，這個女人由於突然得了肺炎而一直躺臥在床。她一直不明原因地高燒不退和流汗不止。在那段時間裡，她吃盡了苦頭，也與外界斷絕了來往，但也就是在那段時間裡，她得到了淨化和轉化。她意識到，她不必再因為她對母親充滿了怨恨而感到窒息。她讀了伊娜娜和娥雷絲喀格爾的神話，於是在即將從病中痊癒的前幾天，她來到我這裡接受心理治療，並對我說她忘了告訴寧昔芬：她正要「下降到地底深處」。

刻意忍受痛苦後返回

三天後伊娜娜沒有從冥界返回，於是她的忠僕寧昔芬向主宰天空和月亮的男性神祇們求助。就像許多女人一樣，伊娜娜「總在不對的地方尋找愛」：她期望父神們的幫助，但表面看來擁有一切權力的父神們不僅沒有能力、更缺乏幫助女人的雅量。在我自己身上以及在許多服膺父權的女兒們的身上，這一直是一個反覆出現的問題。女人必須學會在對的地方找到真實的認證者。

寧昔芬去找智謀多端的水與智慧之神恩奇。他代表了擁有繁衍能力和創造力、調皮風趣、富有同理心的陽性本質[31]。他用他指甲縫裡的污垢或泥土立即創造了兩個非雄非雌、可以解決當下問題的生物。這兩個生物體現了謙遜、同理心、以及回應娥雷絲喀格爾之感覺的能力。她深陷在悲痛之中，而不具任何性別的牠們對她的痛苦完全能夠感同身受[32]。牠們沒有要求她去**做**任何事情，只是讓她繼續**處於**痛苦之中。牠們還陪她一起吟唱她的悲歌。深淵女神娥雷絲喀格爾覺得有人聽懂了她的話；就是這種感覺使她開始「欣然接受自己的痛苦、視之為生命自然周轉過程中的一部分。」她不需要再怪罪任何人；她現在已經可以和痛苦和平共處，而她未來也將能夠自然痊癒。

同理心，以及**與痛苦和平共處**的能力，可以幫助一個人渡過難關，也可以預防我稱之為「早洩」的一個現象：由於無法繼續忍受前路不明所帶來的緊張和恐懼，我們過快採取了行動。如果我們能用足夠的耐性容許自己走完全程，深度療癒才有可能發生。如果我們像墮胎一樣中途放棄行程，我們就絕無可能成為足月誕生的新生命。在尊重陰性周期時——就像大自然的生命周期一樣，陰性周期即是生和死、孕育和重生的不斷循環——女人和男人必須要互相給力馳援。

當娥雷絲喀格爾覺得那對無性別的雙胞胎生物把她的話聽進心裡時，她允許牠們（Karaturra 和 Kurgarra）使伊娜娜復活。食物和水使伊娜娜察覺生命在她的體內蠢動了起來，然後她在逐漸復甦中重新擁有了生命力。她從冥界返回並尋找她的替罪者。她已經遇見黑暗女神，因此得以明白「一切轉化和重生都少不了痛苦的自我獻祭，而這恰好是父權道德觀以及父權體系眼中的永恆處女／女兒們企圖逃避的知識——她們只想遵循父權價值觀做對的事，以免因為追求了不一樣的、獨立和獨特的存有形式而與痛苦相遇。」[33]

伊娜娜並非滿臉甜蜜微笑和全身發光地從冥界返回。當女人從自我孤立中走出並開始堅定表達她自己的想法時，她的模樣通常不會太好看。她的家人和朋友希望她還是以前的她，而這必會使她對他們心懷戒惕，因為她現在已經充分意識到：為了取悅他人，她曾經如何不計代價犧牲了她自己，但如今的她已經不再想襲用舊的行事風格了。於是，她斷然決定要和那些不支持現在的她、因而也不利於現在的她的人及環境斷絕關係。

伊娜娜發現她的丈夫——被她視為知己的杜木濟——坐在她的王位上並對她的苦難一無關切之意。她怒目向他，下令把他送到冥界。她犧牲了她心愛的人：「她所愛的杜木濟，無非就是陰性靈魂必須交出並獻給自性、將之做為祭品的那個老邁君王、那個她曾經鍾愛的阿尼姆斯

31 原註23：同原註18，頁67。
32 原註24：同原註18，頁70。
33 原註25：同原註18，頁78。

心態、以及她的自我價值的首要認證者。」[34]換句話說，他就是我們仰求賜下認可於我們的那個人。許多女性案主在寫博士論文的期間都覺悟到一件事情：她們之所以參與這個特殊儀式[35]以進入新的人生階段，唯一的原因就是她們想獲得父親或父權體制的認可。這個覺悟讓她們當中許多人立刻為自己做出一個決定：成為一個「只欠博士論文的博士候選人」（ABDs, all-but-dissertations），而非博士（PhDs）。

女神伊娜娜為即將失去摯愛悲傷不已。杜木濟的妹妹葛席婷娜娜（Geshtinanna）聽見了伊娜娜的哭聲。正為哥哥感到難過的她便向伊娜娜求情，請求伊娜娜容許她取代杜木濟。她明確做出決定、願意犧牲自己以保全她的哥哥。她在清楚意識中決定犧牲她自己的這個舉動感動了伊娜娜，於是伊娜娜允許她和杜木濟平分待在冥界的時間、也就是他們每年可以各在冥界和大地分別待上六個月。[36]

葛席婷娜娜是新的陰性本質。她是一個能和自己的感覺保持聯繫、**明白自己所做的決定而願意犧牲自己**的智慧女人。她願意咬牙熬過下沉／上升／下沉這樣的循環過程。她不僅連結於自己的陽性本質，也與她陰性本質所在的深淵有密切往來。她是「一個模範，願意為他人、也為自己全程經歷自性追尋之路上的每一道試煉、女性上帝的每一個面向。」[37]在選擇親自前往冥界時，她終結了尋找替罪者的心態[38]，不再遷怒於任何人。

葛席婷娜娜有許多值得現代女英雄學習的地方。她之所以下降到冥界，並不是為了獲得表揚和認可，而是為了全程經歷陰性本質生而死而生、升而降而升的循環過程。再三經歷心靈轉化的她終於獲得了智慧，不僅接納了那個協助我們在痛苦和死亡中發現意義的黑暗本能面向，也接納了那個再度肯定我們的力量、勇氣和生命的光明快樂面向。

34 原註26：同原註18，頁81。

35 譯註：指攻讀博士學位的過程。這裡的原文是"rite of passage"，是過去社會為個人在進入重要的新人生階段時所舉行的入門（啟蒙）儀式。如今常見、但意義已流於膚淺的是攻讀學位、畢業典禮、婚禮、生日派對或壽宴等等。

36 原註27：同原註18，頁90。

37 原註28：同原註18，頁94。

38 原註29：同原註18，頁91。

第七章

渴望重新連結於陰性本質

蛆蟲嬰兒

我夢見我有個非常小、小得像條蒼白蛆蟲的嬰兒。比爾和我正沿著大街散步，突然間我想起我的嬰兒，於是我們急忙回家，發現她躺在前廊台階上的一個嬰兒車裡。我從嬰兒車抱起她，看見她已經餓得奄奄一息。我正想讓她吸吮我的奶水，卻想起我必須先給她換尿布。我對比爾說：「你該對她說話，這樣你才能和她建立關係。」我給她換了尿布；她看起來好小、好可憐，似乎連哭的力氣都沒有，只能發出小貓似的微弱聲音。她沒有要求什麼，只是很傷心。我擔心她是否還能存活下去，因為我甚至不記得我有這個孩子。她開始哭，奶水這時也從我的左邊乳房流了出來。

在我回想這個夢的時候，夢境中這個像蛆蟲的嬰兒讓我想起喬治・盧卡斯（George Lucas）導演的電影《絕地大反攻》（*Return of the Jedi*）。在電影裡，達斯・維達（Darth Vader）被兒子路克・天行者（Luke Skywalker）摘下面具，露出了他還未完全成形的頭部。路克一看到這位驍勇善戰國王的模樣，不僅大驚失色、也悲從中來，因為這個長期為國家東征西討的國王不曾有餘力培養他自己的人性。當我摘下我父親的面具時，我看到的是一個悲傷、想被人擁抱和撫慰、想聽見人家告訴他「無論他是怎樣的人，他都值得被愛」的小男孩。當我摘下我自己心中那個父親人物——我的英勇面向——的面具時，我看到的是隱藏在我內心深處、渴望被看見、渴望有人跟她說話、渴望被清洗、渴望換上乾淨的尿布、渴望被餵奶的陰性本質。但我跟她之間的這種連結一直以來都非常脆弱，以致我經常忘了這個連結的存在。我當然有足夠的奶水可以餵養這個剛出生的陰性本質；我只是需要記得這麼做。

當女人下沉到深淵並且不再以父權體制的靈性女兒自居時，她會極度渴望重新連結於陰性本質——無論這指的是女性上帝、萬物之母或女人心中的小女孩。她渴望發展自己一直擁有、但在她追求英勇事績時隱沒到地底深處的那些面向：她的肉體、情感、靈性、創意和智慧。女人唯有在意識到她曾經用何種方式和她親身父親的不成熟面向打交道之後，她才有可能找到一條線索、順著它去找回真正屬於她的陰性本質。

如果女人多年以來始終把心思用於調準她的智性以及她對外在世界的把握和理解、因而漠視肉體知覺所傳達給她的委婉訊息，她現在可能驚覺到：身與心原來是合一的。如果她曾為了滿足家人或群體的需求而無視自己的情緒感受，她很可能現在才正要開始慢慢找回女人專屬的感覺方式。陰性國度的種種奧祕會開始出現在她的夢裡，在共時事件（synchronized events）發生的時刻，以及在她的詩、藝術和舞蹈裡。

身與心的對立

從歷史的角度來講，身與心的連結在萬物之母被推翻後就遭到了摧毀。如今，由於大地母親正瀕臨巨大毀滅的危險，眾人才開始試圖找回這個關係。當人類忘記了大地的神聖性，只知膜拜教會或大教堂裡的神祇而非樹林裡和高山上的神祇時，他們便失去了自己和大自然之間的「我－汝」（I-Thou）關係[1]。我們忘了自己是大自然的兒女，也忘了自己和所有從她而生的物種有著相連相屬的關係。我們無從感知大自然透過所有生命、樹木、岩石、海洋、四腳動物、鳥類、兒童、男人和女人展現出來的神聖性。在藐視物性世界的神聖性時，我們一併藐視了肉體的神聖性。

但人類與大自然的關係並非打從一開始就是如此。在女人的身體等同女性上帝之身體的時代，女人曾經是生命神蹟的容器。

在古代，當人類用隱喻和原型、而非科學知識來描述萬物的運作方式時，女人是受到敬畏的對象，而這敬畏又與女人的身體變化周期有關。初經後的女孩變成了女人，而紅色的血一向被視為具有靈性意義。尚未懷孕的女人每個月都會流血；懷孕之後，她會停止流血九個月並成為了新生命的容器。大家認為她是為了製造嬰兒而把血液保留在體內的。生完孩子後，她會再度每個月流血一次，直到她不再流血的停經之日。停經也被認為值得敬畏，因為女人這時把血液保留在體內的目的已不再是孕育小孩，而是孕育智慧。今天的女人正重新啟用這個非常不同的觀點來審視她們的經驗，因為她們已經意識到了物性世界也具有神聖性。[2]

在中古世紀，以及自從工業革命把機器奉為神明以來，女人和男人的肉體就像大地母親一樣，在性別上和體能上都遭到了差別待遇和剝削。為了滿足人類的貪得無厭，肉體被迫去做許多超出其力量和耐力極限的事情，或被迫去迎合文化對身體大小、身體形狀和身體美感的期望。文化和宗教用各種關乎月經、分娩和停經的禁忌來表達它們對女性肉體的輕蔑[3]。這種輕蔑也在那些關於強姦、亂倫和色情產品的有增無減統計數字中被反映了出來。一旦眾人開始崇拜父神，不僅女性的身體失去了神聖性，視「物」（相對於「心」）為神聖的集體意識也消失不見了。來月經的女人在古代所獲得的敬重以及她所代表的神聖孕育能力，此時都隨著女性上

---

1 譯註：I-Thou 是以色列存在主義哲學家馬丁．布伯（Martin Buber, 1878-1965）的用語，指個人誕生時與外界（大自然及他人）原本相得無間的關係，相對於功利取向的 I-It 關係而言。

2 原註1：見 Jean Shinoda Bolen 於一九八八年八月六日在加州蒙特瑞市（Monterey）心理治療協會（ATP）年度大會上發表的演講 "Intersection of the Timeless with Time: Where Two Worlds Come Together"（〈永恆世界與時間世界的交會〉）。

3 原註2：見 Carol P. Christ 著作 *The Laughter of Aphrodite*（《阿芙洛黛蒂的笑聲》），頁 124。

帝一起埋沒於地底深處。

在女性上帝不見之後，有些女人便遺忘了女性肉體的深度智慧以及女性性慾的神聖性。她們不知道：只有透過她們的肉體，她們才可能**認識**自己。琴．波倫（Jean Shinoda Bolen）說：「如果我們感知自己身體狀況的能力可以比得上我們瞭解自己的理性或感情的能力，我們才可能真正深刻瞭解自己。在我們的基督教文明和我們深受基督教影響的心理學領域裡，一直沒有受到公平對待的就是這個肉體面向。一直以來，基督教和我們的心理學根本等同父權神學和父權心理學；對它們來講，唯有理性和語言（上帝聖言或心理分析師的詮釋）才能轉變生命，然而這〔對女人來講〕完全不符事實。」[4]

女人的性慾

自從男人發現他在繁衍子孫方面也扮演了重要角色，女人性慾的神聖性就消失了，而且這還是一個跨文化的現象。兩千多年以來，為了維護父系血脈，男人一直企圖控制女人的性慾：「雖然男人需要女人，但他企圖控制她的性自主權，明令禁止她縱慾或出軌，以免她破壞脆弱卻堅不退讓的父權社會架構[5]。為了維護父系血脈，他的兒子必須是父親的兒子、而非母親的兒子。」[6]

甚至在採用母系傳承的凱爾特族（the Celts）社會裡，女人的性慾也一樣被視為危險、不健康、可怕。瓊・瑪凱（Jean Markale）提到，在凱爾特族的萬物之母里安儂（Riannon）被推入地下後，她變成了白色的公豬或母豬。在下面這個由瑪凱敘述的威爾斯故事裡，我們可以看到心懷恐懼的亞瑟王和他的手下如何迫害和詆毀母豬女神亨紋（Henwen），她繁衍後代的能力在他們的心中觸發了極大的恐懼。

有預言說，亨紋的後代將為不列顛島帶來大災難，因此當她懷孕時，亞瑟王立刻集結不列顛大軍、準備毀滅她。她產下了小豬，但在攻擊者的追逐下，她縱身跳入海中，豬崽也隨她一起跳了下去。在艮特王國（Gwent）的麥田裡，她產下一粒小麥子和一隻蜜蜂；在阿爾訇城（Arvon）的科法索（Gyverthwch）山上產下一頭小狼和一隻小鷹；在項非爾鎮（Llanfair）產下一頭小貓（這小貓隨後被養豬農從岩石上丟進了海裡）[7]。在古代，小麥、大麥、蜜蜂和貓全是女性上帝的象徵。父權也許想驅逐她，但她的後代仍然持續繁衍壯大。

在許多古老文化裡，母豬女神象徵肥沃和豐收。美索不達米亞人用豬象徵女性上帝，而在

---

4 原註3：同原註1。

5 原註4：見 Jean Markale 著作 *Women of the Celts*（《凱爾特族女人》），頁99。

6 原註5：同原註4。

7 原註6：同原註4，頁96。

西拉娜吉（Sheela-na-gig）

古代的歐洲，豬的重要性則透過崇拜德宓特和波瑟芬妮的信仰與日俱增，因為伊留西斯城的神祕啟蒙儀式就是從使用聖豬為祭品的穀物豐收祈福大會演變而來的。在這些祈福大會裡，當慶祝活動結束後，女人和男人會一同走到田畦間做愛、祈求穀物豐收可期。這類儀式在人類的性慾和農作物的盛產之間建立了直接關聯性[8]。如此看來，可以為大地帶來生命的女性性慾確實曾經擁有過應得的崇敬；靈性和肉體曾經是合一的。

對於女性性慾曾經擁有過的尊貴力量，大多數女人如今都已不再有任何感知能力了，因為男人老早就用引誘者、邪惡媚惑者和吞噬者這些稱呼反過來貶抑她們。女性上帝原始的性驅力和繁殖驅力失去了它們最初的尊貴性，因為在男人的眼中它們威脅到了男性權威。這些驅力還被認為會嚴重危害文化所重視的敬業倫理。「女性上帝——暗夜情婦——所代表的淫蕩性慾將帶來一個嚴重後果：一旦男人和女人耽溺於本能慾望，他們若非沉迷不醒，就是進入一種**涅槃**似的惰性狀態而失去一切生存鬥志。換句話說，一種『回歸子宮』（regressus ad uterum）的心態——也就是一種回歸到真正的極樂世界、回歸到那始終濕潤並輸送養分的母親子宮、然後沉浸在它或真或幻之保護中的渴望——就將成為普遍的社會現象。」[9]

在過去兩、三千年裡，古人用來稱頌女人性器官的各種女性上帝意象幾乎都已經被外來征服者和基督教教士們破壞殆盡。散見於愛爾蘭和英國、曾被凱爾特人拿來象徵女性上帝的噬子面向、並裝飾在神廟和城堡上的西拉娜吉石雕（Sheela-na-gig）具有下面這個特色：「巨大的陰唇被她的雙手向兩旁扯開，她曲蹲的雙腿足以讓人對毫無克制的性自由生出無限遐想，但她這滑稽的樣貌還是讓我們無法不想起我們的起源。她讓我們看到最私密、最神祕、最可敬畏的誕生出口，並體現了新生命在血淋淋胎盤剝離後被釋放出來的那一剎那。」[10]如今，大多數殘存芻像的生殖器都早已被人從石塊上刮除，而且芻像的清晰樣貌也早已不復可見。

在象徵陰性本質之孕育能力的各種文物遭到如此積極的破壞後，難怪今天有不少女人會為自己的生殖器感到羞恥並因此得了性器官「不適應症」（dis-ease），比如陰戶濕疣（condyloma）、生殖器發育不良（dysplasia）以及生殖器泡疹（herpes）。她們不讓家人和朋友知道她的這個祕密，因為她害怕自己被視為污穢不潔。她們會和別人比較性器官，然後認為自己沒有陰唇和陰道；也就是說，她們總覺得自己的身體一無是處。許多青春期的女孩痛恨自

8 原註7：見 Buffie Johnson 著作 *Lady of the Beasts*（《萬獸女王》），頁262。

9 原註8：同原註4，頁100。

10 原註9：見 John Sharkey 著作 *Celtic Mysteries*（《凱爾特族的神祕信仰》），頁8。

己臀圍和胸圍的尺寸，卻不知她們應該為自己擁有生育和哺育的能力大大歡慶一下。她們嘲笑來經這檔事，因為從來沒有人告訴過她們，她們的經期——北美原住民稱之為「她們在月亮上」的那些日子——是極其珍貴的時段；她們可以在這時段裡淨化身心、做夢、得到啟示、運用直覺、重新擁有並尊敬自己的強大能力。

關於女人的身體，家人傳達了什麼訊息？

一個三十五歲的女人說：「告訴我當女人是什麼感覺？我住在近百公斤重的身體裡，一點都不覺得自己有女人味。我知道當母親的感覺是怎樣的；我喜歡照顧小孩和我的客戶，但我不認為我是一個**有生育力**的女人。我的父母以前總是告誡我不可以懷孕回家，因此我那時或許認為，如果我跟男人發生了性關係而懷孕的話，我的父母必定會跟我斷絕關係。於是從十三歲開始，我就用增胖的手段來保護我自己。我記得八年級時我參加了一場校內舞會；最受女生歡迎的男孩過來邀我共舞，但我非常害怕自己的身體會被他觸碰到，於是我對他說他太矮了。從此之後我便開始吃個不停。」

許多女人不知如何安頓在女人的身體裡，因而用食物、酗酒、毒癮、工作過度、或過度健身來虐待自己的身體，希望以此驅除身為女人給她們帶來的不安全感。如果女兒在取悅父親時認同了男人，她會因此看重心智的發展而排斥她自己的身體。她會忘記如何傾聽肉體的想望和需求。肉體是有知能的；它知道自己何時感到飢渴、何時需要休息、何時想運動、何時想做愛、何時不想做愛、何時失去了平衡。但我們當中卻有許多人學會了漠視和掩耳不聽身體傳遞給我們的訊息。

正如今天反對墮胎的群眾怒火讓我們清楚看到的，女人的身體彷彿僅屬於公共領域；每一個人都可以對女人該怎樣或不該怎樣對待她們的身體發表意見。一旦女兒到了求職的年齡，許多父親會要求她們趕快瘦身以維持可人的外表，因為只有這樣她們才能爭取到女祕書等級的好職位。這些女兒或許志在爭取享有權力和地位的管理階層職位，但她們卻被告知必須在身體外表上符合輔佐角色應該具有的形貌。經年累月的，女人一再被告知她們無法在商業界跟男人競爭，只因為她們每個月會來月經，而且她們必須生小孩。儘管女人在過去二十年裡已經在各方面取得長足的進展，她們仍然會為了必須騰出時間生小孩和照顧幼兒而受到懲罰、在晉升和加薪的名單上永遠被略過或被劃掉。

如果女人的母親本身就無法跟她自己的女人身體有親密關係，或輕蔑她自己或其他女人的性慾，這個母親當然也極可能無法珍惜她幼小女兒的女性身體[11]。有些女人會對女兒講她們初

11 原註10：見 Marion Woodman 著作 *The Pregnant Virgin*（《懷孕的處女》），頁58。

次性經驗或分娩之痛的恐怖故事，以至於許多女孩害怕性慾、厭惡她們的肉體、並逐漸跟自己的本能斷絕了關係。如果「一個家庭在強調完美表現時不曾真正認知女兒的當下所是或她未來的各種可能性，她會很早就認定本能反應是不可接受之事，以致她會把憤怒、恐懼、甚至喜悅驅逐到肌肉組織的深處，長期把它們鎖住而不讓她的日常生命能夠感知它們。一旦失去本能的真實感覺，真實的衝突不是留在無意識裡，就是在那裡成為身體細胞的一部分。」[12]

致使女人失去肉體知覺的最重要原因是亂倫、強姦或身體暴力。在女孩被具有權威的男人（父親、兄長、叔伯、祖父、家庭友人、老師、醫生、教練或老闆）性侵後，她會藉麻木自己肉體的方式忘卻性創傷所帶來的的恥辱和痛苦感覺。然而，這個痛苦感覺不會隨著它的起因消失；那個經驗會貯存在傷害發生的身體部位裡——例如她的嘴唇、乳房、陰唇、陰道或子宮頸——並造成陰道痙攣、身體疼痛，以及愉悅、麻木與疾病相混淆的感覺。我發現，許多早年遭遇性侵的案主不是成為極度敏感的按摩治療師，就是成為無從感覺自己體能極限的女人。前者在深刻意識到痛苦和惶恐曾如何鎖入她們的身體之後，願意學會如何釋放這些痛苦和惶恐、因而轉化了她們曾經受到的傷害。後者卻執意麻木她們自己、用拒聽自己的本能和直覺的方法來護衛她們可憐的、受了傷的身體。她們不再信任她們「五臟六腑」的本能反應，只因為傾聽肉體的聲音會觸發極其可怕的記憶和感覺。

只要女人能從深淵返回，她就能收復她的肉體——她不僅收復了**她**的個人肉體，也會把我們共有的神聖陰性本質體現出來。她開始讓肉體的需求被她自己、也被我們意識到。藉著用心的呵護、操練、沐浴、休息、治療、做愛、生小孩和活在當下，她讓我們記起陰性本質的神聖性。對許多女人來講（包括我在內），最神聖的時刻都和肉體有關，比如被人擁抱、做愛、和哺乳。沒有任何事情能比生小孩更能讓我體驗到神聖的靈魂狂喜了。只有肉體可以體現神性；如果無法收復和敬重肉體，個人的靈魂和文化的靈魂都將無從演進。

許多女人已經把女性肉體的神聖面向納入她們的生命和她們的藝術創作。阿麗絲卡・芮柴克（Arisika Razak）就是其中之一，她來自加州奧克蘭市（Oakland），是一位助產士，也是宣揚女性性慾之〈陰戶之舞〉（the Vulva Dance）的創作者。

她說：「身為助產士，我無法不全神貫注在女人的性器官上，我必須緊盯著陰戶，仔細查看陰唇是否已經打開，以及小孩的頭是否已經冒了出來。那些在產檢檯上坐起、充分接納自己身體的女人，我用五根手指就能算出她們的人數。許多女人會遮掩她們的陰戶、出於習慣或禮貌地向我道歉說她們很臭。我知道這種羞恥和不潔的自我感覺並非打從一開始就存在於女人的心中。女人的陰戶曾經是美麗、聖潔和靈性的象徵；所有人類都是經過我們肉體的這個門戶誕生於世的。」

12　原註11：同原註10。

「我是為肉體而戰的戰士。我服務的對象是貧窮的女人——也就是那些無法自稱擁有靈性或甚至無法要求她們的分娩被賦予靈性意義的女人。我能做的事情之一就是提醒她們：她們隨時都可以說不；如果你不想做愛，你有權說不。我鼓勵女人在男女關係中除了說是之外，還要說不。我還告訴她們，她們的性慾會持續一輩子，因此她們必須慎思如何更愛惜自己的身體。性慾對我來講非常重要，因為它一直是我進入靈性領域的管道。因此，推廣〈陰戶之舞〉以及協助女人生下小孩，就是我向女性上帝獻上的服務。」[13]

這是我的身體

我們在夢境裡無意識地、自然而然地製造出意象。今天有許多女人和男人正在夢見女性上帝；她是我們的文化正亟需重新認識的萬物陰性法則的投射。她擁有各種形式，通常會藉由個人所屬文化傳統中的豐富意象呈現出來。年近五十歲的凱瑟琳出身於一個嚴守愛爾蘭天主教教規的家庭。她最近做了一連串跟聖杯有關的夢。在天主教的彌撒儀式中，聖杯中的酒會在象徵意義上轉化為基督流出的血。但在基督教還未出現時，聖杯在許多文化裡是聖神之陰性面向的象徵。

在凱瑟琳的第一個夢裡，她是一幅肖像中的主人翁，肖像的下方寫著「這就是從聖杯中喝下聖血的**她**」。一個月後，她夢見自己喝下聖杯中的酒，然後有十二滴血滑下她的喉嚨。她聽見有聲音說：「萬物之母的血滋潤了你。」她在自己的筆記中寫道：「血是生命的意象。它強而有力地象徵了陰性本質，也意表了聖杯、子宮以及經血的淨化功能。喝下女性上帝的血是我的神聖啟蒙儀式，讓我進入了陰性本質的諸般奧祕裡。」

兩個月之後，凱瑟琳夢見自己的身體是一個聖杯，在她身邊有聲音說：「這是我衷心喜愛的女兒。」她在全身火熱中醒了過來。她寫道：「我全身因充滿能量而顫慄，以至於我無法繼續躺在床上；我覺得我充滿能量的身體隨時都會炸開來。那時是半夜，但我還是拿出了我所有的製陶工具，先用黏土做了一個聖杯的粗胚。冰涼的黏土讓我稍微冷靜了些，但那還不夠，我還需要用顏色來充分表達我的感覺，於是我拿出我所有的馬克筆，畫出了一個色彩生動、充滿生命能量的聖杯。『這是我的身體，這是我的血』這些字眼不斷出現在我的腦海中。我在那一刻意識到：**我**、**我的身體**和**我的血**就是神靈的肉身形式。我就是肉身的女性上帝；但我並非高高在上，我只不過把神靈體現出來而已。上帝或女性上帝並非存在於我的身體之外；我用我的身體把她體現了出來，我感覺得到她的大能。」

13 原註12：見 Maureen Murdock 的文章 "Changing Women: Contemporary Faces of the Goddess"（〈萬變女人：女性上帝的現代面貌〉），頁43。

心瓶上的瓶蓋

女人是不會輕易決定前往深淵的，因為那必會掀開塵封已久的祕密。為了逃避悲傷無助的感覺，我們一直盡可能藉忙碌來填滿我們的生命，以免那些出沒在心底深處的危險情緒會擊垮我們。有勇氣潛入尋常意識層下方之深層領域的女人必會遇見她向來拒絕審視的這些情緒和感覺。一旦撕掉她長年在父權面前戴上的那張溫和有禮、順從討喜、「喔沒關係，你要怎麼做都可以」的老舊面具，她隨即就會為她曾經犧牲掉的寶貴生命感到憤怒、為她竟然不曾正視過自己的受騙經驗感到困惑、為她曾經棄自己於不顧感到悲哀、也為她不知下一步該怎麼走感到茫然無助。

一個風姿綽約、五十多歲、生過十個孩子的女人笑著說：「這麼多年以來我一直覺得很幸福；我唯一感到遺憾的是，我不曾和我的孩子、我的丈夫、以及我自己真正對話過。我在我的心頭旋上一個瓶蓋，因為我有太多的事情要做、有太多的失望要應付。我在原地感到安全，我不想破壞現狀。」

有太多的事情要做。有多少只因為有太多的事情要做而找不出傾聽時間的女人最終拋下了她們自己於不顧？女人如果只用她們和父母、配偶、兄弟姊妹、孩子或同事的關係來定義自己，她們必會騰不出多餘的精力來思考**她們自己的**真實感覺。畢竟，她們不都一直被告誡說：

如果她們為自己著想，她們就是非常自私的女人。或者，由於她們也很容易誇大她們自己的重要性——「如果**我**不做，這事就絕對做不成」——她們往往無從發現她們自己也同樣離不開依賴她們的人。

在過去幾百年裡，女人一直被告誡不准「歇斯底里」。如果她們對外界的什麼事情有強烈感覺，她們對該事的熱情投入不僅不會受到表揚，還會被斥責為不可理喻。如果她們表達不滿和憤怒，她們立刻就會被冠上「叛逆」的形容詞。

嚴謹而不喜表達情感的父母會告訴女兒說「不要那樣表達你的感覺」，或者他們會用嘲諷的語氣對她說「我們家裡出了一個莎拉．本哈特」[14]或「快去把擦乾眼淚的毛巾拿出來」。在這種家庭裡，快樂也同樣只能用中規中矩的方式表達出來，因為喜不自禁是「愚不可及」的情感表達方式。一個不斷被告知「你太誇張」的小孩會很快學到：她的感覺具有危險性。她會很快意識到她的父母和師長不可能接受她的悲傷、失望、憤怒、甚至興高采烈。既然如此，她又何苦要有任何感覺？然而事實上，不被承認的感覺並不會消失不見；它們會走入心底深處並把我們和過去綑綁在一起。

我們之所以會跟自己的感覺切斷聯繫，是因為我們不想體驗那種不被擁抱和不被珍惜的悲

14　譯註：莎拉．本哈特（Sarah Bernhardt, 1844-1923）是歷史上有名的法國女演員。

傷感覺。我夢境中的那個蛆蟲嬰兒就代表了這種悲傷。我們不想聽見內心深處那個小女孩的哭嚎、她所發出的無聲命令「你怎麼可以丟棄我？」詹姆斯．希爾曼（James Hillman）提到「與母親重合為一的亂倫」：「容許自己進入最黑暗和最血腥的七情六慾，容許自己進入被人愛撫、被人擁在懷裡、被人隨時隨地帶在身旁的真切渴望，以及容許自己進入完全無法克制的憤懣和怒火。也就是說，我們必須容許自己前往心之所在、真實感覺出現的地方——即使那地方是我們的拳頭、五臟六腑或生殖器——而不是前往我們的心應該在的地方，以及我們應該如何感覺的地方。」[15]我們可能要動用全身的部位來和這特別的悲傷生出共情。

為疏離陰性本質而悲傷

女英雄靈性之旅的最大使命之一是：深入感受她在離開陰性本質後自然生出卻無以名之的傷痛感覺、容許她自己用任何適合她的方式去明白這失落感的真正原因並為之悲悼、然後將它釋放並迎向新的生命。在她處於悲傷和絕望狀態時，她需要從具有正向陰性本質的母親型或姊妹型人物、男人或女人那裡獲得協助，在他們的保護之下把悲傷和絕望表達出來。悲傷的深度會隨她自認不曾被人看見和瞭解程度而異，也會隨她在找回珍貴失物的過程中需要付出多大努力而異。她之所以會感覺悲傷，有可能只是因為她擁有太多、又擁有太少：擁有豐富的「物質」或虛幻的盛名，卻缺少自尊和愛自己的能力，或無法和自己的陰性本質連結。關鍵是，她最好不要把這悲傷怪罪到別人的身上，卻要深刻尋索它的多重起因並要為她自己的痊癒負起責任。

二十幾歲的安琪拉是亂倫的受害者。由於她的母親沒有能力保護她而讓她落入繼父的魔掌而對母親懷有深度的不滿和憤怒。她曾經把她的不滿和憤怒講給母親聽，但一次又一次的，她的母親總會說她不曉得發生了什麼事情，所以她不想負起責任、也不想聽女兒講述她的悲傷和無助感。十年歲月就在母女兩人的不斷互相怨懟中一去不復返，直到有一天母親來到女兒的面前並對她說：「我錯了；我為自己不能保護你感到羞愧。我當時不願知道發生了什麼事情，是因為我不知道該怎麼做。你必須瞭解我當時確實盡了力，但那畢竟不夠，我還是讓你失望了。」女兒第一次感覺自己在母女關係中有**被對方聽見**。這雖不能徹底消弭亂倫給她帶來的痛苦和屈辱感，但在能夠表達自己的感受、又能被母親聽見的情況下，她的傷口終於開始癒合。同時，她也從她自己的悲傷裡找到了同情母親的力量。

「悲傷就是生命的核心。揭開心中的每一個其他感覺，你最終會發現這些感覺都藏有悲

15　原註13：見 Marie-Louise von Franz 及 James Hillman 合著之 *Jung's Typology*（《榮格的類型學》），頁116。

傷。它就像甦醒的種子，隨時都準備展現它的綠葉。」[16]然而，我們沒有必要抓住悲傷不放。就像正念呼吸（mindful breathing）一樣，釋放悲傷是一種自我修練：吸氣時你感覺到它、吐氣時你釋放它。吸氣時，一滴眼淚滾下你的臉頰；吐氣時你感謝它的溫度。呼吸並微笑[17]，要對自己仁慈，要像蹣跚學步的嬰兒一樣緩緩前進。

蜘蛛奶奶

當女人拖著一袋子骨頭從冥界返回時，她渴望安慰、擁抱和食物。她也渴望爬到母親型人物的懷裡，被她擁在胸前、被她撫慰、聽她說「一切都會變好」。佩布羅文化中講太屋語（Tewa Pueblo）的原住民在他們的故事裡講到一個「由鼴鼠當掘路者、人們從極深之黑暗地底上行的尋常旅程。當大家冒出地面時，他們被光線刺得睜不開眼睛，因而打算再回到地底。就在這時，有一個微細的女性聲音對他們說話，告訴他們要耐心地慢慢張開他們的眼睛。當他們終於張開眼睛時，他們看見了一個彎著腰、身軀極為矮小的蜘蛛老女人；她就是大地和一切生命的老祖母。她警告他們千萬要避開爭吵，並要拒絕武器的誘惑，因為爭吵和武器會為他們帶來痛苦。她還讓他們知道玉米是什麼東西，並教他們如何種植和照料玉米。」[18]

我們對這種富有同情心和樂於賜予教導的陰性本質——她教導我們如何照顧自己、如何避開無謂的爭執和凌駕他人的權力慾望——充滿了渴望。蜘蛛女人關懷每一個人；對那些艱苦跋涉在旅途上的人來講，她是生命守護者、織網者、良師益友和協助者。她教我們認識耐性的意義：不要過早走入光明、要忍受一無所知給我們帶來的緊張和惶恐、要容許事情在適當時機自然發生。她知道如何種下和培育新的種子。女人或男人身上的這些陰性特質可以幫助他們發現自己的真實人性。

在霍皮族（the Hopi）的創世神話裡，人類之所以能夠知道生命具有意義，就是因為他們曾經得到蜘蛛奶奶的協助。喜拉．穆恩（Sheila Moon）在《萬變女人和她的姊妹》（*Changing Woman and Her Sisters*）一書中這樣說：

> 在太陽神創造第一層世界（最底層世界），並把一群昆蟲般的動物放在其中後，他對自己的成就並不感到滿意，因為他覺得這些動物並不瞭解生命的意義。於是他召喚蜘蛛奶奶，要她去找牠們、讓牠們準備好繼續遷移。
>
> 她帶領牠們上升到第二層世界。一段時間之後，牠們進化成了熊和狼，但蜘蛛奶奶又被派

16 原註 14：見 P. L. Travers 的雜誌文章 "Out from Eden"（〈走出伊甸園〉），頁 16。

17 原註 15：這是越南佛僧一行禪師（Thich Nhat Hanh）所教導的簡單冥想方式。

18 原註 16：見 Sheila Moon 著作 *Changing Woman and Her Sisters*（《萬變女人和她的姊妹》），頁 139。

來帶領牠們去到更高一層的世界。牠們在這裡建立村莊、種植穀物、並且和平相處，但這裡的光線很暗、空氣很寒冷。蜘蛛奶奶教牠們紡織和製作陶器。牠們在這裡和平共處了一段很長、很長的時間。

然後分歧就發生了。蜘蛛奶奶趕來對牠們說，牠們必須做出選擇；牠們當中選擇改變的必須前往更高層的世界。當牠們歷經艱辛抵達「天空之門」的下方時，牠們當中沒有一個能找到一條可以上達和走入天空之門的路徑。

就在這個時候，蜘蛛奶奶和她的年輕戰士們——他們都是她的孫兒——出現了。種子被種下後向上長高，而蜘蛛奶奶要這時已轉變成人類的這群動物不停歌唱。他們的歌聲使得竹芽終於向上延伸並穿過了天空之門。蜘蛛奶奶告訴人類，他們必須聚集起來並且把大家的個人財物合併在一起，然後在到達天門之前好好思考一下他們需要什麼樣的改變。她說她會回來。「在最上層世界裡，你們必須學會如何當真正的人類。」[19]

蜘蛛奶奶和她的孫兒們首先進入最上層的世界。當人類忙著在這新世界裡安頓下來的時候，她在旁守護著他們；任何時候只要他們想學會製作新的東西，她都樂於教導他們。她還向他們展示那些能把光明和溫暖帶入世界的各種儀式。

在萬事都大功告成之後，蜘蛛奶奶把他們曾經穿越的洞口變成了一池湖水。她教人類應如何準備未來的旅程、以及在準備旅程時應預期哪些可能發生的事情。她提醒他們不要忘了自己的起源，並要他們持守他們的神聖儀式。她說：「只有那些忘了自己為何來此的人才會迷路。」[20]

就像原始初民一樣，要成為完整的人，我們需要陰性本質的內省能力和智慧。蜘蛛奶奶幫助我們重新組合（re-member）我們的本然所是、記住我們身為這星球的管家應該負起的責任。她把教誨、詩歌和儀式賜給我們，用這些來提醒我們必須尊重我們和自然界的相屬關係。只要我們能從心底深處體認我們和所有物種之間的相屬關係，我們就不可能試圖凌駕或摧毀非我族類者。

幾年前，為了準備一個名為〈萬變女人：女性上帝的現代面貌〉（"Changing Women: Contemporary Faces of the Goddess"）的攝影展，我向新墨西哥的儀式專家和藝術家可琳・凱利（Colleen Kelley）做了一次訪談。在她談到她曾在一次異象中見到一個非常古老的女人時，我想起了蜘蛛奶奶。她說：「在前往亞利桑那某個聖地朝聖的途中，我看見了一個異象：一個非常古老的女人走出大峽谷並向我走來，然後向我展示了許多器物，其中之一是一個快要破裂的

19 原註17：同原註16，頁136-138。
20 原註18：同原註16，頁138。

靈網。這個靈網是用祭品和具有幾千年歷史的各種儀式編織而成的。她要傳達的訊息是：為了維繫這個生命之網，自古以來試圖延續這些傳統的女人如今正藉著心電感應的方式向全世界認同儀式的女人和男人遞出合作的邀請。如果這個靈網無法維繫，萬物都有滅絕的危險。」[21]

陰性本質的守護者面向

無論它是體現在女人的身上或體現在男人的身上，生命守護者只是正向陰性本質的一個面向。正向的陰性本質會非常關注人與人的連結，也會樂於把不同的群體結合起來為共同的理想奮鬥。陰性本質能夠發現一切存有的相似之處，因而具有共情心和憐憫心。它也會要求我們保護年幼者和比我們不幸的人。

在畫出母親的快樂和悲傷、飽受剝削卻無人保護的勞工、以及戰爭的種種恐怖面貌時，德國藝術家凱蒂．寇維茲（Käthe Kollwitz）體現了陰性本質的生命守護者面向。在〈德國的孩子餓了！〉（"Germany's Children Are Hungry!"）、〈永遠不要再有戰爭〉（"Never Again War"），以及〈切不可磨碎尚待種下的植物種子〉（"Seed for the Planting Shall Not Be Ground Up"）等這些海報作品中，寇維茲對第一次和第二次世界大戰中漫無意義的人命大屠殺提出了最嚴正的抗議。她的雕塑作品〈母親之塔〉（"Tower of Mothers"）把陰性本質在保護年幼者不受戰爭危害時所具有的凶猛形象和對抗決心表露無遺。在她兒子死於第一次世界大戰戰場後，她在木刻作品〈雙親〉（"The Parents"）中傳達了一整個民族的傷慟。

在納粹黨為德國人帶來無盡痛苦和恐怖的那段期間，寇維茲用溫柔的手法描繪母親和小孩，提醒大家不要忘了人類關係的溫暖面向，並藉此鼓勵她自己和他人不要失去信心[22]。她覺得她之所以創作那些作品，是想讓它們「在這絕望無助的時代成為一個正向力量」[23]。法國文學家羅曼・羅蘭（Romain Rolland）稱寇維茲的作品是那個時代「最偉大的德國詩篇」。他說：「這個擁有陽剛勇氣的女人注視著窮人，然後用莊嚴又溫柔的愛把他們擁入她慈母般的懷抱。她是所有已經無法說話的受難者的代言人。」[24]就像觀世音菩薩所象徵的陰性本質面向，寇維茲聽見了眾人的哭泣。

---

21 原註19：這是一九八六年十一月一日可琳・凱利在加州雷耶斯角（Point Reyes）接受作者訪問時的一段談話。

22 原註20：見 Mina Klein 及 Arthur Klein 合著之 *Käthe Kollwitz*（《凱蒂・寇維茲》），頁104。

23 原註21：同原註20，頁82。

24 原註22：同原註20，頁92。

陰性本質的創造者面向：奧蓀和萬變女人

沉入深淵的女人都必須在體驗過陰性本質可怕的噬人面向後才可能死而復生。在離開「上方」生命的期間，心靈乾旱的感覺會令女人開始對陰性本質富有生命力和創意的濕潤、青綠和多汁面向充滿渴望。一旦覺察生命力和創意開始流動，自認和陰性本質已失去連結的女人就有可能逐漸找回她的自性。這個新的開始有可能在花園裡、在廚房裡、在裝飾房間時、在親密關係中、在紡織或寫作或跳舞時降臨。就在她被色彩、氣味、味覺、觸覺和聲音喚醒之際，她的美感和官能也一起復甦了起來。

西非的愛神、藝術女神以及官能女神奧蓀（Oshun）可以教我們認識什麼是美感和官能。露易莎・逖許（Luisah Teish）是傳承西非尤魯巴地區（Yoruba）盧克米人多神教（Lucumi）奧蓀信仰的女祭司。她這樣描述奧蓀：「她是河水遇見海水的地方，她不僅是愛侶的情慾之愛，也是太初即在的創造本能。她存在於每一株海芋、每一個瀑布、每一個孩子的眼睛裡。因為有她，我們可以無所畏懼地活在這世界上；她使生命變得比可以忍受更美好。她代表了所有美麗的事物，也就是所有可以激起無限想像力、使人得以真正運用他們的感官、進而創造出精緻藝術作品的事物。當我進入入神的狀態而創造出令我眼睛一亮的作品時，我知道她就在我身旁。每當我走近岸邊佈滿美麗石頭的河川時，我都可以清清楚楚聽見她。」[25]

在那伐厚人（the Navajo）的神話裡，萬變女人（the Changing Woman）是萬物之母。她是天和地，也是植物和海洋女神。她不僅代表了母親的生育者面向，她也是陰性造物主。她從她身體的不同部位搓下皮膚，用之創造最早的人類。她永遠都在變化和進化。「她在宇宙間周轉，在每個冬天變老，然後在每個春天成為美麗的少女，因此她是死亡和重生的本質、生命不斷復原和更新的升降調。」[26]據說，「當陽性創造力總是直線前行時，陰性創造力卻總在自轉，但與其說它在平面上自轉，不如說它不斷螺旋上轉。」[27]它不斷在變化中。經由旋轉之舞，萬變女人創造一切。無論她何往，這個絕美的女人都能創造美麗。她穿著白貝殼和綠松石鑲成的衫裙，為所有進入青春期的那伐厚女孩跳上一齣名為〈乳房發育之歌〉（"Song of the First Puberty"）的儀式之舞：

她起舞了，她起舞了。
她起舞了，她起舞了。

25 原註23：這是一九八六年十一月七日露易莎・逖許在加州洛杉磯接受作者訪問時的一段談話。
26 原註24：見 Sheila Moon 著作 *Changing Woman and Her Sisters*，頁 157-158。
27 原註25：同原註24，頁 169。

白貝殼女人，她穿著
白貝殼鑲成的鞋子起舞，她穿著
鑲黑邊的鞋子起舞，她舞動
她白貝殼鑲成的鞋帶，她舞動
她白貝殼鑲成的長襪，她舞動……

她白貝殼鑲成的舞裙，她舞動
她白貝殼鑲成的腰帶，她舞動
她白貝殼鑲成的舞裙，她舞動
她白貝殼鑲成的手環，她舞動
她白貝殼鑲成的項鍊，她舞動
她白貝殼鑲成的耳環，她舞動著……
在她頭上有一隻公的青鳥以優雅姿態
迴旋飛舞；她跳舞，
他歌唱，他的聲音動聽極了，她舞動著……

在她面前萬物皆美。她舞動著，
在她身後萬物皆美。她舞動著。

她在跳舞，她在跳舞，
她在跳舞，她在跳舞。[28]

伴隨創造驅力自然起舞的能力是陰性本質的一個面向，然而我卻要等到現在才開始學習如何運用這個面向。就像我一樣，父親的女兒們很難讓事情自然而然發生；我們喜歡掌控事情發生的方式和時間。等待結果和不知結果都能讓我們陷入非常巨大的焦慮當中。陰性本質的一項特長卻是容許事情按照它們的自然周期發生。曾經在心理治療中或在創作過程中探索過深層無意識的人都曉得，靜寂不動和新生命的誕生各有其時，而我們應該尊重和保護它們，並給予它們時間，因為我們無法迫使新的生命出現。女人的靈性之旅給予我們的最重要啟示之一就是：對靈啟經驗的神祕過程要有信心。

---

28 原註26：Kathleen Jenks 的文章 "Changing Woman"（〈萬變女人〉），頁 209。原出處是 Hasten Klah及Mary Wheelwright合著之 *Navajo Creation Myths*（Santa Fe, N.M.: Museum of Navajo Ceremonial Art, 1942）（《那伐厚人的創世神話》），頁 152。

陶冶生命的容器

專注於**當下之我**，而非**有所作為**，是陰性本質的神聖任務。今天，許多女人在夢境和藝術作品中找回了那個對應陰性本質之內省面向的容器符號。在異教和基督教信仰中，魚鰾圖形（*vesica piscis*）[29]都象徵了陰性本質的容器面向。瓊・瑟勒蘭德（Joan Sutherland）談到如何陶冶這個容器、也就是我們的生命：「冥想之類的個人修練是從個人內心陶冶這個容器；團體儀式、聯合行動、跟其他女人一起頌讚慶祝則是從外在陶冶它。我們必須持續陶冶這個容器，因為它的品質能決定什麼樣的事情、什麼樣的生命轉化會在它裡面發生。我們必須留意陶冶的過程，好讓容器有能力接納它所接收到的、或經由它出現的東西。陶冶必須發生於內在和外在，直到它成為一個透明的容器、直到它的內外兩層合而為一。陶冶的過程非常簡單，並不複雜，但需要我們用力為之、專心以赴。」[30]

「專注於**當下之我**」[31]的意思是接受自己、留在自己裡面，而非想藉**有所作為**來證明自己。這種自我紀律不會得到外界的掌聲，卻能促使我們開始質疑：為生產而生產（production for production's sake）這究竟有什麼意義？這種自我紀律絲毫無濟於個人權力和個人財富的追求，但它所傳遞的單純訊息卻充滿智慧。如果我能接受我自己、如果我能和周遭環境和諧共處，我就不需要藉生產力、晉升和污染大地來獲得快樂。而且，專注於**當下之我**並非消極不作為，因為它需要我們集中注意力並時時保持警醒。

住在新墨西哥州的藝術家薇樂莉・貝克托（Valerie Bechtol）製作了一些可以讓她展現「專注於當下之我」之積極面向的靈性容器。「我製作的靈性容器讓我和身為容器的我有了連結、讓我能夠進入後面這個我並讓我意識到：我可以在自己的心中找到我所需要的一切。我是一個了不起的容器、一個無比奇妙並且自給自足的巨大子宮。我住在什麼地方並不重要，因為我的家就是這個容器。透過我的作品，我想讓容器擺脫我們的文化所賦予它們的被動性；我想

---

29 譯註：原文 vessel 一字可同時意為容器和船隻。容器是受器，隱含被動之義，但本書作者在此段中強調它的積極面向。魚鰾圖形原是古希臘數學家歐基里德（Euclid）繪出的幾何圖形，是兩個相同半徑的圓形一部分重疊後在中央重疊處形成的魚鰾形狀。魚鰾是囊狀物，也是魚類用來游行於水中的器官。在基督教象徵學裡，這兩個圓形分別象徵上帝之道（聖靈、靈性世界）和肉體（物質）世界，因此兩個圓重疊處的魚鰾圖形即是道與肉身合而為一（道成肉身）的基督。同時，希臘文基督全名——Iesous CHristos THeou Uios Soter（Jesus Christ, Son of God, Saviour）——每個字的前一、兩個字母會組成意為「魚」的希臘字 Ichthus，因此這圖形也象徵耶穌所代表的真實生命。在新約聖經馬太福音書第十四章裡，耶穌因為憐憫跟隨他到野地的五千名群眾而施行神蹟，拿了五個餅和兩條魚餵飽所有跟隨者。因此，若照本書之前的說法，耶穌應象徵每個人心中的那個「有心的陽性本質」或代表真實生活中具有正向陰性本質的男人。在異教（非基督教）信仰中，由於立起來的魚鰾圖形狀似女人的陰道，因此是生育能力或宇宙陰性法則的象徵。

30 原註27：這是一九八六年二月六日瓊・瑟勒蘭德（Joan Sutherland）在加州馬里布市（Malibu）接受作者訪問時的一段談話。

31 譯註：指療傷過程中的榮格積極想像法（active imagination）、官覺療法（bodywork）、藝術創作、自我沉澱、本書前面提到的引導式意象冥想等等。

找回異教時代——當容器仍是具有積極功能的器物時——所賦予它們的意義。在那些時代裡，容器象徵移位轉化的可能，具有療傷的功能，而且一向是由女人的雙手製做出來的。」[32]

容器之所以都是由女人雙手製造出來的，或許是因為只有女人瞭解「身為容器」是什麼樣的經驗。她們非常熟悉變化在她們的子宮內自然發生的感覺。如果有人支持並尊重她們不時需要心無旁騖地**做自己**，女人定能成為智慧的孕育者。而且，大地女神蓋婭（Gaia）目前迫切需要的正是女人透過這種專注凝想所孕育出來的智慧——也就是「人類必須與萬物和諧共處」的智慧。人類盲目無腦的種種**作為**已經給大地帶來了規模無比龐大的破壞。

這就是我們必須重新定義**英雄**和**女英雄**的原因。女英雄追求的不是掌控、征服和凌駕他者，而是在結合我們天性中的陰陽雙重面向時平衡我們的生命。現代女英雄必須正視她對於找回她的陰性本質、個人力量，感覺能力、痊癒能力、創造力、改變社會結構的能力、決定個人前途的能力等等所懷有的恐懼心理。女英雄能讓我們獲得「萬物為一」的洞見；她能教導我們如何在這艘地球方舟上和萬物和諧共處，並幫助我們在個人生命裡和我們所渴望的陰性本質重逢。

喔，偉大的萬物之母，
我向來是父親的女兒，

終於我成為了母親的女兒。

喔，母親，原諒我，因為當時我不瞭解自己所做的事情。

喔，母親，原諒我，就像我原諒你一樣。

喔，萬物之母；喔，偉大的萬物之母，

我們正在回家的路上。

我們是女人。

我們正在回家。

——南西．芮德蒙（Nancee Redmond）[33]

---

32 原註28：見 Maureen Murdock 的文章 “Changing Women: Contemporary Faces of the Goddess”（〈萬變女人：女性上帝的現代面貌〉），頁44。

33 原註29：南西．芮德蒙一九八六年十二月十日寫的無題詩。

第八章

癒合母女之間的裂痕

如今的世界亟需我們反轉童話故事的情節套路；為了使受到壓抑的陰性元素重新擁有活力並整合到我們的生命裡，我們必須返回、認出以及治癒這些女性心理情結。

——瑪唐娜．寇本胥拉格（Madonna Kolbenschlag），
《吻別睡美人》（*Kissing Sleeping Beauty Goodbye*）

它在深處進行，
這個追尋。它試圖拆解
那綁住傷口、
那用血跡標示我們的裹屍布[1]，
在紅色海葵盛開的季節，
在春天第一個滿月之後的
第一個星期天——
那個呼喚我們回到
萬物起源的滿月，
那個讓我們在
時間速轉的一剎那

在愛的救贖中看見
月亮倒影的滿月。

——茱莉亞・康諾（Julia Connor），〈站在兔月上〉（*"On the Moon of the Hare"*）[2]

在女英雄之旅的下一個階段，她必須癒合**母女之間的裂痕**，也就是她和陰性本質之間的裂痕。對我來講，這是最難用文字描述的一段旅程，因為它是讓我最感難堪的一個面向。像許多女人一樣，我曾在我的心中發現大能的父親原型，也曾努力習得那些被社會定義為男性專有的英雄特質：分析的能力、邏輯的思考、以及凡事貫徹到底的決心。這些都是我在外在世界裡獲取成就的最大助力。在過去，我也曾經有過好幾次的下沉經驗，而後從娥雷絲喀格爾噬人的怒火全身而返。每一次從冥界返回時，我都變得更加毫髮無傷。

但我還沒有癒合我心中的那個母女裂痕。我跟我自己的母親一向無法相處，但我感覺這傷口不僅起源於女人跟她生身母親之間的母女關係；它也可以溯源到我們主流文化所盛行的偏頗價值觀。我們已和我們的感覺及靈性斷絕了關係；由於失去了這些關係，孤獨無依的我們開始

1 譯註：「裹屍布」在此是典故，讓我們聯想到義大利杜林大教堂內所收藏的耶穌裹屍布（Shroud of Turin）。

2 譯註：在古代歐洲，野兔（hare）一直與不同的月亮女神有關，並是狩獵、繁殖力、生命復甦和春天的象徵符號。基督教復活節也延續了這異教傳統，現今民間復活節常見的兔子意象就是源自於此。

《母親和女兒》（*Mother and Daughter*）。
梅恩蕊德・奎格海德（Meinrad Craighead）繪

渴望和志同道合的人或群體締結關係。我們對已經從這文化消失的陰性本質充滿了渴望，渴望它強大、充滿正能量、並能滋潤人心的那些面向。珍妮特・戴利特（Janet Dallet）說：「當個人或社會變得過於偏頗、變得跟人類內心深處的真實經驗過度疏離時，某種東西必會在人心中冒出並開始試圖收復它的正當性。心理崩潰可以使生命短暫掙脫俗世的各種要求，並能啟動一場深具意義的靈性轉化過程，一場發生於內心、以療傷為其目的、最終使人進入新生命的啟蒙儀式。」[3]我們渴望的是一位堅強、大有能力的女性家長。

沒有母親照顧的女兒們

像許多女人一樣，我從來不覺得自己受過慈母的照顧，即使我知道被愛是什麼樣的感覺。我母親很難接受我，因為對她來講我是一個令她無法招架的小孩。我總會從樹上摔下來、摔斷手腳或者遇到意外。她不看重我富有創意的本能，因為這些本能總讓她感到害怕。她試圖管束我，但我無法被管束；我總有辦法從她樊籠般的管束中逃脫。這樊籠太小了，小到令我窒息。

我從小就覺得陰性本質具有危險性、令人無法呼吸。雖然我能感知陰性本質的感官和美感面向，但對我來講它太缺乏幽默感。它追求完美，而我絕不是一個完美的小孩；我表達感覺的方式根本不符合完美的標準。我一開始之所以會排斥陰性本質，就是因為我厭惡我那充滿怒氣、不認可我、頑固死板、以及沒有能力聽見和看見真正的我的母親。少年時期，我越是排斥她並認同我的父親，我就越遠離我心中那個強大的陰性本質。

幸運的是，我母親是個虔誠的天主教徒；她鼓勵我追求靈性生命，甚至還曾為了我每天走路去做晨間彌撒而引以為傲。我當然不會跟她分享我對聖方濟各和聖母瑪利亞的看法，但我可以花上好幾個小時在家裡佈置祭壇並對聖徒說話，而她會為此不來打擾我。不在家的時候，我

3　原註1：見珍妮特・戴利特著作 *When the Spirits Come Back*（《神靈返回時》），頁32。

都在樹林裡跟我最愛的一棵樹和一條小溪一起打發時間。我在那裡有在家的感覺、感覺自己很安全並且受到保護。

我母親之所以容許並樂於讓我擁有獨處的時間，是因為我們一碰面就會起爭執。她稱我為自作聰明的萬事通，並且告訴我，終有一天我會給自己惹上麻煩。她說的不錯，我確實常在學校裡跟修女們鬧得不可開交，尤其當我質疑那些我認為不合常理的事情的時候，就好比耶穌復活這件事。小學二年級的時候我問：「耶穌是怎麼走出墳墓的，修女？他已經死了三天，而且還有一塊大岩石擋住墳墓的洞口。」

這個問題讓我立刻被趕出了教室並被送到校長室，然後再從校長室被送回家裡。我的母親因為我冒犯了修女而怒責我。還有一次，在我小學一年級的時候，修女在我的手臂上打斷了一根戒尺並且留下了一道非常明顯的尺痕，因此她不敢送我回家。她根本無須害怕的，因為我回家之後反而因為惹怒了修女而被我母親懲罰了一頓。

青春期於我是一場惡夢。十七歲時我愛上我的第一個男友，而我的母親立刻就因此斷定我被魔鬼附了身，並約了本地一個神父為我驅魔。值得慶幸的是，神父取消了這場驅魔儀式。她不斷、不斷警告我說，我最好不要帶著有孕之身回到家裡。可是，向來被嚴加保護的我當時根本不知道要怎樣做才會懷孕！我的母親並沒有引領我進入「成為女人」的奧祕裡。二十一歲時我終於開了竅，也讓她的惡夢終於成真：我訂了婚並且帶著身孕回到家裡。她始終不肯原諒我並罵我是蕩婦。我懷孕的身體讓我非常自傲，但我的母親卻嘲笑和鄙視它。

這已是陳年往事了。當時我的心情像湍急的河水一樣暗濤洶湧，但如今它已波瀾不驚了。在審視我與陰性本質疏離的經驗如何影響了我的生命時，我發現我曾因這經驗忽略了我的肉體、漠視它的需求、奴役它至筋疲力盡、進而讓它飽受疾病之苦。我曾把我與生俱來的能力視為理所當然而無視我的直覺能力。只要一騰出時間休憩放鬆或慢慢孵化意念和構想，我就會充滿罪惡感，因為在我的腦海中，前面的路途必定佈滿荊棘、毫無輕鬆安逸可言。這使得我從來都不曾充份享受過「生活」這一珍貴的禮物。許多女人對我講過相似的故事：她們自小就被教導要努力、要做有用的人、要迎合別人、要忽略自己的感覺。她們對輕鬆的生活不懷期待，而且從來都不曾聽過「享受生活」這四個字。她們聽到的是：「人生是辛苦、不公平的；如果你想歇口氣的話，還是等你死了以後再說吧。」

在努力消除我從童年及青春期累積下來、不曾宣洩的心中怒火時，我在「為人之母」這門藝術中找到了深度療傷的途徑。身為母親以及身為教師的我學會了如何照顧他人、如何給予他人自信和能力、如何跟他們一起開心玩樂。像許多在童年時期缺乏母愛的女人一樣，我在積極扮演母親的角色時獲得了最徹底的療癒。在我三十歲出頭的時候，我在較年長的女性輔導和工作夥伴的愛和認可中尋找**母親**。我年近四十時再婚，嫁給了一個能與他自己的陰性本質相得無間的男人。他的愛深深滋養了我的心靈。

我珍惜我跟我的妹妹以及女性友人的關係。多年以來我積極參與了女性團體所舉辦的各種啟蒙儀式，以表達我對女人轉進不同生命階段之神聖過程的敬畏之意。但我仍然懷著迫切的渴望，渴望能與**母親**連結。我之所以會有這種渴望，一部分原因是我知道有些對話永遠不可能發生在我跟我的生身母親之間。另一部分原因則是我希望我自己能變得完整。

我知道母女裂痕影響了我跟我內在陰性本質的關係。我也知道，在癒合這個傷口之前，我不可能完整。我深深體會到一個沒有母親照顧的新生兒的悲傷與無助。要癒合這個內在傷口，我必須在我的內心深處孕育出一個擁有照顧能力的母親。

母親是我們的命運

無論我們個人的母親充滿母愛或性情冷漠、給予我們力量或試圖操控我們、總在我們身旁或總不在我們身旁，我們與她的關係必會成為我們心靈的一部分、形成**母親情結**。詹姆斯．希爾曼談到這個情結如何奠定了我們長久不變並難以動搖的自我感覺：

一次又一次的，我們面對母親就如同面對命運女神。在母子關係中形成的反應方式和價值觀不僅會賦予感覺的內容、也會賦予感覺的功能[4]以不同的模式。我們感覺自己身體的方式、我們是否尊敬和信任自己的肉體、我們用來接收和回應外界的主觀感覺、我們最核心的恐懼和罪惡感、我們如何走入愛情關係、我們在親密關係和近距離關係中的行為模式、我們或冷淡或溫暖的心理溫度、我們在生病時如何感覺、我們的舉止、我們的品味、我們的飲食和生活風格、我們慣性的人際關係模式、我們的手勢和語氣模式——這一切都帶有母親留下的印記。[5]

對女人來講，母親情結會深刻影響她的自我認知和性意識，但這些影響未必跟她的母親在她眼中是否自在於其肉體有關。希爾曼說：

母親情結之所以會對感覺功能產生影響，未必是因為個人完全模仿了她的母親，也未必是因為女人刻意與母親背道而馳。母親情結不是我的母親，而是我的情結，是我的心靈用來跟我母親打交道的方式。[6]

4 譯註：榮格在其人格類型論中提出四種基本的認知功能：據以判斷真假對錯的思考功能（thinking）或情感功能（feeling，我們常用的「我感覺、我覺得」就是情感功能的表達）、以及據以感知世界的直覺功能（intuition，偏重抽象的形上世界）或感官功能（sensing，偏重感官可及之世界）。

5 原註2：見 James Hillman 與 Marie-Louise von Franz 合著之 *Jung's Typology*（《榮格的類型學》），頁 113-114。

6 原註3：同原註2。

如果女人的心靈曾用負面或破壞性的方式跟她的母親「打交道」，她便同時切斷了她與正向陰性本質的連結，以至於她必須用極大的力氣才能找回這個連結。如果她母親的態度讓她不知如何以女性之身活在這個世界上，她很可能會極度認同陽性本質、試圖在它那裡找到救贖。許多女人都曾在她們父親的身上發現過陰性本質隨性自在、喜愛歡笑，慈愛溫暖的面向。

母女裂痕的性質也會隨女人如何把母親原型——這包括了大地之母以及集體文化心目中的陰性屬性——納入她的心靈而有所不同。

我們的集體心靈害怕大地母親的力量，因此竭盡所能去詆毀和摧毀她的力量。我們視她的養育之恩為理所當然，我們隨時尋找機會利用、濫用和支配物質世界（matter）[7]每一桶倒入威廉王子海峽（Prince William Sound）的石油、每一公噸貯存在新墨西哥沙漠的核廢料、每一棵因為酸雨侵襲而窒息死去的樹木，都暴露了我們的狂妄自大和我們對大地的輕蔑漠視。

兩千多年以來，我們的教會已經迫使上帝的陰性面貌隱入地下，不僅摧毀了她的意象，也協助男性神祇奪走了她的權力。當我們周遭的文化竭盡所能要我們遺忘她的時候，我們如何能夠感知自己跟陰性本質的連結？我們向貪婪、霸道、無知的男神們屈膝跪拜，並嘲笑慈愛、平衡、寬宏大度、象徵陰性本質的女神意象。我們強姦、掠奪並摧毀大地，卻期望她無止無盡供應我們。母女裂痕深得超乎想像；癒合這個裂痕會是一個非常費時和費力的工程。

尋找生身母親

我認為母女裂痕所帶來的痛苦很可能在女人出生的剎那就形成了，因為女兒就在那一刻不再和母親合為一體，以致她立即生出了再度回到安全容器環境裡的渴望。我們每個人都會在自己的心靈深處懷念一種溫暖，而這溫暖不就屬於那曾經溫柔浸浴我們，並像搖籃般把我們搖向生命的羊水？我們懷念母親傳到我們體內的心跳聲，因為那聲音曾經那般令我們安心。如果跟母親過早分離、或者出生時就和母親失去連繫，女人必將一輩子尋找她的母親。

露絲－艾蜜莉・羅森伯格（Rose-Emily Rothenberg）是這樣描述出生後即失去母親的經驗：

> 當小孩還是嬰兒時，母親代表了自性。能否跟身負生命賦予者之重要原型意義的母親擁有生命相連的關係，這是新生兒能否擁有安全感和自我價值感的關鍵。母親身上還帶有另一種原型意義，也就是個人與大地的連結。一旦這根本的原始關係受到了破壞，〔小孩的〕自我就會過早轉往其自身、只能依賴它自身的資源。從此新生兒開始體驗到被遺棄的感覺……[8]

7 譯註：作者在此把 matter 和 mater 兩字並列；後者是「母親」之意，也是 matter 一字的字源。

8 原註4：見 Rose-Emily Rothenberg 的期刊論文 *"The Orphan Archetype"*（〈棄兒原型〉）。

遭到母親遺棄的感覺對不曾喪母的女人來講也是一個問題。無論母親是否具體存在，她如果不曾在小孩的情感生命和靈性生命裡出現過，這也會帶來被遺棄的感覺。遭到男性親屬性侵的亂倫倖存者以及酗酒者的成年子女都曾述說過一種痛徹心腑的感覺：他們遭到極度慌亂失措或極度糾結在自己的問題裡、以致無法保護孩子或為孩子挺身而出的母親遺棄。在他們一生當中，這些小孩會因為迫切渴望母愛而不斷企圖從他人那裡獲得關注、認可和某種自我定義。

如果女人能察覺她的內在陰性本質受了傷，她也許能透過重啟和轉化原始關係來癒合那個傷口。一旦能發現缺乏母愛是這裂痕的起因，她或許就能獲得力量向母親遞出橄欖枝、尋求和解和連結。在〈父親的女兒如何找到她的母親〉（"How the Father's Daughter Found Her Mother"）這篇文章裡，榮格學派心理分析師琳達．史密特（Lynda Schmidt）描述了她在中年時如何和她的母親珍．惠爾萊特（Jane Wheelwright）[9]重啟連結。

就像她的母親一樣，史密特是在無人看管的情況下在牧場上長大的，而大自然可說就是她唯一的照拂者。她是照著阿爾特密絲（Artemis）的模式長大的，除了牧場上的牛仔外——他們是「慈祥爹地」型的人物——沒有人看管她。「我的父母不得不在更廣大的世界裡尋求實現他們特有的遠見和抱負，這使得他們無法依照傳統方式來養育小孩。因此，對我來講，野外、大自然（也就是萬物之母／女人的自性）在我渾沌無知的情況下成為了我生命的主要依靠。也就是說，某種原型、某種氛圍、某種地理環境成為了我最重要的母親，而有血有肉的個人母親幾乎從來都不存在……」[10]

她發現「萬物之母／牧場」是最適於女人生命成長的世界，讓她能夠密切連結於她的本能我和肉體我。她在中年之前和自己的母親可說幾無來往。中年之後，她讀到她母親的著作《一個女人之死》（*The Death of a Woman*）的原始謄稿，其中講到她母親跟一個癌末女病人間一段彷如母女的情誼。史密特第一次感覺到她的母親**像母親**；雖然這故事講的是她母親和另一個年輕女人間的關係，但史密特體會到她的母親有能力表達「她的慈愛和關心，即便對象就是我。這個感覺打開了我的下半人生。」[11]

當她和她的母親一起在牧場上渡假時，她發現了母女兩人的相同之處：牧場是她們共同的母親。她們在那裡發展出了平等的姊妹關係，也發現騎馬野營、沉浸於思想世界、在寫作和演講中討論母女關係是她們的共同喜好。如今，她們在許多以母女關係為主題的工作坊裡向其他女人分享她們的療傷經驗。

母親因故死亡或因故不在身旁的女人，會在夢裡、大自然中、她們的藝術創作裡尋找母親。在〈波瑟芬妮尋母記〉（"Persephone's Search for Her Mother"）這篇文章裡，派翠霞・弗

9　譯註：Jane Wheelwright（1905-2004）和其丈夫 Joseph Wheelwright（1906-1999）是榮格派心理分析學的先驅。
10　原註 5：見 Linda W. Schmidt 的期刊論文 "How the Father's Daughter Found Her Mother"，頁 10。
11　原註 6：同原註 5，頁 18。

蘭明（Patricia Fleming）談到她自己對母親的渴望。弗蘭明的母親在烏拉圭生下她二十八小時後就死了；五歲前的她由外祖母撫養，之後由於她父親再婚，她哭哭啼啼被迫離開了外祖母。她在她丈夫、女兒、朋友和同事的身上尋找母親，但一直要到她懷孕的女兒生命垂危、以致腹中胎兒死亡的悲劇發生後，她才開始再度連結到她的陰性本質。她為自己的母親、外祖母、女兒的痛苦、以及未能出生的嬰兒悲傷不已。

> 那個春天，當鳶尾花（irises）盛開的時候，我突然想畫鳶尾花，而且只想畫鳶尾花。能把它們非常陰性的形體畫出來，似乎滿足了我心裡的一個需要，也似乎築起了一道通向我內在陰性本質的橋樑。你還記得，在德宓特的故事裡，宙斯最後憐憫了德宓特和她的眼淚，並派遣艾瑞絲（Iris）「乘著金色的翅膀」——如荷馬所說——去向她傳遞和解之意。這是神話中第一座通往母親——德宓特、大地、屬世生命——的金色橋樑。12

弗蘭明在一次前往希臘朝聖的旅途上繼續療傷。在那裡——希臘對她來講似乎就是萬物之母的國度——她訪問了多個崇奉女神阿爾特密絲、艾瑞絲和德宓特的聖地。她在提吉亞城（Tagea）一個很小的博物館裡第一次感受到德宓特的力量：德宓特的雕像讓她頓時深刻懷念起她的外祖母，以至於一種熟悉的被接納感覺立刻把她包裹了起來。在伊留西斯城，她坐在德宓特的聖井旁邊，立刻感同身受德宓特因失去波瑟芬妮而經歷到的悲痛和創傷，進而自覺得到了復原和救贖——因為她和德宓特有那般相似之處。

在這經驗發生之後，一個夢見外祖母的夢讓弗蘭明終於放下尋母的念頭。在夢裡，她問已逝的外祖母想被埋葬在哪裡。她的外祖母說她可以做決定，但如果她決定帶她回家，她會永遠跟她在一起。弗蘭明同意把她的棺材帶回自己的家並放在起居室裡。她在夢裡意識到：她已經把萬物之母／外祖母內化為她心靈的一部份了。她的確圓滿完成了她的尋母之旅[13]。

神聖的屬世生命

在母女關係中受過深刻傷害的女人，往往也會在日常生活裡尋求療癒的可能。對許多女人來講，**神聖的平凡**就是：在每一個日常的作為中發現神聖，無論那個作為是洗碗、刷洗馬桶、還是在花園裡除草。在日常生活中腳踏實地過日子，也是女人在心靈上尋求扶持和治療的途徑。往往就在這尋找內在陰性本質的階段，她會因為認同了女神海絲緹雅（Hestia）而在她的

12 原註7：見 Patricia C. Fleming 的文章 "Persephone's Search for Her Mother"（〈波瑟芬妮尋母記〉），頁 143。
13 原註8：同原註7，頁 144-147。

心中遇見這位女智者。

在她的著作《異教徒沉思錄》（*Pagan Meditations*）裡，吉妮特・巴利（Ginette Paris）寫道：「海絲緹雅是大地的核心、家的核心、以及個人的核心。她不會離開她的所在，因此我們必須前往她那裡。」[14]她即是我們內在智慧的所在。在古希臘，處女海絲緹雅既是爐灶女神，也是家庭爐灶之火的女神。爐灶至今仍代表了家的核心、遮風擋雨的庇護所、家人和朋友親密相聚的地方；它與海斯緹雅相關而被人類珍視的意義有溫暖、安全感以及人與人的連結。一個家庭中或一個組織內的海絲緹雅是一隻會結網的「蜘蛛」，能夠留意諸事的細節並清楚每個成員在做什麼。

由於女人如今已越來越插足外在世界的事務，家庭爐灶開始變得乏人照理，而具有扶持功能的親子關係也日趨淡薄。在社會貶抑女人的同時，原是家庭核心的陰性價值觀也隨之被大多數人漠視。就如同家和爐灶都已失去了意義，我們也不再記得要珍惜和保護我們的地球家園。如今，為了提醒人類不僅要記得照顧我們個人的肉體生命，還要記得照顧我們集體家園的身體——也就是這個地球——女人不得不也離開了家中的爐灶[15]。

藉大自然和志同道合的團體獲得療癒

今天有許多女人學習用新的方式連結彼此。在試圖癒合她們個人陰性本質內的裂痕時，她們嘗試與其他女人接觸、互相講述她們的靈啟經歷、一起紀念她們與大地女神蓋婭的關係、以及藉團體活動和野外洞見尋覓之旅（vision quests）舉行啟蒙儀式以進入新的人生階段[16]。癒合母女裂痕的歷程是在合作中完成的，因為要能聽見自己的聲音並確定自己的方向，女人需要一個能夠支援和鼓勵她的團體。

在大自然裡，疲於追尋的女人可以在大地之母蓋婭的懷抱裡得到療癒。「與其說她是母親，不如說她是泥土。她太廣大遼闊，以至於不可能具有我們個人母親通常具有的那些特色。」[17]一切生命體都是從她而生，而她寬宏的胸脯讓我們記起我們自己的孕育天賦。她反映了我們自己蟄伏有時，更新有時的周轉天性。春天首先綻放的花朵、飛往北方的雁子、吹越高

14 原註9：見 Ginette Paris 著作 *Pagan Meditations*（《異教徒沉思錄》），頁167。

15 原註10：同原註9，頁178。

16 原註11：關於女人的團體活動，可以參考 Patrice Wynne 主編的 *The Womanspirit Sourcebook*（San Francisco: Harper & Row, 1988）（《女人魂：相關文本集》）。

17 原註12：見 Ginette Paris 著作 *Pagan Meditations*（《異教徒沉思錄》），頁175。

大草本植物的風、以及產卵的鮭魚，無一不讓我們記起生命更新的必然性，而冬至則將允許我們休憩並收割夢想。

女人們再度集合在一起歌頌四季並歡慶她們與月亮周期的密切關係。母親們已經開始為她們初次來經的女兒舉行進入人生新階段的儀式，也為她們自己舉行停經儀式。透過野外洞見尋覓之旅，女人在其他老老少少女人的鼓舞之下勇敢克服個人的恐懼。她們一起歌唱、跳舞和禁食，然後各自在安靜獨處中傾聽與她們情同姊妹的蛇、鷹和月亮說故事。她們祈求在洞見中找到她們的真實人生目標。女人們正在分享她們對未來的夢想：一個可以把心靈價值、多元語彙、以及歌頌生命的意象全部納入其中的未來。

以祖母為嚮導

許多女人呼喚她們心中的祖母意象、請求她引領她們去到陰性本質的神祕國度。女人或許在記憶中會覺得自己的祖母就是避風港、養份的來源、以及病痛時的照顧者。就像海克媞、蜘蛛奶奶和海絲緹雅一樣，她把女人在日常生活中無法獲得的陰性洞見、智慧、力量和慈愛體現了出來。我們呼喚陰性本質的這個老女人面向、請求她協助我們成功渡過痛苦的生命轉折點。

心理治療師芙洛．弗南德茲（Flor Fernandez）在年近三十的時候曾試圖找到她願意終生以赴的專業生涯。在這段時間裡，她不時呼喚深藏在她心裡、但實際上居住在古巴的老祖母派翠霞。

「我的祖母一直是鼓舞和支撐我的一股力量。她具有保護者和療癒者的光環，而我就是在這光環的氛圍下長大的。我總會在她的身邊專心看她用祈禱、藥草和儀式治癒別人。我是一個充滿求知慾的小孩，而她總會騰出時間對我講解她的治療工作。五歲時，我患了某種眼疾。據說，一個人會得這種病，是因為他被一個充滿負面能量或想法的人注視過，因而開始嘔吐和腹瀉不已。我當時確實有這些症狀。」

「我的祖母帶我進入她的治療室，點起蠟燭，然後開始吟誦和祈禱。幾分鐘之後我就霍然痊癒，可以到外面跟朋友玩耍了，但祖母要我繼續留在治療室裡。她在那裡教我唸誦祈禱詞、用以呼喚一位未來還能繼續幫助和保護我的神靈嚮導。」

「我十五歲時離開了祖母、來到這個國家。有很多年我遺忘了自己跟她和她的治療工作有什麼關係。我那時必須盡快融入一個新的文化，而這新的文化向來把我祖母的工作視為迷信。二十八歲時我突然又想起了我的祖母。當時我已經抑鬱苦悶了很長一段時間——你可以說那是我的人生瓶頸期。我失去了我的根和靈魂，因而覺得空虛和茫然。」

「於是我決定去參加一個以死亡、垂死和夢為主題的工作坊。就在我注視女主持人的一瞬間，我看見了我祖母的臉，並感到一股電流直串我的心臟、把我提升到一個我早已遺忘的知能國度。那晚我夢見了我的祖母；她走到我身邊、對我說：『孩子，要記住我讓你坐在我的懷中、對你講解藥草以及適時採集藥草以保存它們藥效的那些時日。我們常在一起長時間討論人性以及那些我們看不見、卻感覺得到的神祕力量。你是一個很不尋常的小孩；我花那麼多的時間在你身上，是因為我知道你以後可以發揚我的教誨。我自己曾經一度忘卻我們女人的神祕稟賦，如今你也犯了同樣的錯誤。』」[18]

這個夢促使弗南德茲展開了她自己的追尋之旅，最終她也成為了一位療癒者。她先從療癒自己的肉體開始，然後把她的能量傳輸出去、去療癒更多的人，至今依然如此。像她一樣，另有許多女人在試圖復原陰性本質的同時，也記起了她們的祖母所擁有的特殊稟賦和能力。

將神話推陳出新的女人

自有歷史以來，人類不斷創造神話，因為只有神話才能讓生命具有意義和秩序。在討論詩人作品中的神話時，馬克．蕭若（Mark Shorer）這樣說：「在不斷力圖瞭解生命的意義時，我們所使用的工具就是神話。單一神話是一個巨大的統御意象，能把雜亂無章的世界現象整合成某種形上意義，因此它對我們的生命經驗來講具有統整的功能。一個文化的神話總合則是一座萬神廟，整合了許多單一神話並且或多或少透過口語或文字把它們表達出來。沒有這些神話意象，經驗是混亂、零碎和稍縱即逝的。它們是從經驗的混亂中被創造出來的，目的在使經驗具有意義和秩序。」[19]

如果女人的母親或祖母不曾引導她走入女神的神話廟堂中，她就必須自行發現她和她個人心中之陰性本質——萬物之母——的關係。這或許可以解釋，為什麼今天有那麼多女人想從古代全能女神和女英雄的意象中找到癒合心靈的途徑。由於跟女人有關的歷史早已破碎不全，女人不得不訴諸史前時代，試圖找回那些存在於希臘男性神祇僭奪女神權力之前的女神神話。在考古學家發現許多遠古文化是建立在創世女神的信仰之上後，女人便開始重新認識了宇宙陰性法則原有的權力和尊貴地位，也重新認識了女人的原始角色、即人類生命以及神聖大自然的保護者。

自一九七〇年代以來，女性藝術家們根據基督教出現之前的異教女神信仰大量創作了與之有關的各種雕像／畫像以及象徵性藝術品。「許多女藝術家們——例如瑪莉·貝絲·艾德爾森（Mary Beth Edelson）、凱洛莉·席尼曼（Carolee Schneemann）、咪咪·羅貝爾（Mimi

18 原註13：這是一九八九年十月十四日芙洛·弗南德茲（Flor Fernandez）在加州洛杉磯威尼斯（Venice）海灘社區接受作者訪問時的一段談話。

19 原註14：見 Mark Shorer 書刊論文 "The Necessity of Myth"（〈神話的必要性〉），收錄於 Henry A. Murray 主編之 *Myth and Mythmaking*（《神話和神話創造》），頁 355。

Lobell）、布菲・強森（Buffie Johnson）、茱蒂・芝加哥（Judy Chicago）、唐娜・漢尼斯（Donna Henes）、米莉安・夏倫（Miriam Sharon）、安娜・曼底艾塔（Ana Mendieta）、貝琪・戴蒙（Betsy Damon）、貝蒂・薩爾（Betye Sarr）、蒙妮卡・蕭阿（Monica Sjoo）、以及漢娜・凱伊（Hannah Kay）——都正在賦予女神意識一種新的形式，並因此使這意識再度活躍起來。目前，在收復女人的洞見知能以驅除父權的創世神話魔咒時，女人完全體現了這新形式的女神意識。」[20]

陰性本質的洞見和力量，在女藝術家們描繪或形塑處女／母親／老女人、蜘蛛／蛇／鳥、容器／山洞／聖杯、山／水／樹木、以及個別文化中的女神人物——例如威爾斯女神凱洛端（Cerridwen）、猶太民間傳說中的女人始祖及亞當的首任妻子莉莉思（Lilith）、阿茲塔克（Aztec）神話中眾男神的母親夸特莉癸（Coatlicue）、中國的觀世音菩薩、中美洲西非裔黑人所信仰的女神耶曼結（Yemanja）、美索不達米亞人的創世女神提阿瑪特（Tiamat、日本的大日女尊／天照大御神（Amaterasu）等等——的作品中得以再現在我們眼前。這些作品全都捕捉到了陰性本質之創造者、守護者以及毀滅者面向的精髓，向我們宣揚了守護並尊敬生命之基本物質元素的重要性、並讓我們發現了一切物質元素之間存有不容侵犯並緊密的連鎖關係[21]。

在她的著作《將神話推陳出新的女人：二十世紀女人的詩作和視覺藝術》（*Women as*

Mythmakers: Poetry and Visual Art by Twentieth-Century Women）中，艾絲帖拉・勞特（Estella Lauter）解釋說：單一神話是一個在個人夢境裡重複出現、具有極大說服力的故事或意象，但它也可以透過集體儀式被創造出來[22]。她說：「一旦神話根深蒂固於人心，單靠理性去驅逐它就成了幾乎不可能的任務。它必須被另一個具有同等說服力的故事或意象取代。」[23]

女人們正在挑戰自古至今盛行不歇、依然被拿來扭曲女性權能的陰性意象和神話，例如夏娃的神話。洛杉磯畫家南西・安・瓊斯（Nancy Ann Jones）在描述她自己的畫作時說：「聖經所描繪的夏娃意象挾持了人心幾千年，因此我們有必要對之宣戰。在聖經作者的筆下，夏娃是一個擁有邪惡肉體的引誘者，因而幾千年來她都背負著陷人類於原罪的罪名。這個神話還強化了一種立場：既然夏娃是在亞當被造之後才用後者的一根肋骨被上帝創造出來，女人當然就只能當次等公民。在所有加諸女人的禁令中，夏娃總會被拿出來合理化這些禁令。」[24]

瓊斯接著解釋她的畫作《挑戰迷思，第三號作品》（*Challenging Myth III*）中的象徵意

---

20 原註15：見 Hilary Robinson 主編之 *Visibly Female: Feminism and Art Today*（New York: Universe Books, 1988）（《顯然女性：藝術界女性主義的現況》），頁158。

21 原註16：見 Estella Lauter 著作 *Women as Mythmakers: Poetry and Visual Art by Twentieth-Century Women*，頁170。

22 原註17：同原註16，頁1。

23 原註18：同原註17。

24 原註19：這是一九八八年八月十日南西・安・瓊斯在加州洛杉磯接受作者訪問時的一段談話。

義：「在這裡，夏娃站在被刻於法國夏特大教堂（the Chartres Cathedral）地板上的迷宮前面，因為夏特大教堂就建在基督教存在之前女性上帝的神聖遺址上。在舊約聖經寫成之前的許多世紀裡，人類敬拜女性上帝並認為女人的性慾是神聖的。我想讓女人的性慾重新擁有它原始的權能和尊貴性。」[25]像瓊斯一樣，正在為陰性本質創造新故事和新象徵意義的女藝術家們也正在試圖收復她們個人內心中的陰性本質。

女性上帝意象的由來

古代的女性上帝意象極可能源起於人類對女人生殖能力的崇敬之心，以致母親意象開始轉變為女神意象。二次大戰期間出生於日本、現居加州沙色利陀市（Sausalito）的畫家太田真由美（Mayumi Oda）從一九六〇年代起開始畫女性上帝，而她也恰好在那段期間生下兩個兒子。越戰使她對兩個兒子的未來充滿危機意識，於是她決定找到一個她可以認同的正能量女性意象，讓她可以有活下去和從事創作的勇氣。她先前對女性上帝一無所知，也從未有過描繪女性上帝意象的念頭，但它們卻自然而然從她的畫筆下呈現了出來。

「我那時正在使用黑墨蝕刻法作畫。蝕刻可以說是相當黑色的一種介質，而這巨大的巨乳女人就是從這黑色種子中冒出來的。我把她的畫像命名為〈維納斯的誕生〉；毫無疑問的，我自己的女性上帝就是在那一刻誕生的。」[26]

過去二十年以來，她持續透過女神意象探索她自己的不同面向。

「當我不瞭解自己的憤怒時，我會嘗試畫出面貌寧謐的女神。我畫過一幅手中拿劍但對眾生滿懷憐憫的觀世音，並把它命名為〈啊女神請賜我們一刀刺穿的力量〉（"O Goddess Give Us Strength to Cut Through"）。我發現憐憫並不僅止於同情、而是更多無情。在過去幾年裡，我一直努力用西藏黑地空行母（the Black Dakini）的主題作畫；她是女性的憤怒面向或戰士面向。但只有在靜默中練習對我自己溫柔時，我才能把她畫出來；在我憤怒時，我便畫不出來。我要表達的不是憤怒，而是境界比憤怒更高的一種情緒。我們必須超越非黑即白的二元論，這樣我們最終才能面對我們的死亡。」[27]

許多藝術家讓我們注意到女性上帝和大自然的關聯性。年近八十的布菲．強森（Buffie Johnson）從八歲開始就把女性上帝畫進她的大自然畫作裡：「我年幼時受到神召畫了這些作品，但我當時對神召之事一無所知。我七、八歲時和我的姑媽及祖母住在麻薩諸塞州德克斯貝

25 原註20：同原註19。

26 原註21：這是太田真由美接受作者訪問時的一段談話，部分被引述於作者的文章"Changing Women: Contemporary Faces of the Goddess"（〈萬變女人：女性上帝的現代面貌〉），頁45。

27 原註22：同原註21。

瑞鎮（Duxbury）一位船長親戚的家裡。我畫了四十張太陽、月亮、星星、北風、東風、大地和天空眾女神的插圖，她們各有各的姿態面貌。」[28]

直到她三十幾歲開始蒐集女性上帝的圖像時，她才發現她的花卉作品畫的是植物女神。「有一天我突然頓悟了過來：『喔，我畫的是植物女神，因為我畫了花苞、花、果實、豆莢和植物的根部，把植物女神的一整個循環周期畫了出來。』」從那之後三十五年以來，她研究女性上帝，並寫了《萬獸女王》（*Lady of the Beasts*）這本書，把她對於她所蒐集到的已知最早期女神文物的見解彙集成冊，希望藉之證明女性上帝的存在。

當我問她為什麼要畫女性上帝時，她答道：「地球正處於危險之中，我們也一樣，因為我們是地球的一部分。基督教認為大地上的植物、動物、礦物和海洋是為人類服務的，但事實上我們和萬物相連相屬、密不可分。我們必須學會跟這世界合而為一，而非控制和役使它。」[29]

夢中的黑皮膚女人

今天有許多女人夢見堅強、慈愛、沒有必要藉支配他人以展示權力、反而能讓做夢者幡然醒悟而發現新世界的女人。做夢者夢見身處黑暗中的自己必須面對嚴酷的生死問題以及巨變、痛苦和精神病的可能性。許多人遇見一個身軀龐大、大能的黑皮膚女人，並在她的照拂下獲得了新生命。

一個四十幾歲的女人在接受腎臟手術後夢見自己下沉到冥界；她遇見了**夢中的黑皮膚女人**，而她的陰性創傷自此獲得了療癒。

「我發現自己正下降到地獄。我穿上我的紅色羽絨衣，想回到地球世界。我被許多死者的骨架和食屍鬼圍攻，我的皮膚從我的身體被啃咬不放的牙齒撕下，我成為了一具在眾屍骨中行走的屍骨。風開始吹起，我變成了枯骨。我在沙漠上，我乾枯的骨頭碎落成一堆塵土，一滴清水掉落在我這小小的塵土堆上。一個黑皮膚的非洲或印度女人用她的手指把塵土攪和成泥糊，開始重新製做我。她先製做我的陰道，我的肉體隨即發出一聲叫喊；她想先把我製做成女人。在我的肉體成形之際，我發現它跟我現在的這具軀體一模一樣，依然帶有手術的傷疤，而我的乳房也因為曾經哺乳過依然下墜如故。啊，我活在這地球世界上所憑藉的就是這具用塵土做成的肉體。我還沒有死去，我還活在這肉體裡和這世界上。我們將來前往的另一個世界才會要求我們轉變為不朽的靈性形體吧。」[30]

---

28 原註23：這是一九八六年二月十八日布菲．強森在加州威尼斯海灘社區接受作者訪問時的一段談話。

29 原註24：同原註23。

30 譯註：本段引文最後一句原文為“A transformed body is for another place”，其典故是新約聖經哥林多前書（1 Corinthians）第十五章，其中論及末日時，自始祖亞當以來的所有人類都將脫去屬土的肉體、轉變為（「穿上」）靈體形式而復活，在接受最後審判後或入地獄或上天堂。

這個極具轉化功能的夢預示了這個女人對她自己和她的生命都將全面改變看法。但夢中的黑皮膚女人也有可能當下就向做夢者傳達訊息。

我最近做了一個夢，夢見一個四肢皮包骨的非洲裔女人坐在我的廚房裡，在切菜板上用她張開的手掌滾動青檸檬。略帶疲態、但雙眼仍充滿生氣的她穿著一件破舊的家居袍。她看著我說：「女孩，我走遍了全世界尋覓我的天職，現在我回到家裡開始寫作。找到你自己的語言，女孩。」

女人自己的語言

一旦越來越多的人創造出神聖陰性本質的意象和故事，這些意象和故事便會聚集起來、成為集體語言的一部分，並因此足以影響許多人的世界觀。蘇珊・格里芬（Susan Griffin）曾把大地改稱為「姊妹」，用它來取代母親、娼妓、或老女人這些稱呼。她的做法使得許多人開始自動自發親近大自然、不再認為我們與大自然對立而互不相屬。

在她的詩〈這個大地：她之於我〉（"This Earth: What She Is to Me"）當中，格里芬在她與大地的姊妹共情中發現她自己的悲傷、同理心、創造力和撫慰人的能力。她的語言深深療癒了人心。

在我進入她時，她刺穿了我的心。在我更深入時，她揭開了我的面紗。當我抵達她的中心時，我放聲哭泣。我這一生都與她相識，但她仍向我揭示故事，而這些故事都是轉變我的神啟——我每去到她那裡都會如此重生一次。她自己的重生一再沖刷、洗淨我，她的傷口也一再觸摸我。我開始察覺所有曾經介入我們之間的噪音、盲目和無感。如今我的身體向前碰觸她的身體時，她們自然而然交談了起來。我這才知道她從未讓站在她面前的我失望。她像我一樣敏感；我懂得她的感覺，並覺察到她的痛苦和我的痛苦一起進入了我。我用我的雙手抓住這痛苦；在張嘴嚐它的滋味時我懂了，懂她為什麼會在巨大的壓力下、在極度的乾渴中、在乾旱中、在饑荒時期不曾放棄。她的每一個作為都出自智慧，而智慧使她總能夠渡過難關。這個大地是我的姊妹；我愛她日日呈現的優雅和寧靜無聲的勇氣。我是多麼為她所愛；我們多麼欽佩對方的堅強、對方所失去的一切、對方所遭受的一切、對方所知的一切——我們為這樣的美麗驚嘆不已。我不會忘掉：她之於我、以及我之於她的意義。[31]

31　原註25：見 Susan Griffin 散文詩集 *Woman and Nature*（《女人與大自然》），頁219。

接納黑暗：收容瘋女人

在這一章的開頭處，我引用了瑪唐娜．寇本胥拉格的一小段話，在其中她談到我們必須認出和治癒童話故事裡的女性心理情結。我之所以引用這段話，是因為我也覺得：找出那些透過巫婆、邪惡後母和瘋女人等等角色被賦予具體形象並遭到打壓的陰性元素、然後將之重新整合到我們的陰性本質裡，是我們無可迴避的責任。童話故事通常透過女孩（或男孩）的視角被敘述出來，並以她和父母、手足、神奇動物以及她沿途所遇人物的關係為核心內容。我們在故事中看到她如何回應他人對她的善待或惡待、她如何克服一路上的挑戰、以及她如何最終出人頭地或化解恩怨。

幾乎毫無例外的，後母、巫婆和瘋女人一向被形塑為刻薄、惡毒、吝於付出、操縱慾強、猜忌心重、貪婪、處心積慮妨礙小孩成長的女人。她們的邪惡作為給她們帶來的懲罰通常是死亡：〈糖果屋〉（Hansel and Gretel）故事中的巫婆被推落爐灶，〈白雪公主和七個小矮人〉（Snow-White and the Seven Dwarfs）中的後母穿著在炙熱炭火上烘過的拖鞋跳舞至死，《綠野仙蹤》（*The Wizard of Oz*）中的西國魔女（the Wicked Witch of the West）最後溶解於水。

童話故事幾乎從不探討後母或邪惡巫婆為什麼會那般惡毒。在認定她本來就是那個樣子之後，我們就再也無法聽進從她自己嘴巴講出來的故事。她很可能曾經是個愛哭鬧、不聽話、喜歡耍心機的小孩，更不用說她也可能曾經是她父親的掌上明珠。邪惡後母體現了每一個缺少「完美」母親之小孩的失落感。在她們的幻想中，完美的母親就是那位永遠在孩子身旁給予關愛、永遠瞭解孩子、永遠無條件愛孩子的鄰家母親。

然而，在下面這個民間故事裡，女兒卻打開了大門、重新接納了她的母親，把她選擇不看、不接納、不想理解、並加以壓抑的陰性本質面向重新整合到她的心靈內。這是一個被母親遺棄的女兒藉著接納瘋女人——亦即她的母親——來療癒她的棄兒情結的故事。我從說書人凱瑟琳．曾德爾（Kathleen Zundell）那裡第一次聽到這個故事，以下是我改寫後的版本。

從前有一個女人，她有四個女兒。她非常愛伶俐、金髮、美麗的老大、老二和老三，但非常討厭自成一格的老四。白天時她會出門為孩子們覓食；她回來的時候，她的女兒們會聽見她唱這首歌：

我親愛的女兒們，
老大，老二和老三，
到媽媽這裡來、來我這裡。
美絲莫蘭達，四號女兒，
不准踏出廚房的門。

除了留在廚房裡的美絲莫蘭達，女孩們全跑過去為母親開門，然後母親開始為三個女兒準備晚餐。在她們邊吃邊說邊笑的時候，她們會把剩菜剩飯丟給美絲莫蘭達。年紀較大的女兒們不斷成長茁壯，但美絲莫蘭達卻一直瘦弱不堪。

然後，一頭狼開始埋伏在她們家的附近。牠密切觀察母親的出入，打算吃掉她三個胖嘟嘟的女兒。牠認為牠只要唱母親所唱的歌就可以捉拿她們，於是牠練唱了幾天幾夜，然後趁她不在家的一個下午去到她家的門口開始唱了起來：

我親愛的女兒們，
老大，老二和老三，
到媽媽這裡來、來我這裡。
美絲莫蘭達，四號女兒，
不准踏出廚房的門。

但是房裡一點動靜都沒有。女孩們沒有開門，因為狼的聲音太低沉粗暴了些。受挫的狼去找郊狼：「我需要母親的聲音；請把我的聲音調高一點、調溫柔些。」郊狼看著狼說：「你要如何回報我？」狼回答說：「母親的一個女兒。」郊狼調整了狼的聲音，於是後者回到女兒們的住處並開口唱了起來：

我親愛的女兒們，
老大，老二和老三，
到媽媽這裡來、來我這裡。
美絲莫蘭達，四號女兒，
不准踏出廚房的門。

這一次，狼的聲音過高到隨風飄揚了起來。女孩們互相笑著說「喔，那是樹葉在低語」而沒有去開門。不久之後回家的母親又向女兒們唱她的歌。她們立刻開了門，四個人又一起吃晚餐並把剩菜剩飯留給美絲莫蘭達。

第二天，又去找郊狼的狼抱怨說：「你把我的聲音調得太單薄了。你得解決這問題，好讓我的聲音聽起來像女人。」郊狼在狼的身上施了一個法術之後，狼再度回到女兒們住的地方。這次他的歌聲聽起來跟母親的一模一樣：

我親愛的女兒們，

老大，老二和老三，
到媽媽這裡來、來我這裡。
美絲莫蘭達，四號女兒，
不准踏出廚房的門。

女孩們跑著去迎接母親，結果全被狼塞進了麻布袋裡帶走，只有美絲莫蘭達依然留在廚房裡。

那天較晚時分母親回來了；她又在門口唱歌：

我親愛的女兒們，
老大，老二和老三，
到媽媽這裡來、來我這裡。
美絲莫蘭達，四號女兒，
不准踏出廚房的門。

沒有人來開門，因此她又唱了一遍。還是沒有人來開門，於是她開始胡思亂想最可怕的情況，並因此心生恐懼。這時她聽見有一個微弱的聲音在屋內唱著：

媽媽，你的女兒們，
老大，老二和老三，
已經再也無法聽和看了，
她們已經去到比陸地和海洋還要遙遠的地方。
美絲莫蘭達在這裡，請看著我。

母親用力推開房門；當她看不到三個親愛的女兒時，她像發瘋的女人一樣跑出屋子，一邊拉扯她的頭髮、一邊反覆唱著她的歌。

美絲莫蘭達站了起來，看到屋內空無一人，於是走出那敞開的門。她展開了她的旅程，在廣大世界為自己走出了一條路，最後嫁給了皇帝的兒子。

許多年過去了。有一天，一個頭髮雜亂糾結有如蜂窩的年老瘋女人被人聽見在皇宮的大門口唱歌：

我親愛的女兒們，

老大，老二和老三。
已經再也無法聽和看了。
美絲莫蘭達，四號女兒，
現在聽我說，我站在你的門口。

從她身旁經過的人都嘲笑她。皇宮的守衛們命令她離開，但穿著破爛衣服的她每天都回來唱歌：

我親愛的女兒們，
老大，老二和老三。
已經再也無法聽和看了。
美絲莫蘭達，四號女兒，
現在聽我說，我站在你的門口。

有人向皇后報告說有個瘋女人在街道上唱歌求見美絲莫蘭達。美絲莫蘭達回答說：「我不認識什麼瘋女人，我也沒有母親。」

有一天美絲莫蘭達在宮內的花園裡種花，聽見她的名字一再出現在瘋女人的疊句唱詞裡。她打開了宮門，注視瘋女人的面孔，發現那確實是她的母親，於是她牽起她的手、帶她走入皇宮。

她說：「媽媽，其他人都已經死了；請你看著我，我就是美絲莫蘭達。你以前不愛我，所以我都躲在廚房裡，但現在我在這裡，我會照顧你。」然後她幫母親洗澡，給她穿上新衣，並且仔細梳理她的頭髮。

復原陰性本質的力量

美絲莫蘭達接回了她的母親、清洗她、給她穿上衣服並照顧她。她打開了自己的心扉、接回這個曾經是母親卻排斥她的瘋女人。我們每個人都必須接回曾經被我們不願一顧的陰性本質面向，以便復原我們的陰性力量。如果女人為了曾經缺乏母愛而繼續憎恨她的母親，她就會持續跟這個女人綑綁在一起、永遠是一個「尚待長成的女兒」（daughter-in-waiting）。即便在外在世界裡她或許看似一個成熟能幹的女人，實際上她卻一直拒絕成長，在內心深處始終覺得自己沒有價值、自己的生命不完整。瑪麗安．伍德曼（Marion Woodman）在她的著作《懷孕的處女》（*The Preganat Virgin*）中稱我們的這個棄兒（outcast）面向為「不斷懷孕的處女」：

「一個藉進入黑暗、然後開挖我們鈍重如鉛的黑暗、直到我們將她挖出的銀礦帶出才進入人類意識的面向。」[32]

許多女人無法察覺的是：她們在童年時期從「母親們」（母親、祖母、阿姨、姑母以及家庭友人）那裡接收到的訊息，如何致使她們的生命載滿了負能量。那些充滿悔恨和埋怨的念念有詞，不僅曾經令她們的母親動彈不得，如今還繼續禁錮著女兒們的心靈：「我曾經應該……」、「我曾經一直想成為……」、「你不知道無法擁有屬於自己的時間和空間是多麼痛苦」、「我從來都沒有自己的時間」、「你的父親不允許我……」、「不要給你自己惹麻煩」、「要顧及別人的感受」、「我受不了……」、「我被壓得無法呼吸……」、「我快瘋了……」、「我不知道別人是怎麼做到的……」、「我無法忍受這痛苦」。

「我必須忍受這痛苦」則是一道直接命令——命令自己或別人不准有感覺。一個德裔美國女人命令她的女兒不准告訴旁人她對任何事情的任何感覺：「我們家裡的人不做這種事。」如果女兒氣呼呼描述她在學校裡跟同學發生爭執，她的母親會叫她不准那樣表達她的感覺。對於在這種環境下成長的女人來講，接納黑暗的意思應該是：她必須擺脫羞恥感以喚回她曾經對自己隱瞞的**所有**感覺（不管它們有多令她害怕），好讓她最終能找回她的真實聲音。

一位年近五十的案主從小跟著重聽的母親一起生活。她在母女關係中擔當的角色是母親的保護者、解說員和代言者；除了當母親的中間人之外，她沒有自己的身分。「從小我就學會做個隱形人和察言觀色。我從來沒有機會去表達我想要什麼，因為沒有人能聽見我的話或肯定我的願望，因此我對他人一無所求，對自己也開始視若無睹。直到現在、快五十歲了，我才知道有件事情非常重要：我必須讓別人和我自己看見我、承認我的存在、讚揚我的能力、並問我想要什麼。」

童年時期沒有得到母親照顧的女兒覺得她們必須學會如何為自己打理一切。我們常在酗酒者成年女兒的身上看到這種心態——她們在成年後很難啟齒向人求助，也不知道如何才能找到她們所需要的幫助，因為對她們來講，這種指引從來都不曾存在過。她們始終自行處理所有事

32 原註26：見 Marion Woodman 著作 *The Pregnant Virgin*（《懷孕的處女》），頁 10。譯註：作者在此引用的文字似與她自己的文字不相連貫。瑪麗安·伍德曼書中（在序言裡）較完整的原文如下："Both men and women are searching for their pregnant virgin. She is the part of us who is outcast, the part who comes to consciousness through going into darkness, mining our leaden darkness, until we bring her silver out." 伍德曼談的是藝術家性格中的陰性本質孕育者面向，將之比喻為還未被人類馴化屯墾、因而能夠不斷恣意孕育和更新萬物的處女大地。正如原始大自然不在人類教化的範疇之內，陰性本質的這個面向也超越文化的制約而深藏在個人無意識之內，足以驅策個人在選擇勇於做自己的過程中，不斷更新蛻變並孕育出各種新的可能性。伍德曼對處女原型做出這樣的解釋："As I understand the virgin archetype, it is that aspect of the feminine, in man or in woman, that has the courage to Be and the flexibility to be always Becoming." 她的說法與埃絲特·哈汀的靈性處女概念有些相近，參見本書第六章譯註15。本書作者茉琳·莫德克在此引述伍德曼，兩人雖都使用了"outcast"一字，但在莫德克的上下文裡，這個字應指棄兒（orphan）情結，與伍德曼所說的處女原型並不相同。在伍德曼文字的上下文裡，被稱為 outcast 的處女原型與化外之民／叛逆不馴者（outlaw/rebel）原型有相通之處，是藝術家性格中不可或缺的創作驅力。

情，從不敢依賴任何人。另外，她們還覺得自己必須把一切事情做得盡善盡美，這樣才能夠掩飾她們因為無人指引而有所不知的事實。在這種情況下，她們如果想復原個人的力量，學會尋求幫助將是她們必須踏出的一大步。

我很難接納和疼惜我母親心中的那個瘋女人，因為那樣做的話，我將必須面對我自己心中的那個瘋女人。如果我無條件接納我的母親，我必須接受一個事實：她不可能按照我所希望的方式愛我。我永遠不可能擁有一個無條件愛我的媽咪——沒錯，我有母親，但她不是我的媽咪。但我還是必須完全接納我的母親；我不能始終以一個缺乏母愛的女兒的身分緊抓著痛苦不放手。這個痛苦會使我無法成為真正的我。

在一次導引式意象冥想中，我聯繫上我的內在盟友、一隻老鷹。她向我靠近時，我問她，是什麼羈絆住了我？她答道：「是你的憎恨羈絆住了你。不要再為你所缺乏、不曾從你母親那裡得到的東西感到憤恨不已；那只是你的藉口而已。原諒你的母親，用老鷹的眼睛俯瞰一切，包括你個人不曾擁有的東西在內，否則你所有的感覺都將變得負面扭曲。不要當一隻只看得見自己鼻尖的老鼠。」

第九章

在心靈深處尋見有心的男人

你心靈深處的男人和女人
一直處於爭戰狀態，
他們都受了傷，
筋疲力盡
並亟需照顧。
是該放下
將他們劃分為二的
那把劍了。

復原受傷的陽性本質

在凱爾特民族的聖杯傳奇故事裡，帕西法爾（Parsifal）歷險尋找基督在最後晚餐時使用的酒杯，或者凱爾特民族女性上帝所使用的大鐵鑊。帕西法爾冒險進入保存聖杯的城堡，在那裡見到生殖器或大腿受傷、唯有聖杯才能治癒的漁夫王（Fisher King）。漁夫王需要一個像帕西法爾一樣無知卻具有同情心的年輕人，因為只有這樣的年輕人才能發現他的身體有恙並問他一個正確的問題：「你怎麼了？」唯有這樣，聖杯的療傷功能才能施展在漁夫王的身上。

國王是個人心靈和集體文化的統御法則，因此心靈有裂痕的我們可以類比於漁夫王。但我們也可類比於帕西法爾，一個無知的「完美笨蛋」，因為我們無法意識到自己偏頗失衡的事實；在那個具有同情心的心靈面向察覺我們的病苦並問說「你怎麼了」之前，我們是不可能脫離傷痛而復原的。

我們跟我們具有創造力的陰性本質失去了連繫；在我們拒聽直覺、感覺和肉體智慧的同時，我們用理性漠視並貶抑了它。琴・波倫說：「由於我們的世界越來越將理性（logos）凌駕在愛力（eros）之上、越來越重視左腦功能甚於右腦功能，我們因此變得越來越苦於一種疏離感，總覺得自己和那無法用言語描述的意義之源——我們或可姑且稱它為陰性本質、女性上帝、聖杯——失去了關係。」[1]我們感受得到疏離所帶來的悲傷和孤獨，卻意識不到我們偏頗失衡的心靈就是這疏離感出現的原因。陽性本質是指具有原型意義的宇宙原動力，並非指性別；就像陰性本質一樣，它是運行在所有女人和男人心靈內的一股創造驅力。當它失衡而**漠視生命的需求**、因而與生命失去連結的時候，這個陽性的原動力會變得苛求、好鬥、破壞力十足、冷酷無情、完全無視個人必有極限的事實。它的大男人英雄氣概會命令我們不計代價向前

1 原註1：見 Jean Shinoda Bolen 於一九八八年八月六日在加州蒙特瑞市（Monterey）心理治療協會（ATP）年度大會上發表的演講文 "Intersection of the Timeless with Time: Where Two Worlds Come Together"（〈永恆世界與時間世界的交會〉）。

衝刺。它追求完美、控制權和主導權，在它眼中，沒有任何事情合乎它訂出的標準。像漁夫王一樣，我們的陽性本質也受了傷。

聖杯象徵的是那神聖、創造萬物、但也存在於每一個人內心的宇宙陰性法則。正如聖杯可以治癒漁夫王，陰性本質也可以治癒我們人性中的陽性法則。在傳奇故事裡，聖杯處女（the Grail Maiden）時時刻刻都隨身攜帶著聖杯，但是帕西法爾和國王就是看不見它。「聖杯、存放它的城堡、以及它的守衛都被施了魔咒，原因是某種冒犯行為曾經發生過——比如屈辱他人、強姦、攻擊聖杯處女們、對愛有所不敬而褻瀆了聖杯本身的權威或陰性法則的權威等等。」[2]

就像帕西法爾和國王，我們看不見我們心中的聖杯。我們必須張開眼睛、擴大我們的意識範疇；我們需要濕潤、甜蜜多汁、蒼翠、充滿愛心的陰性本質來平衡我們文化中受了傷、乾枯易折、不顧自我極限的陽性本質，否則我們將會一直置身在荒原國度裡[3]。

帕西法爾看到了聖杯、聖杯所在的城堡和受傷的漁夫王，但他沒有能力問出「你怎麼了」這個問題。如要痊癒，我們必須先意識到：驅使我們至失衡狀態的，就是我們心中那個缺乏連結能力、因而失控的陽性本質。它就像一九八九年偏離航道、擱淺、最後重創大自然母親的超級油船瓦爾德茲號（the Valdez）。

失去連結能力的陽性本質

突然其來、發了瘋的一股強大勢力
用一艘醉醺醺的小船衝撞大地母親
厚黑油泥滲進了她的肌膚
滲進我的夢
污染我們的意識
石油使我們每個人都如醉如癡

我們麻木自己的感官
轉移我們的視線
尋找替罪羔羊
用清潔劑洗刷她的海灘

2 原註2：見 Edward C. Whitmont 著作 *Return of the Goddess*（《女神的返回》），頁155。
3 譯註：根據傳奇故事，在漁王受傷的期間，他的國度隨之變成了萬物不生的荒地。

擦拭她的鳥類
用籠子關住她的海獺
不承認我們與自然界相連互屬的關係
我們毫無疑問會再度污染她

我為被漠視的
被利用的
大地母親感到痛心
她的奇珍異寶
因為無價而被無限開採
人類的貪婪和自大
褻瀆
玷污
並
侵犯了
她的身體

什麼時候我們才會知道
我們正在傷害我們的母親
我們所做的每一件事情
都會影響每一個別人
我們不能再無視
我們就是樹木海洋和地球
我們必須讓她免受
貪婪人性的侵犯

一九八九年五月，我從阿拉斯加州瓦爾德茲市回到加州。在那裡輔導一批受到瓦爾德茲號油船漏油事件影響的兒童時，我用帕西法爾無法問出的問題問我自己：「你怎麼了？」埃克森石油公司（Exxon Oil Company）的發言人對於油泥污染給生態體系、動物生命、漁村村民的生計所帶來的影響一概採取無視和否認的態度：「我們會在一九八九年九月十五日之前將油污清理完畢」、「死亡的動物並沒有那麼多」、「在無人傷亡的情況下，你們為什麼要成立心靈療傷小組？」。他們的態度讓我感到無比震驚。

他們說謊、模糊焦點、並否認事件已對環境造成大規模的破壞。我們看不出他們對漁民的生計和損失以及海鳥與海獺的痛苦死亡有多少同理心。透過大規模的公關宣傳，他們刻意最小化兩百四十萬桶漏油所導致的致命傷害。埃克森石油公司和阿拉斯加觀光旅遊局發動了四百萬美元的廣告宣傳，廣告上的形象人物是美人痣被刻意模糊掉的瑪麗蓮夢露（Marilyn Monroe）：「除非你久久細看，你不會注意到她的美人痣不見了。沒有美人痣的瑪麗蓮夢露也許看起來有點不同，但她還是一樣美麗。阿拉斯加也是這樣；漏油事件也許暫時改變了一小部分景觀，但你來這裡觀賞的風景和從事的活動依然美麗如昔。」[4]

這種自圓其說把缺乏連結能力、病態、危險、死命固守其價值觀的陽性本質體現了出來。我們每個人心中都有這樣的面向；我們意識不到那個控制著我們的心靈、頑固、目標專一、意圖主宰一切的負面陽性本質。每當我們否認自己的感覺、肉體、夢和直覺的時候，我們就是這個靈性暴君的奴僕。

女人要醫治她心理上的這個不平衡，唯一的方法就是把意識的光亮帶進無意識的黑暗裡。她必須願意面對她的暗影暴君、叫出它的名字、然後要它離開。要做到這一點，她還必須有意識地做出決定，願意拋棄她一直以來在不知不覺中對權力、財富、以及主流價值觀所持有的依附心態。勇氣、愛惜自己、謙卑以及時間是她完成這項任務不可或缺的裝備。

女英雄所面對的挑戰不在於征服、而在於學會接納那些缺乏愛的能力但尚未被她叫出名字的心靈面向——這些面向之所以會變得專橫霸道，就是因為女人不曾意識到它們的存在。我們不能在盲目中渡過一生，因此我們有必要審視我們心中的所有衝突——我們每個人的內心深處都藏有多條在暗影中徘徊不去的惡龍。愛德華·惠特蒙（Edward Whitmont）認為，這個挑戰會要求我們具備「保持意識以及忍受和順服衝突的定力及勇氣」[5]。女英雄的任務是用愛來啟發這個世界，但她必須先用愛啟發她自己才行。[6]

釋出女英雄氣概

一九八四年、在我前往聖克魯茲山脈（Santa Cruz Mountains）共同主持一次野外洞見尋覓之旅的前一天晚上，我做了一個夢。夢中的聲音這樣說：「返回陰性本質懷抱的旅程完成於我們釋出女英雄氣概的時候。」我在這個謎語般的訊息中第一次聽見**女英雄氣概**（machisma）這個名詞，但我認為這個密語的意思是：「我可以堅持下去；我很堅強；我不需要任何幫助；我自給自足；我可以一個人完成這件事。」我們的文化在其刻板思維中所尊敬的英雄就是這樣對他自己說話的。

4 原註3：見一九八九年五月二十九日《洛杉磯時報》（*Los Angeles Times*）。
5 原註4：見 Edward C. Whitmont 著作 *Return of the Goddess*，頁172。
6 原註5：見 Carol Pearson 著作 *The Hero Within*（《內在英雄》），頁125。

夢中的這個聲音帶有惡作劇者原型（the trickster archetype）特有的反諷式幽默感，因為大雨就在我們出發的早晨開始降下，之後在長達四天的滂沱大雨中我們在山中總共跋涉了四十一公里路程。由於天候持續濕漉而我並沒有帶上足夠的護身裝備，我只好動用我在自己身上能夠召集起來的所有體力和毅力。但我就在那時突然領悟了一件事：事實上，我在夢中聽見的那個聲音是在敦促我卸下「獨行俠」（lone ranger）式的武士原型（the warrior archetype）。

在女人的一生中，她遲早會遇到一個生命轉折點、必須為身為女人的自己做出一個重要決定。她也許在伴侶關係、職場生涯、母職、友誼、疾病、老去或中年危機這些事情上，遇上了不知如何取捨的困境。但也就是在這些困境中，有那麼一刻、一個月或一年，她遇見了帕西法爾當年曾經遇到過的一個可貴機會：置身在狀況中、評估狀況並問自己「我怎麼了？」

不管她曾經是特意、還是不自覺選擇了陽剛武士的道路，她現在必須面對兩個選擇：一是堅忍不拔繼續獨行在這條路上、用心調整她的自我定位、並在廣大世界裡學會如何獲取權力和名望，另一則是把她在追求英雄成就的過程中所學得的技能內化於心，並將這些技能跟她陰性本質的智慧整合起來。

不容置疑的，她需要陽性本質：「無意識無法自行走完個體化過程，它必須依賴意識的合作、需要一個強大的自我（ego）」[7]她需要和她心中**正向的**陽性本質、**有心的男人**建立關係。他會用愛心和力量支援她，讓她筋疲力盡的自我能夠重現活力，以便讓她找回她的陰性智慧。要讓這個正向男子出現，她必須先尊重內在的陰性本質。

聖婚

經由聖婚——古希臘人口中的 *hieros gamos*、所有對立事物的合而為一——女人將能記起她的真實本性。「那是乍然認出，並記起那個一直藏在我們內心深處而為我們所熟悉之人的時刻。當前的困境還沒有化解，衝突依然存在，但只要個人不再迴避他（她）的痛苦，痛苦就不會再導致精神官能症、卻能帶來新的生命；個人用直覺乍然看見了原本的自己。」[8]

聖婚是自我（ego）和自性（self）的結合。女英雄終於瞭解了她內在陰性本質和陽性本質的運作方式，並將它們一起納入自己的心靈。茱恩・辛格（June Singer）寫道：

> 一個智者曾經說過，陽性法則的目標是完美，陰性法則的目標則是完整。如果你完美，你就不可能完整，因為你必然會摒棄你天性中的一切不完美。如果你完整，你就不可能完美，因

7 原註6：見 Sybille Birkhauser-Oeri 著作 *The Mother*，頁121。
8 原註7：見 Helen Luke 著作 *Woman, Earth and Spirit*（《女人，大地和靈性》），頁63。

為完整是指你兼容了善與惡、是與非、希望與絕望。因此，也許我們最好滿足於不夠完美和不夠完整。也許我們需要的是更願意隨遇而安。[9]

這個結合的結果是「聖嬰的誕生」。女人生出了她自己，而這個自己是一個陰陽同體的生命，獨立自主，並因為陰陽合一而完美並完整。艾利克．紐曼（Erich Neumann）在他的著作《愛默與賽姬：個人內在陰性本質的成長》（*Amor and Psyche: The Psychic Development of the Feminine*）[10]中寫道：「我們從神話得知『聖嬰的誕生』及其意義，但唯有透過個人的個體化過程，我們才能真正瞭解它的意義。對女人來講，**聖子**的誕生意謂她的阿尼姆斯面向得到了重生，並被賦予神格，但**神聖女兒**的誕生則意謂了更核心的、關乎女人自性和完整人格發展的個體化過程。」[11]在神話中，當賽姬（Psyche）與愛默（Amor）結合為一時，他們生了一個神聖的女兒，名叫「快樂喜悅幸福」。同樣的，個人心靈內的聖婚結合了對立的陰陽本質，使令人驚喜的完整得以誕生。

智慧的女人和有心的男人

在〈高文與仕女瑞格娜〉（“Gawain and Lady Ragnell”）這個英國故事中，我們同時看到受傷之陽性本質和扭曲之陰性本質的復原，並看到智慧女人和有心男人的合而為一。在《北方少女》（*The Maid of the North*）這本從女性主義觀點改寫而成的世界民間故事集裡，作者愛瑟・強森・費爾普斯（Ethel Johnson Phelps）改寫了這個初寫於十四、十五世紀的故事。[12]

有一天，在夏天快結束的時候，亞瑟王的外甥高文跟他的舅舅和圓桌武士們一起聚集在位於卡萊爾（Carlisle）的夏宮裡。在英格伍德（Inglewood）打獵了一整天的亞瑟王看來臉色十分蒼白而且步履不穩，因此高文跟隨他一起走到他的寢室，並問他發生了什麼事情。

獨自在外打獵的時候，亞瑟王遇到了一個來自北國、名叫格羅莫爵士（Sir Gromer）的凶猛武士；他是為他失去的土地來尋仇的。他饒了亞瑟王一命，但要他一年後不攜帶任何武器在相同的地點回答他一個問題：「女人最想要什麼？」如果他的回答正確，他就可以保住性命。

高文向亞瑟王保證，他們兩個人一定可以一起找到問題的正確答案。在接下來的十二個月當中，他們一起到王國的各個角落去蒐集答案。當限期一天天逼近時，亞瑟王擔心他們蒐集到

9 原註8：見 June Singer 的文章 "A Silence of the Soul"（〈靈魂的無聲時刻〉）。

10 譯註：參照本書第三章論賽姬（Psyche）與艾洛斯（Eros）的部份。Amor 即是 Eros，也是羅馬神話中的愛神丘比特（Cupid）。

11 原註9：見 Erich Neumann 著作 *Amor and Psyche*，頁 140。

12 原註10：見 Ethel Johnson Phelps 著作 *The Maid of the North*。

的答案沒有一個是正確的。

在他與格羅莫爵士見面的前幾天，亞瑟王獨自穿越滿佈金色刺金雀花和紫色帚石楠的荒地，騎向一座長滿高大橡木的樹林。一個身軀龐大的怪異女人隨即出現在他的眼前：「她的身寬幾乎等於她的身高，她的皮膚是斑駁的綠色，她的頭被野草般豎起的頭髮覆蓋著。她的臉看起來不像人，反而更像動物。」[13]她的名字是仕女瑞格娜。

這個女人對亞瑟王說，她知道他不久將要和她的異母哥哥格羅莫爵士見面，也知道他還沒有找到正確的答案。她說她曉得正確的答案；如果武士高文願意成為她的丈夫，她就把答案告訴亞瑟王。亞瑟王在震驚之餘大喊不可能，他絕不可能把他的外甥送給她。

她斥責他說：「我並沒有要你把武士高文送給我。如果高文自己同意跟我結婚，我就把答案告訴你；這就是我的條件。」[14]她說第二天她會在同樣的地點跟他見面，然後就消失在橡木林的深處。

亞瑟王的心情低盪到谷底，因為他不可能要求他的外甥為了救他而去跟這個醜陋的女人結婚。高文從城堡中騎馬出來迎接國王，發現他的面色蒼白緊張，於是問他發生了什麼事。亞瑟王最初不肯告訴他，但最後他還是把仕女瑞格娜的提議及條件告訴了高文。高文為了自己可以救亞瑟王一命感到非常高興，因此當亞瑟王懇求他不要為他做出犧牲時，高文回答說：「這是我的選擇和決定。明天我會跟你一起回到那個地方、同意和她結婚，但條件是她必須交出那個可以救你一命的正確答案。」[15]

亞瑟王和高文一起跟仕女瑞格娜碰了面，並且同意了她的條件。第二天，沒帶武器、單槍匹馬的亞瑟王去到英格伍德和格羅莫爵士碰面。亞瑟王先是一個一個說出其他的答案，直到格羅莫爵士正要舉起他的劍、打算把他劈成兩半時，他才趕緊補上一句：「我還有另一個答案。女人最想要自主權、也就是她施展她自己意志的權力。」[16]格羅莫爵士一聽之下非常憤怒，因為他知道亞瑟王一定是從仕女瑞格娜那裡得知正確答案的，於是誓言懲罰他的異母妹妹，然後騎馬飛奔進入了樹林裡。

高文遵守了他的諾言，當天就和仕女瑞格娜成婚。婚宴之後——參加婚宴的宮廷武士和仕女們在震驚和惴惴不安之中，全程沒有一個人開口說話——新人回到了他們的寢室。仕女瑞格娜要求高文親吻她，於是「高文立刻走到她的面前親吻她。當他退後一步時，他發現站在他面前的竟然是一個纖瘦、灰色眼眸、帶著沉靜笑容的年輕女人。」[17]

---

13 原註11：同原註10，頁37。
14 原註12：同原註10，頁38。
15 原註13：同原註10，頁39。
16 原註14：同原註10，頁40。
17 原註15：同原註10，頁43。

大吃一驚的高文害怕她施展了什麼巫術，於是問她這戲劇性的變化是怎樣發生的？她回答說，她的異母哥哥向來厭惡她，於是要求他懂巫術的母親把她變成了一個怪物。她獲釋的唯一條件是不列顛境內最偉大的武士願意娶她為妻。高文問她，為什麼格羅莫爵士那樣厭惡她？

「他認為我膽大妄為、不像女人，因為我會違抗他。我不接受他為了支配我的人身和資產所下達的指令。」[18]眼中充滿敬佩之意的高文一邊微笑、一邊驚嘆魔咒竟然被破除了。但她回答說：「只有一部分被破除而已。親愛的高文，你可以做一個選擇：你是希望我晚上變成我自己的這個形狀、白天變成剛才的那個醜陋形狀，還是希望我晚上在我們的寢室裡變醜、白天在城堡裡變回我自己的形狀？在做選擇之前，你一定要好好想一想。」[19]

高文想了一下，然後跪在她的面前、拉住她的手告訴她，這不是他所能做的決定，因為唯一能做決定的是她。他對她說，他會支持她做出的任何決定。瑞格娜的臉上立刻散發出喜悅的光芒：「親愛的高文，你回答的太好了，因為你的回答已經完全破除了格羅莫的邪惡魔咒，他訂下的最後一個條件已經被滿足了！因為他說過，如果不列顛最偉大的武士在和我結婚後毫不猶豫地願意讓我擁有選擇權、讓我有權使用我的自由意志，這個邪惡的魔咒就會永遠被破除。」[20]

仕女瑞格娜和高文這兩個互相平等的人在聖婚中合為一體；他們都是在清醒意識中做出他們的決定、決定接納對方到自己的生命裡。由於曾經堅守她自己的意志並維護她的性愛自主權，仕女瑞格娜被她遭到邪惡的異母哥哥施以魔咒，但具有愛心的高文救贖了她、讓她終能將她遭到毀損的形貌重新變為美好。她擁有拯救國王的能力，而高文擁有承認女性自主權的智慧，他們一起發現了愛可以療癒一切。在這傳奇故事的某些版本裡，仕女瑞格娜是聖杯女神，而高文既是她的救贖者，也是她的愛侶。

愛德華・惠特蒙寫道：「聖杯女神是季節神話裡常見之綁架故事的女主角[21]，也是月亮和植物的女神。她能把自己從最可怕的動物形體變化為光芒四射的美麗，因此她是引領個人進入新世界的嚮導。」[22]在威爾斯人的故事版本中，我們可以找到高文就是帕西法爾原名的證明，因此我們可以說高文和帕西法爾都受到啟蒙進入了陰性本質的奧祕中。在面對形貌醜陋的女性上帝、卻能敬重她所擁有的主權時，男人得以再次飲用她湧流不息的生命之泉[23]。「在飲用女性上帝的生命之泉時，自我（ego）不再宣稱它是掌權者；相反的，自我承認自己不過是一種天命（destiny）的接收者以及將它表現出來的媒介而已。這天命的源頭則是奧祕的萬有之本；

18　原註16：同原註10。
19　原註17：同原註，頁44。
20　原註18：同前。
21　譯註：參見第六章中波瑟芬妮被綁架的故事。
22　原註19：見 Edward Whitmont 著作 *The Return of the Goddess*，頁167。
23　原註20：同原註19，頁171。

千變萬化之生命世界中的一切恐怖、可憎和美好都是從這萬有之本而來。」24

陰性本質的療癒能力：希爾嘉德

在聖杯的傳奇故事裡，由於不知道正確的問題是什麼，帕西法爾在荒涼的國境內流浪了五年之久。經歷了多次的試煉和難阻之後，他回到漁夫王的城堡、問了該問的問題而讓國王得以痊癒。一旦痊癒，國王終於獲准死去，而荒涼的國度隨即就恢復了生機。就像帕西法爾一樣，我們如今也有機會察覺我們文化中的陰性本質亟待復原。如果我們這次仍然無視她受到的傷害，我們的地球就將真的淪為核廢料的貯存場。

賓根的聖希爾嘉德（Hildegard of Bingen）是十二世紀的一個女修道院院長、神祕主義者、先知、宣道者、教師、改革倡導者、作曲家、藝術家、醫者、詩人和論文作者。住在鬱鬱蔥蔥萊因河河谷上的她認為，人性的首要之惡是心靈乾枯，因此人類最需要做的事情就是把濕潤和蒼翠帶回到自己的生命裡。琴・波倫在談到聖希爾嘉德和聖杯故事兩者之教誨的相似處時說：

> 濕潤和蒼翠應與純潔、愛、心、感覺和眼淚有關。在我們深受感動時，我們身體裡面的所

有〔液體〕都會濕潤起來——我們開始哭、變得潤滑、流血。我們身體的所有靈啟經驗都跟濕潤有關。而且，把生命帶到這地球的是水，讓荒漠和乾旱經驗得以解除的也是水……如果我們砍伐雨林，我們的心靈也將一起成為旱地……做為人類，我們必須像帕西法爾一樣穿越森林原野去尋找答案，然後再度回到聖杯城堡去體驗和瞭解聖杯的意義。我們或許僅能瞥見那個意義，但其豐富性還是被我們充分感受到了。[25]

能為自覺枯槁的人帶來安慰的是濕潤的氣息。我的好友史提夫是位寬厚仁慈的教師，不久前死於愛滋病。在他最後的時日裡，死亡在他心中代表的意義是：他將可以從他內外都受到卡波西氏肉瘤（Kaposi's sarcoma）侵蝕的孱弱軀體中獲得解脫。在說到他已經準備好離開這個世界的時候，他問我：在踏入死亡國度之前，他會經過什麼樣的地方？我說：「你會輕盈地走在一片美麗的綠茵上，它青翠、肥沃、濕潤並且能夠治癒所有的傷痛。」他微笑著說：「我如今就像沙漠中的枯骨，因此只要它有足夠的濕氣就可以了。」

24 原註21：同前，頁173。
25 原註22：同原註1（琴·波倫ATP年度大會演講文）。

夢見聖婚

一般來講，女人在經歷內在聖婚的時候，若非夢見原始部族被眾子弒殺、而後又被奉為神祇的族父（primal father）[26]，就是夢見自己被帶領到年輕神祇的聖婚婚床那裡。她會夢見婚禮、婚服和面紗、結婚儀式的流程，以及新婚之夜，也會夢見她的婚鞋或聖婚宴席。

她的愛人可能是一頭野獸或一頭強壯的雄性動物盟友；她和牠們結合在彼此的力量和肉體歡愉之中。有一個女人重複夢見自己和英國作家C・S・路易斯（Clive Staples Lewis）的著作《納尼亞傳奇》（*Narnia Chronicles*）中的獅子艾茲蘭（Aslan）做愛，旁邊還有一頭母熊見證並認可他們的聖婚。

一個四十幾歲的女人夢見二十年前和她訂過婚的那個男人。「我在星空下的溫暖海浪中裸泳。他來到我的身旁擁抱我；我向他完全敞開，他也一樣。他帶我離開海水，輕柔地擦乾我的身體，並用絲質的白色和式睡袍把我裹住。他牽起我的手，把我帶到一座山上。星光照亮了成千上百株迷你的植物和花朵，每一個都是一顆寶石。我們越過草地朝遠處的一頭母鹿走去。她在等我，她非常古老，流露出滿滿的智慧和慈愛。」

在創造艾茲蘭這個角色時，C・S・路易斯的目的是藉牠來象徵基督意識（Christ consciousness）[27]。熊和鹿在古代都是萬物之母的象徵。上述兩個女人都夢見了宇宙之神聖陰陽法則的合而為一。

今天另有許多女人正在女性上帝這個意象中尋找她們的愛侶。在〈不再詛咒黑暗〉（"Uncursing the Dark"）這首詩裡，貝蒂・德尚・麥德爾（Betty DeShong Meador）描述了女性上帝的許多現身形式，而她多出現在一無所有和絕望之時：

> 她是一群住在熔漿地心的飢餓巫婆；她是前來和做夢者做愛的黑膚女人；她是娼妓、蕩婦；她肆無忌憚、浮誇粗俗。她是在火光熊熊的室內主持啟蒙儀式的女祭司；她擅於誘惑的技巧、渴望和做夢者做愛、覺醒於她對一個女人的情慾之愛。她是突然湧起的泉水；她是動物；她是一個長久被埋沒、如今正被挖掘出來的深坑；她是在女人大腿上餵食幼崽的母野貓。她是從陳舊錄放音機中突然飛出的蜜蜂群。[28]

在寫這一章的期間，我做了一個夢。「我和一個女人躺在一起。我對自己跟她躺在一起感

---

26 譯註：Primal father 是佛洛伊德在其《圖騰與禁忌》（*Totem and Taboo*）一書中首創的名詞，也是該書的主題。

27 譯註：榮格在著作中多次論及道成肉身（結合對立之神性與人性）的基督是自性的象徵。興起於一九七〇年代之新紀元靈性運動（New Age Spirituality）的領袖及著名靈媒與作家 Paul Selig 創造了「基督意識」一詞，用來指稱已達神人合一境界者的知能，類似中國天人合一之聖人或古印度教梵我合一之瑜珈士的意識境界（梵語 yoga 一字即指結合與和諧）。

28 原註23：見 Betty DeShong Meador 散文詩"Uncursing the Dark"（〈不再詛咒黑暗〉），頁 37-38。

到十分驚訝，因為我從來不曾跟女人在一起過。她很瘦、皮膚細緻、乳房很小；她的肌膚幾乎是透明的。她容許我觸摸她並親吻她的乳頭。她張開她的雙腿，做好了準備。我愛她的肌膚和她溫暖柔軟的身體。我趴在她的腹部上，立刻性慾高漲，以至於我全身顫抖了起來、從頭到腳都體驗到了性高潮。我就此醒了過來。她讓我想起曾經使奧西利斯（Osiris）復活的艾西絲（Isis）。做了這個夢之後，我一整天都精神抖擻、性致高昂，覺得活著真好。我知道這個夢非常重要，因為它跟發現愛的能力（the Eros）有關。

許多女詩人表達了她們情愛天性中各種既屬於感官、也屬於靈性的面向。在〈敬愛的〉（"Ave"）[29]這首詩裡，黛安·德普利馬（Diane Di Prima）描述她和神聖陰性本質的合而為一：

……你是山丘、也是岩石台地的形狀和顏色
你是帳篷、毛皮小屋、那伐厚人的土居
牛皮袍子、拼布被褥、幾何圖案的織毯
你是鍋釜和暮星
你從海面升起、乘駕黑暗而來
我在你的體內移動，點燃黃昏營火

我將手伸進你並吃你的肉
你是我的鏡像和姊妹
你在霧氣滿佈的山上消失如煙
你帶我騎馬經過夢的樹林
巨大的吉普賽母親，我把頭倚在你的背上

我是你
但我必須成為你
我已經見到你
但我必須成為你
我一直是你
但我必須成為你……[30]

---

29 譯註："Ave Maria"〈聖母頌〉是著名的天主教讚美詩，歌名中 ave 一字是表達尊敬和讚美的發語詞。黛安・德普利馬在此被引用的詩也是一首讚美詩（hymn）。

30 原註24：見 Janine Canan 主編之詩集 *She Rises Like the Sun*（Freedom, California: Crossing Press, 1989）（《她像太陽一樣升起》），頁20。

聖婚完成於女人將其本性的兩個面向合而為一之時。既是詩人也是佛教徒的安．沃德曼（Anne Waldman）說：「我需要把我內在男人所具有的陰性本質和我內心中的陽性本質結合起來。」她還提到，我們每一個人都需要把更多知識、更多的陰性本質的面向吐露給這個世界，好讓它恢復平衡。她引用了當代土耳其女詩人茵藤．阿根（Gülten Akin）的詩句：

既然眾人必須吸入他們吐出的空氣而活
那麼就跟他們一起活
把知識像空氣一樣吐進他們的心裡[31]

這確實是當代女英雄的任務。一旦尋見她的真實本性，她便能吐出知識給眾人而療癒人心。女英雄成為了兩個世界的女神，一方面能在日常生活的水域上面對各種挑戰，另一方面又能傾聽來自心靈深層水域的教誨。她是天、地與冥間的女神；她已從自己的經歷中獲得智慧，沒有必要再怪罪他者，因為她**就是**他者。她帶回智慧，要與世人分享，而世上的女人、男人和兒童都會因為她的靈性之旅而受到改變。

31 原註25：見 Anne Waldman 文章 "Secular/Sexual Musings"（〈俗世／情慾隨想錄〉），頁 13。

第十章

超越二元對立

每個人身上都有一部分是他們的祖先
正如每個人的
一部分是男人、一部分是女人

——維琴尼亞・吳爾芙（Virginia Woolf）

你的問題
是我的問題
我們認為彼此很不一樣的問題
問題在於如何看……

——安・沃德曼(Anne Waldman)，
〈二元對立，一首歌〉（"Duality, A Song"）

我們生活在一個重視、製造和堅持二元對立的文化裡。這種非此即彼的分化心態一方面只能識別位於光譜兩極的人或觀念，一方面又只知把人或觀念置於光譜的兩極。在討論「神聖自然界」（creation spirituality）這個概念時，神學家馬修・福克斯（Matthew Fox）在他的著作

《原始祝福》（*Original Blessing*）[1]中指出，所有罪惡背後的原罪就是二元對立：遠離自性、遠離聖神、劃分我和你、劃分善與惡、劃分自然界與神性。在二元的思維裡，我們視他者為必須被我們改進、控制、懷疑、支配或佔有的**非我之物**。二元思維滋生猜忌、不解、誤解、和鄙夷。

來自人類原罪的二元思維破壞了心靈的完整，污染了我們對肉體／心智／靈魂、女人／男人／小孩、動物／自然界／靈性、以及權力結構的態度。我們把人和觀念分別劃出善／惡、我們／他們、黑／白、對／錯、陽性／陰性的高下對比。我們區分精神與物質、心智與肉體、科學與藝術、善與惡、生與死、女人與男人、胖與瘦、年輕與年老、社會主義與資本主義、自由主義與保守主義。我們視我們眼中的他者為敵人，並狂傲宣稱我們才是「對的」一方、因為上帝或女性上帝與我們同在。我們用這種方法合理化我們對他者的責難、論斷和敵對。

這種極化思維造成的影響是，許多人一輩子無法脫離貧窮、無知或疾病纏身的命運，而另外許多人卻能享有財富、吃好穿好、並且掌握權力。它容許某些民族自認比宗教信仰或世界觀與之不同的其他民族高貴優越。它也容許信奉女性主義的女人一方面聲稱男人必須為地球的失

1 譯註：在聖經舊約創世紀第一章二十八節，上帝賜給人類始祖的第一個祝福是「要生養眾多，遍滿地面，治理這地，也要管理海裡的魚、空中的鳥和地上各樣行動的生物。」馬修·福克斯以上帝的原始祝福對抗正統基督教教義中的原罪詛咒，並稱上帝為母親。

衡負起責任，一方面卻不願意為自己的貪婪和操控作為負責。它容許男人不需具有可帶來改變的深刻自省能力，卻容許他們要求女人為他們完成體力和智力以外的一切情感勞務（emotional work）[2]。它允許大權在握者打壓知識、扭曲知識、審查言論、強迫身心障礙者接受絕育手術、並在地球每一個角落製造災難和苦難。人類的自大心理使他們無法看見一個事實：包括他們在內的萬物是互連為一體、共存於一條生命線上的。

二元化思維使人視他者為「它」。哲學家馬丁．布伯（Martin Buber）在他的著作《我與汝》（*I and Thou*）當中提到「我－它」（I-It）和「我－汝」（I-Thou）這兩種心態。「我－它」心態把他者視為有別於「我」的**物**，必須被「我」衡量、分類和控制。這種心態不承認他者具有神聖本質。「我－汝」心態則在面對他者時視之完全與「我」相同。[3]

布伯說，我們不可能用刻意作為控制或發現「汝」，而是透過神恩、在神祕經驗中遇見「汝」。「汝」是進入神聖的一種經驗：無論你是人、動物、岩石、還是海洋，如果我稱你為「汝」而非「它」、如果我尊重我自己的神性，那麼我就會尊重你的內在神性，無意脅迫和控制你，並且希望你也能自由自在地展現你的生命形式。

越南佛僧一行禪師（Thich Nhat Hanh）這樣告訴大家：二元世界和獨立之我不可能存在；包括我們在內的萬物是**互存**（inter-be）的。要與他者互存或合而為一，我們必須瞭解並進入、而非站在對立面打量他者。

你不可能只是你自己；你必須是**互存之**萬物中的一環。這張紙之所以存在，是因為有其他萬物的存在。如果你凝視這張紙，你會在其中清楚看見一朵流動的雲。沒有雲朵，就沒有雨；沒有雨，樹木就不可能成長；沒有樹木，我們就無法製紙。紙張要能存在，就不能沒有雲。如果沒有雲，這張紙就不可能在這裡。因此我們說雲和紙張有互存的關係。所謂色（Form）[4]即是空，是指它沒有自我，因而能夠滿載宇宙萬物。[5]

他接著告訴大家：二元世界是一種幻覺：「這個世界既沒有左，也沒有右。如果你選邊站，你無非是想削除半個世界，但這是不可能的。如果你認為你可以有右沒有左、有善沒有惡、有女人沒有男人、有玫瑰沒有垃圾、有美國沒有蘇聯，你即是困在幻覺裡。」[6]

---

2 譯註：「情感勞務」一詞是美國社會學學者 Arlie Russell Hochschild 在一九八三年所創的名詞，用以描述服務業人員（多為女性）在其工作上必須另外付出的情感勞力。

3 原註1：見 Martin Buber 著作 *I and Thou*（《我與汝》）。

4 譯註：一行禪師把〈心經〉所說之色、受、想、行、識五蘊中的「色」英譯為"form"，並將之解釋為個人的身體。

5 原註2：一行禪師在美國曾主持一系列靜修活動，並就美國佛教現況提出一系列演講。Peter Levitt 摘錄他的演講內容並彙編為《開悟之心》（*The Heart of Understanding*）一書。

6 原註3：同原註2。

癒合陰性和陽性本質之間的裂痕

男女之間的對立也許最初與財產歸屬和後代歸屬有關，但隨後大多數宗教和政治體制持續擴大並強化了這個對立。舊約聖經創世紀第三章第十六節中「男人應該管轄女人」的字句並非上帝的命令，而是父權社會大力宣揚的教條之一。西方宗教一向鼓動男人把世上所有邪惡歸咎在女人身上，並且不准女人在宗教、政治和經濟領域享有平等的話語權。自聖奧古斯丁（St. Augustine）所處的第四世紀以來，伊甸園中始祖亞當和夏娃因墮落而導致的人性原罪一直主導著西方世界的發展。馬修・福克斯說：「它策動了帝國創建者、蓄奴者和父權體制的一切作為。它分化敵人內部以征服敵人；它使個人的理性和感性、肉體和靈性、政治生涯和個人需求互相對立，也使人類對立於大地、動物以及自然界中的其他萬物。」[7]

在為她的書《亞當，夏娃和蛇》（*Adam, Eve amd the Serpent*）蒐集相關資料時，伊蓮・派格斯（Elaine Pagels）驚訝地發現：「宗教傳統竟然如此深植在我們社會的權力結構和體制結構裡、以及我們對人性所持的各種態度裡，而這些又進一步干預了我們個人的道德性選擇。」[8]如果盛行的宗教傳統宣稱只有上帝和被上帝授權的人間皇帝是至高無上的，那麼個人就無法依據她自己的是非對錯觀念為她自己的生活方式做出選擇；只有經過立法通過，她的選擇才能為她所有。我們在當前的政治紛擾中就可以看到這種不信任——不被信任的是女人自行決定是否生下小孩的自主能力[9]。

如果多數人都認為人性是墮落和有原罪的，那麼人與人之間就不可能有信任可言，對於敵人的仇視也不可能有停歇之日。在處理中東問題的時候，今天有許多政客就把這種心態徹底表露了出來。一聽見有人對於美國派軍前往中東的政策提出批評，回應的白宮官員立即重拾昔日的冷戰心態、強硬指出：回教徒只會玩弄詭計；他們的動機無非是想削弱美國的防衛力量、以便攻進美國本土。這種心態認為，信任「他者」就是無知、幼稚、或軟弱。

基督在世時所傳揚的訊息則是：每一個人——女人、男人和小孩——都是依照上帝的形象被創造出來的。但他的這個訊息被當時的文化視為極端和激進。當時，羅馬帝國境內的四分之三人口是奴隸或奴隸的後代，但他卻說：不僅皇帝，這些人也與上帝合而為一[10]。神與凡人合而為一的說法極可能激發廣泛而危險的政治效應，於是基督被判了死刑。

在父權社會的各種關係型態裡——無論是政治關係、宗教關係或個人關係——只有一個

---

7 原註4：見 Matthew Fox 著作 *Original Blessing*（《原始祝福》），頁54。

8 原註5：這是伊蓮・派格斯在電視節目"A World of Ideas"中接受主持人 Bill Moyers 訪談時所說的話。

9 譯註：自一九七三年美國大法官針對羅伊 vs. 韋德案做出釋憲、承認女人墮胎權受憲法保障以來至今，墮胎權一直是美國最具爭議性的政治和社會議題之一。二〇二二年六月二十二日美國最高法院推翻了一九七三年的釋憲，再度激起了社會對立。

10 原註6：同原註5。

人可以高居上位，因此這些關係體總會有控制方和被控制方的存在。具有支配型人格的人如想保住權力，她或他需要把他們的伴侶置於不利的地位上，而這又會形成一種很奇特的關係：其中一人自認有權控制另一個人，而後者又自認理應被前者控制。我們可以用一個立體模型（spatial model）來描述這樣的關係型態：當關係只涉及兩個存體時，關係像蹺蹺板；當關係涉及三個存體以上時，它像金字塔。[11]

在大多數職場情境裡，老闆握有思考公司願景以及聘用有能力之工作夥伴的權力，而這些工作夥伴很快就能學會如何預期老闆的需求。大多數家庭運用的也是金字塔模型：在一個成年的支配者之外，另有學會如何迎合支配者之需要、命令和情緒的伴侶和（或）小孩。當然，有時候，支配者會是家中某個脾氣暴烈到讓父母不知所措的小孩。軍隊、天主教教會、大多數法人公司、學校以及工會都是服膺階級制度的金字塔型組織。洛杉磯的一個學校校長最近談到他手下的教師時說：遷移一座墓園要遠比命令這些教師跟他合作簡單。

瑪莉·安·吉卡（Mary Ann Cejka）在她的文章中談到，我們文化中的這些階級分明的金字塔型關係體之所以會出現，起因和性別歧視有關。她把這些關係體以及隨之而起的對立心態溯源至羅馬帝國，而非基督教或猶太教。她呼籲大家必須把階級對立的心態轉換為社群共同體的心態。

紐約瑪利諾神學院（Maryknoll School of Theology）的馬克・艾利斯（Marc Ellis）[12]認為，基督徒——包括教會和個人在內——如今最重要的使命是要求自己放棄帝國、皈依到社群共同體。離開帝國就是離開金字塔。社群共同體是一個圓，其運轉是自然發生的、不會以犧牲他者為代價。圓也是車輪的基本形狀，因此它恰好可以代表「朝聖團」、朝著**共同目標一起前進之群體**的模型。圓的成員共有一個願景，彼此對視並平等。圓有利於公正探討責任的歸屬。[13]〔粗體字為作者所加〕

圓的世界觀

圓具有包容性、不會排斥他者。由於狀似子宮、容器和聖杯，圓是陰性本質的象徵。女人天性喜歡群聚、與人連結、幫助他人；她們向來喜歡一起幹活，例如一起縫紉、一起製作拼布

11 原註7：見 Donna Wilshire 與 Bruce Wilshire 合寫之文章 "Gender Stereotypes and Spatial Archetypes"（〈性別刻板印象與空間原型〉）。

12 譯註：馬克・艾利斯是著名的猶太裔學者，針對以色列對巴基斯坦的暴行倡導解放神學（liberation theology）。他批評以色列政府效法西方的帝國思維、從歷史上的被迫害者變成了今日的迫害者。他本人曾放棄猶太教而改宗天主教。

13 原註8：見 Mary Ann Cejka 的文章 "Naming the Sin of Sexism"（〈性別歧視的罪名〉）（*Catholic Agitator*, April 1989），頁2。

被褥、一起醃製食物、一起在公園裡看顧玩耍的小孩等等。她們互相尋求幫助，並慶祝彼此的成就。「女人總是圍聚成一個圓，平等對坐和對視，沒有任何人比其他人擁有『更高』的權威或權力。」[14]

在《聖杯與刀刃》（*The Chalice and the Blade*）這本書裡，作者莉安·艾斯勒（Riane Eisler）根據考古學家瑪莉亞·根布塔斯（Marija Gimbutas）最新挖掘出來的文物指出：跟這些文物有關的每一個社會都是依據圓形或容器的模型、而非金字塔或刀刃的模型建立起來的[15]。這些社會屬於**權力共享**的合作模型，而非**權力獨享**的支配者模型。西元前七千年至三千五百年之間新石器時代的各個歐洲社會都已經是具有複雜宗教制度和治理制度的文明；它們知道用銅和黃金製做裝飾品和工具、擁有簡易的書寫符號、並且採行性別平等的制度。比起階級分明的社會，這些社會較不專制而且比較和樂。

考古學家發現，在長達一千五百年多年的時間範圍內，土耳其的加泰土丘（Catal Huyuk）和哈吉拉（Hacilar）這兩個新石器時代遺址竟然沒有留下任何戰爭或社會由男性主導的事證：「我們在挖出的文物中看到的是大致來講尚未階級化、基本上階級和性別都還算平等的社會結構。」[16]

在檢視新石器時代歐洲所有已知墳場遺址之出土文物的原始擺放位置後，瑪莉亞·根布塔斯做出一個結論：男女平等的社會確實存在於新石器時代。她寫道：「在汶查文化（the Vinča culture）的五十三號墳場，我幾乎看不到男人和女人的陪葬品在價值上有任何差異……就女人的社會角色來講，汶查遺址間接證明了一個兩性平等、非父權社會的存在。我對於瓦爾納文化（the Varna culture）也可以做出相同的結論；我在它的遺址上也不曾發現任何文物可以證明那裡曾是一個男尊女卑的父權社會。」[17]

同樣的證據也顯示，這些都是藉母親的血脈來決定後人和繼承者的母系社會。不僅如此，在社會的各個生活層面上，女人都扮演了舉足輕重的角色。「透過上古人類遺留下來的可攜式雛型神龕及雛型神殿，以及透過真實神殿的殘留物件……我們都能發現當時的女人負責掌管儀式的籌備和進行，而這些儀式都是獻給萬能女性上帝的。女人還付出巨大的心力和體力製做祭祀的用品和還願的獻禮……新石器時代歐洲現存的最精美花瓶和雕塑都是出自女人之手。」[18]在舊石器時代的洞穴裡，以及在小亞細亞平原和其他近東及中東文化遺址上發現的雕塑作品，

---

14 原註9：見 Donna Wilshire 與 Bruce Wilshire 合寫之文章 "Gender Stereotypes and Spatial Archetypes"（〈性別刻板印象與空間原型〉），頁82。

15 原註10：見印歐學專書系列（Monographs for Indo-European Studies）131號《早期的歐洲文明》（*The Early European Civilization*, Los Angeles: UCLA, 1980）第二章，頁32-33。莉安．艾斯勒（Riane Eisler）在其著作《聖杯與刀刃》頁14中引述這些文字。

16 原註11：見《聖杯與刀刃》，頁14。

17 原註12：同原註11。

18 原註13：同原註11。

全都可以證明女性上帝的信仰是當時每一個人的生活重心。這些雕塑作品讓我們看到：舊石器時代中使用於啟蒙儀式的神話意象、女神的雕像和象徵符號，都曾是當時遺址地區居民的主要心靈寄託。[19]

武器、英雄、戰爭、奴隸或城堡這些題材顯然不存在於新石器時代的工藝作品中。當時的社會都不是由支配者主導的社會，因為它們都還未遭到後來的入侵者、崇奉噬血男性神祇之庫爾干土墩文化（the Kurgan culture）遊牧民族的染指。女性上帝全面影響了住民的生活；太陽、水、公牛、鳥類、魚類、蛇、宇宙蛋（cosmic egg）、蝴蝶、以及懷孕或臨盆的女性上帝——這些象徵自然界的事物在神龕和住家內、在花瓶和陶製人偶上隨處可見[20]。「如果首要的宗教意象是一個臨盆的女人、而非一個垂死於十字架上的男人，那麼我們可以合理推斷說：生命和喜愛生命——而非死亡和恐懼死亡——的主題定然會主導社會的價值體系和藝術創作。」[21]

在這些社會裡，俗世和神聖的劃分並不存在；宗教就是生活，生活也就是宗教。在信奉女性上帝的宗教裡，神聖家庭的大家長是一個女人，也就是萬物之母。在俗世的家庭裡，後代是由母親的血統決定，而夫妻的住處是由女方家族所提供——也就是說，丈夫必須跟妻子的宗族或家人同住[22]。但這並未形成獨尊女權的社會，因為男人和女人都是女性上帝的孩子，而且「各佔人類半數的男人和女人都不會比對方擁有更高的地位，因為性別的差異根本不等於優劣的差異。」[23]社會成員的普遍心態是追求互連和合作，而非追求高人一等和凌駕他人。

根布塔斯寫道：「不像印歐語系民族以及其他許多在大草原上逐水草而居的遊牧民族，神話世界並沒有把陰性和陽性兩極化。這兩個宇宙法則必須在互相輝映中才會一起被彰顯出來。常以女性上帝身旁的年輕男子或雄性動物為象徵的男性神祇一旦現身，他必會彰顯並強化女性神祇的創造力和生命力。任何一方都不隸屬於另一方；在彼此互補時，他們的力量得以加倍。」[24]

在有記載的人類歷史中，許多時代都見證過合作型的社會。在這樣的社會裡，敬拜上帝是日常生活的一部分，而無論在宗教儀式、還是在日常生活中，性別差別待遇都不見存在。我們不僅可以從西歐的舊石器時代洞穴繪畫、土耳其查塔胡育克以及哈吉來遺址上的墓室，也可以從建立米諾恩文明的克里特人（Minoan Cretans）、諾斯底教派基督徒（Gnostic Christians）、

19 原註14：同原註11，頁15。
20 原註15：同原註11，頁18。
21 原註16：同原註11，頁20-21。
22 原註17：同原註11，頁23-24。
23 原註18：同原註11，頁28。
24 原註19：見Marija Gimbutas著作*Goddesses and Gods of Old Europe, 7000-3500 B.C*（《新石器時代歐洲的女性上帝和男性上帝》），頁237。

北美洲原住民，以及印尼峇里島上的島民那裡發現這些時代確實存在過。

上帝的二元性

宗教史學者米爾洽・伊利亞德（Mircea Eliade）曾論到上帝在許多宗教裡具有二元性，也就是說這些宗教的女性上帝或男性上帝都是陰陽同體的。「無論上帝用什麼形式彰顯自己，他或她都是終極本體、絕對權力，而這本體和這權力不會容許它自己侷限在任何屬性（善、惡、陽性、陰性等等）之中。」[25]

在《陽性／陰性語言》（*Male / Female Language*）這本書裡，瑪莉・利奇・凱伊（Mary Richie Key）談到阿茲塔克人（Aztecs）之所以會有一套性別中立的文法系統，是因為他們相信世界和人類都起源於一個具備二元性質的單一法則。「這個至高本體的面貌兼具陽剛與陰柔……這個神祇兼有雄性與雌性的再生能力。奧密提奧特（Ometeotl）這個一體兩面的神，具有單一至尊神祇的兩種不同面向。Ome 等於二，而 teotl 等於神。」[26]

伊蓮・派格斯（Elaine Pagels）則在她的著作中討論第一至第五世紀期間諾斯底教派基督徒所撰寫、內含五十二篇長文、在一九四五年被一位農夫在埃及南部奈格瑪地小鎮（Nag Hammadi）發現的福音書。在這部非正統福音書裡，耶穌常稱上帝為天上的父親和天上的母親。在多馬福音（the Gospel of Thomas）裡，耶穌將他塵世的父母瑪利亞和約瑟分別拿來和他天上的母親——也就是聖靈——以及他天上的父親、真理之父對比[27]聖靈既是母親，也是處女，並且還是天上父親的配偶和對等者。在腓力福音（the Gospel of Philip）裡，處女懷孕而生下基督的奧祕是指「兩種神聖力量——萬有之父和聖靈——的神祕結合。」[28]除了「永恆且神祕的靜默」、「聖靈」之外，天上的母親也被稱為智慧（Sophia）、亦即原始意念（the original thought）[29]。「除了是賜生命於萬物的『宇宙原始創造者』之外，她也是將智慧賜予人類的啟蒙者。」[30]

到了西元二百年之後，上帝的陰性意象就不再出現在基督教的主流傳統中。不過有證據顯

---

25 原註20：作者在此轉述 Marta Weigle 在其著作 *Spiders and Spinsters*（《蜘蛛和老處女》）頁 269 中引用的 Mircea Eliade 原文。參見 Mircea Eliade 著作 *Patterns in Comparative Religion* (1958)（《用比較方法探討不同宗教的基本共性》），頁 421。

26 原註21：作者在此轉述 Marta Weigle 在其著作 *Spiders and Spinsters* 頁 267 中引用的 Mary Richie Key 著作原文。

27 原註22：見 Elaine Pagels 著作 *The Gnostic Gospels*（《諾斯底教派福音書》），頁 62。

28 原註23：同原註22，頁64。

29 譯註：英文 thought 在此應與 concept（概念原理）意義相近，而 concept 的字源是意為「孕育」或「懷孕」的 conceive。在舊約聖經創世紀中，上帝從渾沌創造出宇宙便是始於一個意念，而諾斯底教派認為這原始意念即是聖靈。根據新約聖經馬太福音書，處女瑪利亞也是從聖靈受孕而生下耶穌的。

30 原註24：同原註22，頁65。

示，女人在那之前仍可在教會裡位居高位。「例如，由瓦倫提納斯追隨者（Valentinians）組成的的諾斯底教派團體認為女人和男人是平等的，有些女人甚至被尊稱為先知、教誨師、巡迴佈道者、醫者、牧師、或甚至主教。」[31]這個情況雖非普遍存在，但在西元一百八十年左右，住在亞歷山大城的神學家克勒孟特（Clement of Alexandria）——他是一位受人尊敬、接受正統教義、但與諾斯底教派保持接觸的埃及教會長老——這樣寫道：「……男人和女人平分完美，有必要接受相同的教誨和紀律，因為『人類』這個名稱包含了男人和女人，而且對於我們這些『在基督裡的人來講，男女之別是不存在的。』」[32]

可惜的是，第二世紀的教會領袖沒有多少人追隨克勒孟特的平等思想。男尊女卑的意識型態不是根據俗世風俗習慣、就是根據神學理論不容許女人享有平權。愛德華．惠特蒙說：「未來是充滿創新的可能性、還是帶來讓人類文明大為倒退的毀滅，這不是原型或神話所來自的無意識能夠主導的，而是決定於集體意識的態度和其啟蒙程度。」[33]因此不足為怪的是，克勒孟特發現他自己的視野——這個視野形成於具有國際大都會氛圍、富人和知識分子密集的亞歷山大城——對大多數散落在小亞細亞、希臘、羅馬、偏遠北非和高盧（Gaul）的西方基督徒聚落幾乎無法發揮任何影響力。[34]

凱爾特人的基督教

早期基督教所散播的種子依照它生根的文化曾經綻放出不同的花朵。早期的凱爾特人是一支部落民族，其整體的社會活動都把日常生活和靈性信仰結合在一起。他們相信一切生命都出於一源，而生命的目的是與不可見的靈性領域和諧共存。凱爾特藝術常見的三重螺旋圖形是三位一體女性上帝——因果世界、意念世界（靈性世界）以及自然世界——之能量場域的象徵。由於女性上帝存在於自然世界，也存在於靈性世界，因此自然界是通向未知領域的門戶。

然後，能夠往來於神人兩個世界的耶穌進入了這片奧祕知識的沃土——凱爾特人的心靈。經歷奧祕和來往於兩個不同世界的能力早就是凱爾特人意識的一部分，因此凱爾特境內各個信仰重鎮的領袖無不立刻熱烈接納了耶穌這個人物。凱爾特人製做的十字架從來都不以基督之死、而是以他來往於兩個世界的能力做為主要訴求。

凱爾特人的基督教偏重個人和聖靈直接溝通的經驗，而非教義。個別修士不畏說出和活出

---

31 原註25：同原註22，頁72。

32 原註26：同原註22，頁81-82。

33 原註27：見 Edward Whitmont 著作 *Return of the Goddess*（《女神的返回》），頁164。

34 原註28：見 Elaine Pagels 著作 *The Gnostic Gospels*，頁82。

這種經驗，並在靈性上擁有一群志同道合的同伴、彼此互為靈性輔導。階級不存在於這樣的修道團體中；靈性同伴的主要身分是靈性輔導，而不是教會內擁有權威的主教。凱爾特人的基督教擁抱陰性本質和心靈深處的直覺，同時鼓勵信徒享受感官經驗。在這信仰中，來自肉體生命的喜怒哀懼愛惡欲都被認為是具有智慧的肉體賜予我們的提醒和箴勸，因此肉體絕不可能是邪惡的。凱爾特人格外強調靜修，也格外強調一種理解：是自由意志讓人類有能力成為造物主精心設計之自然界一部分的。[35]

由於凱爾特人是部落民族，他們的修道院並不具有集權式的金字塔結構；也就是說，在修道院內，權力屬於每一個人，修道院院長則扮演專業心理治療師的角色，和佛教的禪師非常相似。凱爾特人的基督教認為，聖靈彰顯於一個具有五層世界、各層交互作用而無尊卑差異的能量場域裡。這五個連結互動的世界是：礦物界、植物界、動物界、人類世界和天使界。

在蘇格蘭愛雍那（Iona）小島上向薇薇安・赫爾（Vivienne Hull）討教凱爾特人基督教的期間，我就親身體驗到了這個五界能量場的存在。愛雍那這個美麗的小島是一個「很薄的地方」、一個可以讓人輕易往來於兩個世界的地方、也是一個可以讓人意識到自己正觸摸到眾多無可看見之領域的地方。

在凱爾特人的教會裡，女人和男人地位平等，例如她們能以巡迴講道者的身分走遍每一個不列顛島嶼，而且身居要位。聖布莉吉（St. Brigid）是第五世紀愛爾蘭齊戴爾小鎮（Kildare）

女修道院的院長；她在每年夏月祭（May Day）的期間會跟她的十一個女弟子共同看守神聖篝火（the Beltane Fire）以確保它燃燒不滅。到了十一世紀，這個起源於異教信仰的篝火儀式就在教皇的禁令下無法再繼續舉行。儘管羅馬教會不斷發出譴責，但凱爾特人的基督教從來都不曾失去它對陰性本質、自然界、神祕主義和直覺的嚮往。凱爾特人覺得，一旦宗教無視陰性本質的存在，它便與大地斷絕了關係。他們的基督教曾經興盛一千年之久，如今它正在重新綻放異彩。它問我們大家一個問題：「我們願意居住在邊界上、以便來往於不同的世界嗎？」[36]

現今的世界在許多方面都正處於困難的過渡階段。各國人民正群起關注地球的整體未來以及整個地球村的福祉。我們迫切需要為我們生命的核心本質找回靈性視野。在進入二〇二〇年之際，古代許多宣揚物質與靈性、身與心、自然界與神性、人與神合一的教誨也重新出現在我們的視線內。馬雅人、藏傳佛教徒、美洲原住民、「神聖自然界」運動（Creation

35 譯註：正統基督教認為始祖亞當和夏娃墮落的原因是他們運用了自由意志（free will）以滿足感官（肉體）之欲，並認為他們的任何一個後人能否得到靈性救贖，都必須視上帝是否揀選那人而定。根據這種宿命論（predestination），自由意志是邪惡的，因而必須被禁止。正統基督教也認為自然界在人類墮落時隨之墮落，因為自然界和人類的肉體都取材於物性的大地，沒有靈性救贖的可能性。這與凱爾特人的自然觀完全不同（見稍早論及三位一體女神的段落以及下一段）。

36 原註29：這是作者一九八八年六月二十至二十一日在蘇格蘭愛雍那小島（Iona）上聆聽暖風靜修會（the Chinook Community）創辦人薇薇安·赫爾（Vivienne Hull）講演時所做的筆記。

Spirituality）[37]、以及尊崇女性上帝的各種宗教都正在把新的生命力灌注給這些古老的真理。

以圓為生活模型

最純粹、最簡單、最具包容性的形狀是圓。[38]它是小孩畫出的第一個圖形，也是不斷出現在自然界中的一種形狀。它象徵和諧，帶來安慰，並且能夠轉化人心。圓沒有始點和終點。「沒有任何事物被排除在外；一切事物都各在其位，而且每一個事物都是整體過程不可或缺的一部分。」[39]當眾人圍成一個圓圈坐在一

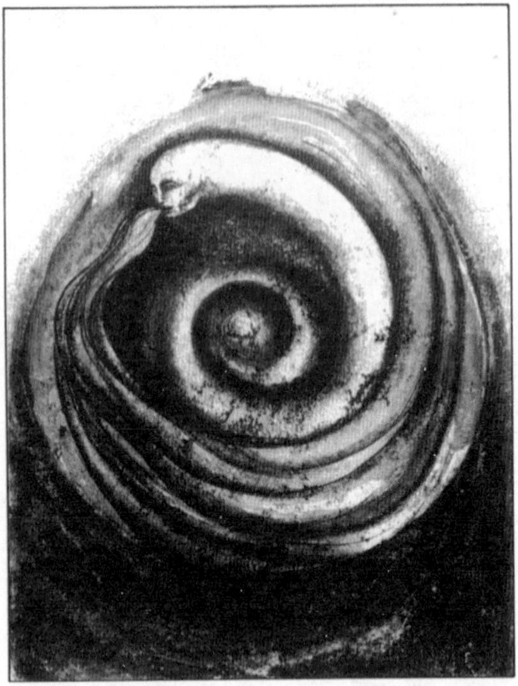

黛博拉·考夫契平（Deborah Koff-Chapin） 畫作《誕生石》（*Birthstone*）。來源：黛博拉·考夫契平與瑪夏·勞克（Marcia Lauck）合寫之《在異象之池：與人類覺醒相關的夢境與靈視》（*At the Pool of Wonder: Dreams and Visions of an Awakening Humanity*），©1989。Bear and Company Publishing 出版公司授權轉載。

起時，大家不僅連結了起來，而且互相平等——沒有人是掌握權力的主導者，權力為大家共有，而且以自我為中心的心態毫無存在的空間。由於大家互相連結為一個圓、並且只能從圓周內的相互關係取得個人的生命意義，因此，一旦這個圓周成形，每個人的所見都會變得不同於以往。魔法總是在圓周內發生。圓是施與受的互擁；它教我們什麼是無條件的愛。

「原始的曼陀羅（Mandala）[40]無疑是一個畫在地面上的圓形。從圓周踏前一步時，被啟蒙者會移動在一個魔法世界裡，在其中他只是正對著眾星吟唱的大地的舌頭之一。當時間之輪再度轉回時，具有魔法的圓將會再度被畫出來。」[41]

我最近有機會參加了一個為期五天、為高中三年級學生舉辦的靜修營。靜修期間，我們採用了美洲原住民部落協商會議的溝通形式。在討論的過程中，我們圍坐成一個圓圈並且傳遞一根說話棒（talk stick）[42]，只有拿到這個儀式性物件的人才可以開口說話，其他的人則必須用

---

37 譯註：本章前文提及之神學家馬修．福克斯是這運動的創立者之一。
38 原註30：見 José Argüelles 與 Miriam Argüelles 合著的 *Mandala*（《圓》），頁23。
39 原註31：同前，頁127。
40 譯註：「曼陀羅」一詞的梵文原義是圓；西藏密宗五加行修道者所供奉、被稱為壇城的曼陀羅形狀沙畫即源於此一概念。
41 原註32：同原註30。
42 譯註：是北美原住民特有的用品，在較粗樹枝的一端編結具有儀式意義的物件而成。

心聽他說話。我們踏進了儀式的空間和時間裡。

我們討論的題目是男女關係。於是，就在大家熱切討論而忘卻時間流逝的情況下、在這段神奇的時間當中，每一個人都對這個向來引起對立的題目不知不覺改變了態度。我在討論的過程中發現，這個圓對女人和男人來講都是一個神奇的媒介，可以改變他們對自己和對另一方的態度，也可以激勵他們用心對話。

我們聽到一個遭到父親性侵的少女談起她的痛苦以及隨之而起的憤怒——憤怒的對象是所有的男人，因為他們不曾設法制止男人用隱密或公然的方式侵犯女人。她認為此時坐在她面前的每一個男人都有責任。在回應她的指控時，男生們對某些沒有同理心、藉傷害他人以獲得權力快感的男人也紛紛表達了他們的憤怒和唾棄。他們說出了他們的惶恐和愧疚，因為他們不知道該如何介入。他們還說，他們很在意自己和侵犯女人的男人同為男性。很顯然的，他們對自己非常不滿。

女生們談到她們對街頭性騷擾事件的憤怒，也談到她們非常擔心自己的人身安全。男生們談論他們對自己的身體缺乏信心，因為他們被期望具備文化所定義的男人氣概。同時，他們也對一件事情感到困惑：在和女生單純交友時，他們要如何做，才不會被對方期望身為男性的他們必須採取進一步的行動？女孩們談到：學校裡的男生不斷依據她們的身材和外貌來評斷她們；而且，她們必須比男生更聰明，才能在課堂上獲得老師的關注。男生們描述他們在聽男性友人吹噓跟女人上床的故事時所感到的痛苦和挫折感。女生和男生都為自己在高中畢業後必須離開家人和朋友感到十分惶恐。

在對話過程中，有許多掉淚的時刻，也有許多劍拔弩張的時刻。談到彼方對己方的種種誤解時，憤怒一洩而出。談到女人和男人互相覺得對方難以瞭解、卻往往不說出這種感覺、以致雙方永無可能和睦相處時，憂心之情流露了出來。還有人提到許多人對不同的種族、年齡或性別認同懷有偏見。二十六個學生和老師就這樣輪流發言了四個小時。在這段時間裡，你可以聽見一根針掉落地面的聲音，因為每個人都全神貫注在那個手持說話棒的人的身上。每一個離開那個圓圈的人都經歷了改變。

那個晚上我做了一個夢，夢見一條蛇滑行到對話圓的中心。大家一動也不敢動，只能默不作聲盯著那條蛇。她沿著對話圓繞行，緩緩地審視每一個人的臉孔，時而停下、時而用較久的時間凝視某一個人。最後她把視線放在我的身上；她那具有穿透力的眼神甚至穿透了我而望向更深的某處。她張口吐出了二個字，但她使用的強調語氣讓我立即明白了她的意思。她吐出舌頭噓聲說道：「轉變。」

這個對談讓我充滿了希望。如果高中學生能和他們的年長者圍坐成一個圓圈，同時他們自己也能互相傾聽各自的害怕、憤怒、喜悅、絕望和希望，那麼這些少年以及所有比他們年紀更小的小孩或許將能改正社會的二元對立心態。這群小孩正在學習同理心；他們正要學會如何接納彼此、如何看重關心和合作甚於征服和支配他人。他們也正要學會接納一個事實：根本上，我們大家是相同而平等的。

大家當時一起體驗到的同理心將能激勵每一個對話者更深入瞭解、而非害怕多元性。我相信許多女人如今正在針對關鍵性的群體（critical mass）發揮長遠的影響力。一旦整合我們自己的陰性和陽性本質，我們就有能力把當今對苦難、衝突和權力上癮的集體意識扭轉為一種能夠認知連結、療傷、平衡以及**互存**（inter-be）之重要性的集體意識。女人必須把更多的知識、更多的智慧（prajna）像吐露氣息一樣散播到世界各個角落，好讓世界終能恢復平衡。我們**是**一個朝聖團，**同行**在相同的學習旅程上——學習如何尊重和保護所有可見及不可見的生命形式。這就是我們的女英雄氣魄。

結論

舊的故事已經結束，英雄追尋之旅的神話也在演進螺旋上有了新的轉折。對於男人的認可、頭銜、成就、讚譽、財富、上新聞出名十五秒鐘的追求也不再重要。這些追求都是女人在被誤導之下走上的歧途之旅，對於女人的肉體／靈魂以及大地母親的細胞結構都已造成巨大的傷害。

今天的女英雄必須拿起明察秋毫之劍，不但要斬斷那些出自自我、將她拘泥於傳統的各種束縛，還要尋見所有可以協助她完成靈性之旅的資源。她必須放下她對母親的怨恨，拋開她對父親的責怪和崇拜，然後勇敢面對自己的黑暗。她的暗影面向為她自己所有，因而必須由她自己來指出並擁抱。藉由冥想、藝術、詩、戲劇、儀式、親密關係和掘土，女人最終可以照亮她心中這些暗影幢幢的黑暗空間。

女英雄這個名詞具有多重意義，因此，曾經冠上這個稱號的女人具有多種不同的面貌。她曾經是一個陷於困厄、期待盔甲武士前來拯救她的少女，但她也曾經是奉歐丁（Odin）之命從空中騎馬而降、率大軍奔赴戰場、並在戰場上決定孰生孰死的北歐命運女神（Valkyries）中的一位。她是獨自在沙漠上彩繪枯骨的畫家、在加爾各答（Calcutta）為窮人包紮傷口的矮小修女[1]、以及在公事包和嬰兒配方奶粉之間換手自如的超級母親。隨著世代的交替，她不斷變化女人的面貌。

女英雄現今的任務是：開採蘊藏在她**自性**之內的銀礦和金礦。她必須和她內心深處的有心男人建立正向關係，也必須聽見她內在女智者的真言，以便癒合她與神聖陰性本質之間的隔閡。一旦能夠同時尊重她自己的肉體、心智和靈魂，她就能癒合存在於她自己內心以及存在於文化之中的二元對立。今天的女人正學會勇於表達自己的所知所見、決心為自己的時間和體力設限、並願意用全新的方式承擔她們對自己和對他人的責任。她們提醒眾人：不要忘了他們的原始出處、必須敏察他們的每一動作可能對周遭環境帶來的影響、並記住他們保護大自然生態體系的重責大任。

> 女人是編織者；我們彼此編織在一起，也和男人及年輕人
> 編織在一起，共同連結為生命之網。
> 女人是生命創造者；我們生出下一代
> 也讓我們所夢想的未來誕生於世界。

女人是療癒者；我們知道肉體、
血和神靈的奧祕，因為它們彼此合而為一。
女人愛心滿溢；我們開心地互相擁抱，
也擁抱男人、年輕人、動物和樹木，並用心傾聽
他們的勝利和悲傷。
女人是煉金師；我們挖出人類使用暴力、
製造破壞和褻瀆陰性本質的根本原因，
用以轉化文化的創傷。
女人是大地靈魂的保護者；我們
揭發隱密的黑暗並尊敬
不可見的領域。
女人是潛水者；我們下降到奧祕國度，
那個安全、奇妙、瀰漫著新生命氣息的國度。
女人是歌者、舞者、先知和詩人；我們

1 譯註：指德蘭修女（Blessed Teresa of Calcutta, 1910-1997）。台灣坊間一般稱她為德蕾莎修女。

呼喚母親古戾，請她幫助我們在生命的旅途上
記住我們是誰。

古戾，請與我們同在；
暴力與毀滅者[2]，請接受我們的禮讚，
幫助我們把黑暗點亮，
把痛苦／憤怒挖出並將它完整展示於
它可被看見之處——
它是為我們充滿渴望、卻備受傷害之愛情所設計的平衡擺輪。
把狂野的飢渴放在它所屬的地方，
放在創作的行為裡；
它是在愛恨之間鍛造出平衡點的
創造驅力。

幫助我們永遠充滿希望，
靈性園丁們，

因為你們知道，不經黑暗，
就不可能有新芽的萌生，
就像沒有光，
植物就不可能開花。

記住萬物的根，
你，黝黑的古戾，
令人敬畏的力量。[3]

——梅伊・薩頓（May Sarton, 1912-1995）

2 譯註：參見第一章對女神古戾的描述。

3 原註1：摘自 May Sarton 的詩作 "The Invoation to Kali"（〈呼喚古戾〉）。該詩收錄在 Laura Chester 與 Sharon Barbs 合編的詩集 *Rising Tides*（《漲起的潮水》），頁 67。

致謝

《女英雄的旅程》是許多跟我一起同行於自性追尋的女人的作品。我要特別感謝過去十二年以來加入女性治療小組的成員——在我們靈性之旅的每一階段，我們互相扮演對方的盟友、妖怪、流浪夥伴、療癒者，最終我們變成了一群咯咯笑鬧的智慧巫婆。

從探討男英雄／女英雄之自性旅程的學生以及工作坊的學員那裡，我得以知男人和女人的自性追尋具有極其細微且重要的差異，因此我特別感謝這些為求治癒自己受傷的陰性本質而走上追尋之路的男人和女人。能有機會跟我的女性友人、我的女性親人、以及那些在我引導下尋求夢象和療癒的女人一起分享彼此的心路歷程，我非常感恩；我更要感謝那些慷慨允許我在書中轉述她們的夢象和故事的女人。

有一個對我而言極其重要的女人曾是我的嚮導，引導我學會不再仰賴傳統的英雄模型，也引導我彌合了我跟我母親的隔閡。為此，我要向吉妲．法蘭茲（Gilda Franz）獻上最誠摯的謝忱，謝謝她一路相伴並鼓勵我用創意尋求心靈的整合。

我要感謝以下我在籌劃本書內容時訪問過的人：使我萌生寫書念頭的喬瑟夫．坎伯；在作品中深刻傳達她們志在收復陰性本質之力量和美感的女性藝術家及詩人；以及「難搞的女人」（Impossible Women）社團——我就是在她們面前第一次展示我個人的女英雄自性之旅示意圖的。

有好幾個人曾經協助我完稿：我的女兒海瑟（Heather）在研究、註腳、校對和打氣各方面都是我的得力助手；傑夫瑞．海林（Jeffrey Herring）為我所引用的文字取得原作者或原出版者的授權；我的伴侶比爾．戴勒（Bill Dial）；曾經毫無怨言費時協助我的洛杉磯榮格圖書館工作人員；與我分享古代女神文物幻燈片的瑪莎．沃福特（Martha Walford）；以及為本書畫插圖的珊卓拉．史塔福（Sandra Stafford）。

我要特別感謝我的編輯、香巴拉出版公司的艾宓莉．希爾本．塞爾（Emily Hilburn Sell）。在本書出版前的最後校對期間，我們常在一起開懷大笑；我欣賞她的幽默感和腳踏實地的智慧，並感謝她從一開始就熱誠歡迎我的出書計劃。我也要感謝萬物之母（the Great Mother），在試圖闡明女英雄自性之旅的期間，我從她那裡不斷獲得靈性上的支持，因為她一直以不同的樣貌端坐在我的電腦上：母熊女神（Mother Bear）、觀世音菩薩、瑪利亞－阿芙洛黛蒂（Mari-Aphrodite）、蒼穹女神努特（Nut）、掌火女神麻乎伊（Mahuea）。最後，我要向我的凱爾特族（Celtics）女性先人所特有的勇氣、詩歌、故事、靈界信仰向她們獻上感謝。

參考書目

BOOKS

Arguelles, José, and Arguelles, Miriam. *Mandala*. Berkeley: Shambhala Publications, 1972.

Birkhauser-Oeri, Sibylle. *The Mother: Archetypal Image in Fairy Tales*. Toronto: Inner City Books, 1988.

Boer, Charles, trans. "The Hymn to Demeter." *Homeric Hymns*. 2nd ed. rev. Irving, Texas: Spring Publications, 1979.

Bolen, Jean Shinoda. *Goddesses in Everywoman: A New Psychology of Women*. San Francisco: Harper & Row, 1984.

Buber, Martin. *I and Thou*. New York: Scribner, 1958.

Budapest, Zsuzsanna. *The Grandmother of Time*. San Francisco: Harper & Row, 1989.

_______. *The Holy Book of Women's Mysteries*. Berkeley: Wingbow Press, 1989.

Campbell, Joseph. *The Hero with a Thousand Faces*. Bollingen Series 17. Princeton: Princeton University Press, 1949.

_______. *The Power of Myth*. New York: Doubleday, 1988.

Canan, Janine. *Her Magnificent Body: New and Selected Poems*. Manroot Books, 1986.

_______, ed. *She Rises Like the Sun*. Freedom, Calif.: Crossing Press, 1989.

Carroll, Lewis. *Alice's Adventures in Wonderland and Through the Looking Glass*. New York: New American Library, 1960.

Chernin, Kim. *Reinventing Eve*. New York: Harper & Row, 1987.

Chester, Laura, and Barba, Sharon, eds. *Rising Tides: 20th Century American Women Poets*. New York: Washington Square Press, 1973.

Christ, Carol P. *Laughter of Aphrodite*. San Francisco: Harper & Row, 1987.

Clift, Jean Dalby, and Clift, Wallace B. *The Hero Journey in Dreams.* New York: Crossroad Publishing Co., 1988.

Dallett, Janet O. *When the Spirits Come Back.* Toronto: Inner City Books, 1988.

Downing, Christine. *The Goddess.* New York: Crossroad Publishing Co., 1981.

Edinger, Edward F. *Ego and Archetype.* New York: Putnam's/Jung Foundation, 1972.

Eisler, Riane. *The Chalice and the Blade.* San Francisco: Harper & Row, 1987.

Fox, Matthew. *Original Blessing.* Santa Fe: Bear & Company, 1983.

Friedan, Betty. *The Second Stage.* New York: Summit Books, 1981.

Gimbutas, Marija. *Goddesses and Gods of Old Europe, 7000–3500 B.C.* Berkeley and Los Angeles: University of California Press, 1982.

Green, Roger L. *Heroes of Greece and Troy.* New York: Walck, 1961.

Griffin, Susan. *Like the Iris of an Eye.* New York: Harper & Row, 1976.

_______. *Woman & Nature: The Roaring Inside Her.* New York: Harper & Row, 1978.

Hall, Nor. *The Moon and the Virgin.* New York: Harper & Row, 1980.

Hammer, Signe. *Passionate Attachments: Fathers and Daughters in America Today.* New York: Rawson Associates, 1982.

Hildegard of Bingen. *Illuminations of Hildegard of Bingen.* Commentary by Matthew Fox. Santa Fe: Bear & Company, 1985.

Johnson, Buffie. *Lady of the Beasts.* San Francisco: Harper & Row, 1988.

Johnson, Robert A. *She: Understanding Feminine Psychology.* San Francisco: Harper & Row, 1977.

Jung, C. G., and Kerenyi, K. "Psychological Aspects of the Kore." *Essays on a Science of Mythology.* New York: Pantheon Books, 1949.

Klein, Mina C., and Klein, H. Arthur, *Käthe Kollwitz: Life in Art.* New York: Schocken Books, 1975.

Kolbenschlag, Madonna. *Kiss Sleeping Beauty Goodbye.* San Francisco: Harper & Row, 1979.

Lauter, Estella. *Woman as Mythmakers: Poetry and Visual Art by Twentieth-Century Women*. Bloomington: Indiana University Press, 1984.

Leonard, Linda Schierse. *The Wounded Woman*. Boston: Shambhala Publications, 1982.

Lerner, Harriet Goldhor. *Women in Therapy*. New York: Harper & Row, 1988.

Levitt, Peter. *The Heart of Understanding*. Berkeley, Calif.: Parallax Press, 1988.

Luke, Helen M. *Woman, Earth and Spirit: The Feminine in Symbol and Myth*. New York: Crossroad Publishing Co., 1981.

Markale, Jean. *Women of the Celts*. Rochester, Vt.: Inner Traditions International, 1986.

Moon, Sheila. *Changing Woman and Her Sisters*. San Francisco: Guild for Psychological Studies, 1984.

Murray, Henry A., ed. *Myth and Mythmaking*. Boston: Beacon Press, 1960.

Neumann, Erich. *Amor and Psyche: The Psychic Development of the Feminine*. Bollingen Series 54. Princeton: Princeton University Press, 1955.

________. *The Great Mother: An Analysis of the Archetype*. Bollingen Series 47. Princeton: Princeton University Press, 1955.

Pagels, Elaine. *The Gnostic Gospels*. New York: Vintage Books, 1981.

Paris, Ginette. *Pagan Meditations: The Worlds of Aphrodite, Artemis and Hestia*. Dallas: Spring Publications, 1986.

Pearson, Carol. *The Hero Within*. San Francisco: Harper & Row, 1986.

Pearson, Carol, and Pope, Katherine. *The Female Hero in American and British Literature*. New York: R. R. Bowker Co., 1981.

Perera, Sylvia Brinton. *Descent to the Goddess*. Toronto: Inner City Books, 1981.

Phelps, Ethel Johnston. *The Maid of the North: Feminist Folk Tales from Around the World*. New York: Holt, Rinehart, and Winston, 1981.

Rich, Adrienne. *Of Woman Born: Motherhood as Experience and Institution*. New York: Bardam Books, 1976.

Sharkey, John. *Celtic Mysteries: The Ancient Religion*. New York: Thames and Hudson, 1975.

Starhawk. *Dreaming the Dark: Magic, Sex and Politics*. Boston: Beacon Press, 1982.

Stone, Merlin. *Ancient Mirrors of Womanhood*. Boston: Beacon Press, 1979.

_______. *When God Was a Woman*. San Diego: Harcourt Brace Jovanovich, 1978.

von Franz, Marie-Louise, and Hillman, James. *Jung's Typology: The Inferior Function and the Feeling Function*. Dallas: Spring Publications, 1971.

Walker, Barbara G. *The Skeptical Feminist*. San Francisco: Harper & Row, 1987.

_______. *The Woman's Encyclopedia of Myths and Secrets*. San Francisco: Harper & Row, 1983.

Weigle, Marta. *Spiders and Spinsters: Women and Mythology*. Albuquerque: University of New Mexico Press, 1982.

Whitmont, Edward C. *Return of the Goddess*. New York: Crossroad Publishing, 1988.

Woodman, Marion. *The Pregnant Virgin: A Process of Psychological Transformation*. Toronto: Inner City Books, 1985.

Wynne, Patrice. *The Womanspirit Sourcebook*. San Francisco: Harper & Row, 1988.

Young-Eisendrath, Polly, and Wiedemann, Florence. *Female Authority: Empowering Women through Psychotherapy*. New York: Guilford Press, 1987.

ARTICLES

Fleming, Patricia C. "Persephone's Search for Her Mother." *Psychological Perspectives* 15, no. 2 (fall 1984): 127–47.

Jenks, Kathleen. "'Changing Woman': The Navajo Therapist Goddess." *Psychological Perspectives* 17, no. 2 (fall 1986).

L'Engle, Madeleine. "Shake the Universe." *Ms* magazine. July/August 1987.

Mackay, Kathy. "How Fathers Influence Daughters." *Los Angeles Times*, 6 April 1983.

Meador, Betty DeShong. "Uncursing the Dark: Restoring the Lost Feminine." *Quadrant* 22, no. 1 (1989): 27–39.

Murdock, Maureen. "Changing Women: Contemporary Faces of the Goddess." *Women of Power* 12 (winter 1989).

Rothenberg, Rose-Emily. "The Orphan Archetype." *Psychological Perspectives* 14, no. 2 (fall 1983).

Schmidt, Lynda W. "How the Father's Daughter Found Her Mother." *Psychological Perspectives* 14, no. 1 (spring 1983): 8–19.

Singer, June. "A Silence of the Soul: The Sadness of the Successful Woman." *The Quest* (summer 1989).

Travers, P. L. "Out from Eden." *Parabola* 11, no. 3 (August 1986).

Waldman, Anne. "Secular/Sexual Musings." *Vajradhatu Sun* 10, no. 6.

Wilshire, Donna W., and Wilshire, Bruce W. "Gender Stereotypes and Spatial Archetypes." *Anima* 15, no. 2 (spring equinox 1989).

POEMS

Connor, Julia. "On the Moon of the Hare." *In Making the Good*. Santa Fe: Tooth of Time Books, 1988.

Di Prima, Diane. "Prayer to the Mothers." In Chester, Laura and Barba, Sharon, eds. *Rising Tides*. New York: Washington Square Press, 1973.

Jong, Erica. "Alcestis on the Poetry Circuit." In *Half-Lives*. New York: Holt, Rinehart & Winston, 1973.

Piercy, Marge. "For Strong Women." In *Circles on the Water: Selected Poems of Marge Piercy*. New York: Alfred A. Knopf, 1982.

Waldman, Anne. "Duality (A Song)." Fast Speaking Music, BMI, 1989.

本書所引用的圖文版權所有者

我要向下列詩人及其出版者致謝，感謝他們容許我引用他們擁有版權的作品。我曾盡可能聯繫了每一位版權所有者。

潔寧・開南（Janine Canan）：〈下降到地底最深處的伊娜娜〉（"Inanna's Descent"），收錄於其詩集 *Her Magnificent Body: New and Selected Poems*，©1986，版權屬於潔寧・開南。Manroot Books 出版公司授權轉載。

茱莉亞・康諾（Julia Connor）：〈站在兔月上〉（"On the Moon of the Hare"），收錄於其詩集 *Making the Good*，©1988（Tooth of Time Press 出版社）。茱莉亞・康諾授權轉載。

黛安・德普利馬（Diane di Prima）：〈向母親們祈禱〉（"Prayer to the Mothers"），收錄於其詩集 *Selected Poems 1956-1975*，©1976；〈敬愛的〉（"Ave"），收錄於其詩集 *Loba, Parts 1-8*，©1978。兩首詩均由黛安・德普利馬授權轉載。

蘇珊・格里芬（Susan Griffin）：本書引用文字分別摘自其兩本詩集：① *Like the Iris of an Eye*，©1976；② *Woman and Nature: The Roaring Inside Her*，©1978。蘇珊・格里芬及 Harper & Row 出版社授權轉載。

艾莉卡・鍾恩（Erica Jong）：本書引用文字摘自收錄於其詩集*Half Lives*中的詩作〈在閉環狀詩路上的阿瑟絲蒂斯〉（"Alcestis on the Poetry Circuit"），©1971，1972，1973，版權屬於艾莉卡・鍾恩。Henry Holt & Company出版公司授權轉載。

瑞特・凱利（Rhett Kelly）：〈羅得的妻子〉（"Lot's Wife"），©1989。瑞特・凱利授權轉載。

瑪芝・皮爾西（Marge Piercy）：〈寫給強大的女人〉（"For Strong Women"），收錄於其詩集*Circles on the Water: Selected Poems of Marge Piercy*，©1982，版權屬於瑪芝・皮爾西。Alfred A. Knopf出版社授權轉載。

梅伊・薩頓（May Sarton）：本書引用文字摘自收錄於其詩集*A Grain of Mustard Seed: New Poems by May Sarton*中的詩作〈呼喚古戾〉（"The Invoation to Kali"），©1971，版權屬於梅伊・薩頓。W.W. Norton & Company出版公司授權轉載。

安・沃德曼（Anne Waldman）：本書引用文字摘自其詩〈二元對立，一首歌〉（"Duality, A Song"），©1989。安・沃德曼授權轉載。

圖片來源

〈蛇髮女妖歌爾貢〉（"Gorgon"）：珊卓・史塔福（Sandra Stafford）根據義大利國家伊特魯里亞文明博物館（Museo Nazionale Etrusco di Villa Giulia）所藏之西元前五世紀維埃城阿波羅神廟（Temple of Veii）上的歌爾貢石雕所作的摹繪，©1989。

〈雅典娜的誕生〉（"The Birth of Athena"）：珊卓・史塔福（Sandra Stafford）與隆・詹姆斯（Ron

James）根據希臘國家博物館（National Museum, Athens）所藏之西元前 580-570 年間之盾牌銅面浮雕所作的摹繪，©1989。

《挑戰迷思，第三號作品》（*Challenging Myth III*）：南西・安・瓊斯（Nancy Anne Jones）繪，©1986。

〈萬獸女王〉（"Mistress of the Beasts"）：珊卓・史塔福（Sandra Stafford）根據 Martha Walford 所提供之照片所作的摹繪，©1989。該照片顯示的是希臘國家博物館所藏之西元前七世紀比歐夏（Beotia）地區之陶瓶上的繪畫。

〈西拉娜吉〉（"Sheela-na-gig"）：珊卓・史塔福（Sandra Stafford）根據英國奇爾皮克村（Kilpeck）聖母瑪利亞與聖大衛教堂（Church of St. Mary and St. David）上的石雕所作的摹繪，©1989。

《母親和女兒》（*Mother and Daughter*）：梅恩蕊德・奎格海德（Meinrad Craighead）繪，收錄於其畫集 *The Mother's Songs: Images of God the Mother*，©1986，版權屬於 Meinrad Craighead。Meinrad Craighead 及 Paulist Press 出版社授權轉載。

《誕生石》（*Birthstone*）：黛博拉・考夫契平（Deborah Koff-Chapin）畫作；轉載自她與瑪夏・勞克（Marcia Lauck）合寫之《在異象之池：與人類覺醒相關的夢境與靈視》（*At the Pool of Wonder: Dreams and Visions of an Awakening Humanity*），©1989。Bear and Company Publishing 出版公司授權轉載。

心靈工坊 PsyGarden

Holistic 152

女英雄的旅程：透視女性生命的自性歷程，活出最獨特的你

The Heroine's Journey: Woman's Quest for Wholeness

茉琳．莫德克（Maureen Murdock）——著　吳菲菲——譯

出版者—心靈工坊文化事業股份有限公司
發行人—王浩威　總編輯—徐嘉俊
特約編輯—周旻君　責任編輯—饒美君
內文排版—龍虎電腦排版股份有限公司
通訊地址—10684 台北市大安區信義路四段 53 巷 8 號 2 樓
郵政劃撥—19546215　戶名—心靈工坊文化事業股份有限公司
電話—02）2702-9186　傳真—02）2702-9286
Email—service@psygarden.com.tw　網址—www.psygarden.com.tw

製版—龍虎電腦排版股份有限公司
印刷—彩峰造藝印像股份有限公司
總經銷—大和書報圖書股份有限公司
電話—02）8990-2588　傳真—02）2290-1658

通訊地址—248 新北市五股工業區五工五路二號
初版一刷—2022 年 12 月　初版四刷—2023 年 10 月
ISBN—978-986-357-267-1 定價—630 元

國家圖書館出版品預行編目資料

女英雄的旅程：透視女性生命的自性歷程，活出最獨特的你 / 茉琳．莫德克（Maureen Murdock）著 ; 吳菲菲譯 . -- 初版 .
-- 臺北市 : 心靈工坊文化事業股份有限公司 , 2022.12
面 ;　公分 . -- (Holistic ; 152)
譯自：The Heroine's Journey: Woman's Quest for Wholeness
ISBN 978-986-357-267-1（平裝）

1.CST: 女性　2.CST: 性別角色　3.CST: 女性心理學

544.5　111019624